21世纪经济管理新形态教材·数字经济系列

U0645630

数字化治理

杨秀云　李双燕　高　宇　温　军◎主　编
尹诗晨◎副主编

清华大学出版社
北京

内 容 简 介

数字化代表着新技术的发展和应用方向，是第四次工业革命的核心特征，因此，掌握数字化的相关知识、提高数字化治理能力是适应未来社会经济发展的必然要求。本教材系统地阐述了数字化治理的概念、治理目标和原则，重点介绍了数字化治理的制度体系建设、数据交易和数据风险规制问题，力求反映前沿科学，注重理论与实践融合，结构完整，体系合理。为了汲取数字化治理的先进经验，强化理论知识在实践中的运用，本教材适当介绍了一些有关数据交易流通和数据风险规制的国内外案例。本教材共分为8章，包括数字化治理概论、数字化治理目标及原则、数字化治理体系、数据交易流通治理、数据风险规制、政府数字化治理、企业数字化治理，以及个人、社区和城市数字化治理。本教材增加了导入案例和补充阅读内容，可以作为教材的有效补充，帮助学生扩展视野，加深对数字化治理的认识和理解。

本教材构建了完整的数字化治理理论体系，可供普通高等院校经济、金融类本科生、研究生系统学习，也可作为相关领域研究者的参考用书。

图书在版编目（CIP）数据

数字化治理 / 杨秀云等主编. -- 北京 ：清华大学出版社，2025. 8.
(21世纪经济管理新形态教材). --ISBN 978-7-302-70133-0

Ⅰ. D63-39；F279.246-39

中国国家版本馆 CIP 数据核字第 2025LU6772 号

责任编辑：付潭蛟
封面设计：汉风唐韵
责任校对：王荣静
责任印制：刘海龙
出版发行：清华大学出版社
  网 址：https://www.tup.com.cn，https://www.wqxuetang.com
  地 址：北京清华大学学研大厦 A 座   邮 编：100084
  社 总 机：010-83470000   邮 购：010-62786544
  投稿与读者服务：010-62776969，c-service@tup.tsinghua.edu.cn
  质 量 反 馈：010-62772015，zhiliang@tup.tsinghua.edu.cn
  课 件 下 载：https://www.tup.com.cn，010-83470332
印 装 者：北京同文印刷有限责任公司
经 销：全国新华书店
开 本：185mm×260mm   印 张：11.5   字 数：254千字
版 次：2025 年 8 月第 1 版   印 次：2025 年 8 月第 1 次印刷
定 价：49.00 元

产品编号：100610-01

总　序

习近平总书记在 2018 年全国教育工作会议上的重要讲话，对新时期教育工作作出重大部署，深刻回答了我国当前教育改革发展的重大理论与现实问题，形成了系统科学的新时代中国特色社会主义教育理论体系，为加快推进教育现代化、建设教育强国提供了强大思想武器和行动指南。为了贯彻总书记重要讲话精神，全面落实立德树人根本任务，西安交通大学经济与金融学院联合清华大学出版社推出高水平经济学系列教材。本系列教材不仅是编著者多年来对教学实践及学科前沿知识的总结和凝练，也融合了学院教师在教育教学改革中的新成果。

西安交通大学经济与金融学院一贯重视本科教育教学，始终将为党育人、为国育才摆在各项工作的首位。学院教师在"西迁精神"的感召和鼓舞下，坚守立德树人初心，全面推行课程思政，全力培养德智体美劳全面发展的社会主义建设者和接班人；深刻理解和把握"坚持扎根中国大地办教育"的自觉自信，立足时代、面向未来，把服务新时代中国特色社会主义的伟大实践作为办学宗旨，力争为发展中国特色、世界一流的经济学教育贡献力量；积极应对新技术革命带来的新业态、新模式为经济学教育带来的挑战，主动适应新文科经济学专业人才培养的跨学科知识要求，充分发挥西安交通大学理工学科优势，探索如何实现经济学科与理工学科交叉、融合，努力将新一轮技术革命背景下经济金融学科的新发展和前沿理论纳入教材；深刻理解和把握教育改革创新的鲜明导向，注重数字技术与传统教育融合发展，推动经济学数字化教育资源建设。

本系列教材有如下特点：一是将思政元素引入教材的每个章节，实现思政内容与专业知识的有机融合，达到"润物细无声"的思政育人效果。二是将我国改革开放的伟大实践成果写入教材，在提升教材时代性和实践性的同时，培育大学生的家国情怀及投身中国式现代化建设的使命感和荣誉感，增强四个自信。三是对数字经济、金融科技等经济金融领域中的新业态、新技术、新现象加以总结提炼成教材，推动了不同学科之间的交叉融合，丰富和拓展了经济金融学科体系，培养学生跨领域知识融通能力和实践能力。四是将数字技术引入教材建设，练习题、阅读材料等均以二维码形式显示，方便读者随时查阅。与此同时，加强了课件、教学案例、课程思政案例、数据库等课程配套资源建设，实现了教学资源共享，扩展了教材的内容承载量。

教材建设是落实立德树人根本任务、转变教育教学理念、重构学科知识结构的基础和前提，我们希望本系列教材的出版能为新时代中国经济学高等教育的高质量发展奉献绵薄之力。

冯根福

2023 年 8 月

在信息社会形态下，数据信息与社会生活、公共治理密不可分，推进数字化治理已成为全球性趋势。党的十九大报告明确提出"数字中国"的建设目标，习近平总书记在致首届数字中国建设峰会的贺信中指出："当今世界，信息技术创新日新月异，数字化、网络化、智能化深入发展，在推动经济社会发展、促进国家治理体系和治理能力现代化、满足人民日益增长的美好生活需要方面发挥着越来越重要的作用。"然而，智能数字技术在提高社会生产力、优化资源配置的同时，也为社会发展带来了数字伦理、数据滥用、平台垄断、隐私泄露等一系列问题，对建立健全规范有序的数字化治理体系提出了新的要求。"十四五"规划纲要明确提出"加快数字化发展　建设数字中国"，对加快建设数字经济、数字社会、数字政府，营造良好数字生态做出了具体部署。在此背景下，为了适应数字时代演变，由数字技术发展而来的全新社会治理模式——数字化治理应运而生，成为解决数字化问题、强化公共治理体系、提高现代化治理能力的必然选择。

数字化治理是政府、企业、社会组织和民众等多元主体，依托信息技术共同参与社会公共事务的复杂治理体系，其治理内容涵盖数据治理、数字政府、数字经济治理、数字技术治理等，关键问题在于合理使用数字技术，化解数字化治理过程中的争议和风险。本教材立足于数字经济和社会治理发展的需求，力求回答数字治理实践中面临的紧迫问题；在介绍数字化治理的基本概念、目标原则和治理体系的基础上，重点阐述了数据交易流通治理的模式、规则、障碍和司法实践，介绍了数据风险的识别方法、数据市场秩序的监管和执法机制等；基于不同主体的数据治理特征，分别讲授了政府、企业，以及个体、社区的数字化治理问题。本教材比较全面地概括了数字化治理的内容，并针对每章学习要点，引入了丰富的案例，兼顾了理论性和实践性，生动地展示了数字治理在不同领域的价值和作用，能够帮助学生更好地理解和掌握数字化治理的前沿理论和研究方法。

本教材具有如下特点：

一是理论和实际联系紧密。数字化治理起源于数字技术在经济、社会、政治中的广泛应用，对提升国家治理能力和国际竞争力意义重大，是当前社会的热点，但理论研究仍处于起步阶段。本教材凝练了现有数字化治理研究的基本理论，紧扣数字权属、数据安全、数据滥用、隐私泄露等实际问题，通过案例导入，把抽象的数字治理概念与社会热点问题联系起来，加深学生对数字化治理的理解。

二是深入浅出，通俗易懂。本教材较为全面地介绍了数字化治理体系的内容和风险问题，讲解了政府、企业、个人、社会和城市的数字化治理内容，区分了不同主体的数字化治理内涵和管理模式。本教材内容翔实，用通俗易懂的语言阐述了专业性较强的数字化治理理论，具有较强的可读性。

三是逻辑清晰，体系完整。数字化治理所含内容广泛，涉及多个学科，相关研究正处于快速发展的阶段。本教材参考了国内外权威资料，根据国家对数字化治理的定位，形成了比较完整的数字化治理理论体系。

本教材由西安交通大学杨秀云教授、李双燕教授、高宇教授、温军教授担任主编，西安石油大学尹诗晨老师担任副主编。西安交通大学的研究生参与了本教材的编写工作，其中，朱涵香、刘轩彤、赵玉洁参与了第 1 章的编写；李恒雁、郝雨辰、韦若晗、程子婵参与了第 2 章的编写；杨钰欣、任奕平、白龙和冯硕参与了第 3、4、5 章的编写；孙雁南、高沙尔·巴扎尔、张康雨参与了第 6 章的编写；赵晓洋、郭娜、肖海艳参与了第 7 章的编写；石晨晖、滕煜、田苁茹参与了第 8 章的编写。

本教材在编写过程中，参考了大量著作、报告和论文，汲取了诸多精华，一些观点对本教材的编写具有重要的启发意义，在此谨对各位作者深表感谢和敬意！此外，由于编写水平有限，本教材不足之处尚多，恳请各位读者给予批评和指正，不胜感激！

编者

2025 年 5 月

目　录

第 1 章

数字化治理概论

在本章中，我们将要学习、理解和掌握：

- 数字时代的挑战及市场变化
- 数字化治理的概念
- 数字化治理的发展现状和趋势

导入案例

新冠疫情下的电子政务

2020 年伊始，一场前所未有的新冠疫情迅速席卷全国。在党中央的坚强领导下，全国各族人民团结一心、众志成城，克服了一个又一个难题，完成了一项又一项几乎不可能完成的任务，在疫情防控方面构筑了多道坚实的防线。然而，在这一过程中，我国电子政务系统也暴露了诸多短板。

在疫情暴发初期，本应高效运作并发挥关键作用的传染病直报信息化系统并未充分展现其实际效能。武汉市政府在利用政务服务平台迅速向社会公众发布相关预防信息方面，存在滞后现象。在湖北省武汉市召开"两会"期间，有关新冠疫情病例的信息更新极为有限，甚至还曾出现让公众对理解疫情形势产生误导的信息。

在疫情防控过程中，我国电子政务系统因部门间数据共享受阻、协同能力不足，导致部分应用系统难以及时响应公众需求，处理效率受限。以武汉市医疗服务为例，医疗机构与社会机构之间的信息共享机制尚不健全，阻碍信息的顺畅流通，网上医疗系统难以真正发挥作用。电子政务系统流程亟待优化，须强化跨部门数据共享与协同能力。

资料来源：李铮，《新冠疫情下的电子政务建设与发展》。

1.1 数字时代及其挑战

1.1.1 技术变革

　　过去 20 年，是全球数字经济突飞猛进的时期，信息技术革新引发的数字革命持续推动着人类经济社会的数字化转型和发展。与此同时，随着 5G、AI、大数据、云计算、物联网等新一轮革命性信息技术的不断成熟与广泛应用，人类社会步入后信息化时代——智能数字时代。

　　从历史发展的角度来看，人类社会大致经历了三个时代：农业时代、工业时代以及信息化时代。农业时代可追溯至约 10 000 年前的新石器时代，18 世纪工业革命的到来宣告了跨越数千年悠久历程的农业时代的结束。在原始社会，人类依赖未经雕琢的石器、木棍等简易工具，从事狩猎与捕鱼活动，以获取食物。随着生产力的发展，人类获得食物的方式开始转变，饲养和种植逐渐兴起，人类食物的来源逐渐稳定，农业也得以发展。随着现代学校的创办、科学知识的传播与资本主义经济的发展，人类社会步入工业时代，开始重视开发与利用能源，形成以重工业为主的工业格局。从 20 世纪 50 年代中期开始，以计算机的出现为代表，人类社会开始进入信息化时代。信息化时代开启了信息创造价值的新纪元，引领着先进生产力的蓬勃发展。第三次科技浪潮的核心驱动力转向了知识与信息，在这一转型过程中，微电子工程、生物工程、宇航工程和海洋工程成为信息社会的新工业骨干。相较于农业社会依赖自然力与手工劳作，以及工业社会侧重体能与机械能的应用，信息社会最显著的特征在于以智能为主导，侧重于知识创新与技术智能的应用。

　　1986 年至 2007 年，全球信息存储量年复合增长率达到 23%。到 2013 年，全球超过九成的数据量是在过去两年内迅速积累产生的，人类社会每秒会产生高达 205 000 GB 的数据量，相当于 1.5 亿本书的容量。2020 年，我国数字经济核心产业增加值对国内生产总值的贡献占比达到 7.8%，为国家经济和社会的健康发展提供了强有力的支撑。依托数字技术的新兴产品、服务、业态以及商业模式，已经成为推动我国经济增长的主要力量。作为国家"十四五"规划的重要目标，未来，数字经济在我国社会经济发展中的作用和地位将会持续提升，成为促进我国经济增长的重要原动力。

　　2021 年 12 月 12 日，国务院印发《关于"十四五"数字经济发展规划的通知》(简称"通知")，对"十四五"期间数字经济的发展做出了总体部署，并要求"到 2025 年，我国数字经济应进入全面扩展期，数字经济核心产业增加值占 GDP 比重达到 10%，数字化创新引领发展能力得到大幅提升，智能化水平明显增强，数字技术与实体经济融合取得显著成效，数字经济治理体系更加完善，我国数字经济竞争力和影响力稳步提升"。未来，我国将持续加快 5G、全光网络等千兆网络建设，在人工智能、大数据分析、云计算、物联网、先进机器人等数字技术的支撑下，实现数字经济快速发展。促进新型数字消费、数字生产、制造业服务业数字化融合发展，构建数字化产业生态，将成为全社会共同关注的焦点。

1.1.2 商业模式革新

数字技术与实体经济深度融合，颠覆并重塑了传统实体行业的价值创造模式，带来商业模式的巨大革新。

作为一种全新的资源和生产要素，数据正成为驱动商业模式智能变革的关键。步入数字时代，社会经济活动的广泛参与催生了庞大的数据集。这些数据作为新兴要素，其价值潜力巨大，并具有方便共享、低成本流转、赋智等传统要素所不能及的显著优点。集中式、开放型的大数据共享服务云平台通过数字化信息的规模化使用实现了效益积累增值。数据的共享贯穿了企业整个生命周期，不仅加速了要素之间的流通，削减了企业运营成本，更催生了价值创造的新范式。在数据成为新生产要素的背景下，企业收集、存储、处理和分析数据的能力也快速提升，海量数据信息的整合大大提高了生产和决策的智能化。

数字化发展使企业价值创造的方式转化为以消费端为导向的生产模式。智慧化的生产方式提高了市场内流通产品的质量，促进了市场环境的良性循环，最大限度地实现了生产要素的价值再造。规模化定制和服务化延伸是智慧生产的集中表现，通过使用数字技术，企业能够更精确地定位市场需求，实现批量化生产向个性化定制的灵活转变。用户需求导向型的创造促使企业不断升级产品和服务，推动整个产业结构的创新能力实现质的飞跃。在智慧化生产的背景下，企业开始重视用户需求，改善用户体验，构建以服务为核心的轻资产经营模式。

数字化转型决定了创新驱动的新方向，使智能创新倍速发展成为可能。数字技术与信息技术的深度融合及应用，降低了创新成本与风险，企业的创新方向必然要顺应数字化转型，即借助互联网众筹、众创、众智平台，形成新型跨地域、多元化、高效率的开放协同创新模式。企业数字化全面渗透从产品设计到用户使用的每个环节，实时流动的数据成为企业各阶段创新的驱动力，推动企业高效整合生产要素，激发其累积效应来创造颠覆性创新产品。

1.1.3 隐私与网络安全

1. 隐私安全问题

个人信息具有公共属性，数字经济的发展离不开个人信息的合理使用。随着数字化的深入发展，个人隐私泄露事件层出不穷，依法保护个人隐私已成为数字经济高质量发展的基本前提和重要保障。

目前，个人隐私泄露形式逐渐多样化，我国现有隐私保护体系面临严峻挑战。隐私保护的困境主要体现在以下三个方面。一是数据收集环节，企业与用户间信息透明度严重不足。用户难以掌握企业对个人隐私信息的收集时间、地点、方式以及用途，造成显著的信息不对称。二是隐私泄露后的补救措施乏力。数字信息的易复制、广传播特性使泄露的隐私几乎无法追回。三是隐私泄露难以定损。由于缺乏统一的个人信息价值评估标准，相应的惩罚与补偿机制难以量化执行，隐私保护政策具有很大的不确定性。同时，法律监管空白，为非法活动提供了空间，这导致跨境数据流动领域的隐私泄露问题愈发严峻。

数字技术的普及增加了个人隐私受到侵犯的风险。确保隐私信息安全，防止信息泄露，已经成为网络用户普遍关注的焦点。隐私泄露将直接侵害用户的合法权益。在经济层面上，用户银行账号、密码的泄露可能导致经济损失，严重损害网络用户的经济利益；在社会层面上，网络用户的个人信息一旦泄露，可能被不法分子用于违法犯罪活动，损害其名誉和信誉。

现阶段来看，网络用户信息泄露问题在很大程度上归咎于部分企业在数据收集、处理与分析的过程中所采用的方法和手段存在不当之处。部分数据收集企业尚未意识到保护用户个人隐私的重要性和复杂性，片面地认为，在公开使用网络用户信息时，隐去用户特定标识符便实现了对网络用户个人隐私的保护，但这是远远不够的。保护网络用户个人隐私，首先需要确保网络用户在个人信息被使用时的知情权，同时，需要政府、企业共同努力，制定有效的法律法规与行业准则，对网络用户个人隐私进行合理保护。

2. 网络安全问题

目前，政府、公共服务机构和基础设施部门已成为勒索软件等恶意程序的主要攻击目标，网络攻击的社会影响力与破坏性持续升级，使网络安全问题超越了企业防御范畴，上升为关乎产业链安全乃至国家安全的关键问题。

数字化的普及伴生了诸多新的网络安全问题，这些问题不仅降低了用户的在线体验，而且对个人的经济利益、政治利益、个人名誉等构成严重威胁。网络安全问题成因复杂，主要归结为以下几个方面：一是网络空间恶意布设陷阱；二是网络基础设施的构建与管理机制存在缺陷；三是软件设计中的安全漏洞未能得到有效修补；四是网络内部工作人员违反职业道德。同时，网络用户在使用网络时缺乏安全意识，也是引发安全问题的常见原因。

补充阅读

2021 年的第一张"罚单"

2021 年 1 月 29 日，银保监会开出年内的第一张罚单，中国农业银行因多项违规行为被处以 420 万元人民币的罚款。违规行为主要包括重要信息系统突发事件未报告、数据安全管理存在数据泄露风险、互联网门户网站泄露敏感信息等六项（见表 1-1）。

表 1-1　中国银行保险监督管理委员会行政处罚信息公开表

行政处罚决定书文号			银保监罚决字〔2021〕1 号
被处罚当事人	单位	名称	中国农业银行股份有限公司
		法定代表人姓名	周慕冰

续表

主要违法违规事实 （案由）	（一）发生重要信息系统突发事件未报告 （二）制卡数据违规明文留存 （三）生产网络、分行无线互联网络保护不当 （四）数据安全管理较粗放，存在数据泄露风险 （五）网络信息系统存在较多漏洞 （六）互联网门户网站泄露敏感信息
行政处罚依据	《中华人民共和国银行业监督管理法》第二十一条、第四十六条第五项和相关审慎经营规则
行政处罚决定	罚款 420 万元
作出处罚决定的机关名称	中国银行保险监督管理委员会
作出处罚决定的日期	2021 年 1 月 19 日

1.1.4 治理体系革新

当前，我国在推进数字化治理的过程中，遭遇了多重难题，阻碍了治理数字化和现代化转型。党的十九届四中全会明确提出，"要坚持和完善共建共治共享的社会治理制度，完善党委领导、政府负责、民主协商、社会协同、公众参与、法治保障、科技支撑的社会治理体系，建设人人有责、人人尽责、人人享有的社会治理共同体"，这为我国数字时代社会治理体系的构建指明了发展方向。

1. 完善数字化治理法律法规制度

数字化治理有法可依不仅是推动政府治理能力现代化的重要驱动力，也是构筑我国数字化治理体系的坚实基础。完善数字化治理法律法规制度可以从以下三个方面进行。

首先，构建数字化治理的法律制度框架，营造稳定健康的法律环境。随着数字化治理在社会体系中的深入实践，政府部门应当汲取经验，出台相关法律法规，积极构建和完善兼具约束力和操作性的法律体系，为数字化治理提供坚实的法律支撑。

其次，推动数据共享，深化数据开放。在明确数据开放共享的原则和范围基础上，确定数据开放共享的操作流程，推进政府部门间数据的高效融合，提高利用效率。同时，拓宽获取数据的有效途径，降低其他主体获取共享数据的门槛。此外，要强化数据开放意识，指定专人负责，保障数据共享开放有序进行。建立问责机制，对无故拒绝开放或数据开放不当等行为进行责任追究。

最后，完善数字化治理监管体系。设立监管部门，制定监管规则，对数据生产、采集、存储和利用进行全过程监管，保障数字化治理活动的规范开展。借助数字技术建立数据溯源体系，提高数据收集的效率，增强数据存储过程的透明度与安全性，确保每项业务都被清晰记录与追踪，有效监督并约束职能部门的权力行使。

2. 构建数字化治理多元主体参与机制

以政府主导、多元主体参与为原则，构建数字化治理多元机制。规范多元主体的参与程序和范围，拓宽治理渠道，释放多元主体协同治理效能。积极建设多主体融合的数字化治理平台，使用数字技术整合各部门业务系统和移动应用，降低数字化治理成本，提高公众意见的反馈效率。引导社会主体参与数字化治理，协同共治，实现多元自主性和整体最优性。各主体要具备数字化转型的共识、共享目标和顺畅的信息交流渠道。构建协同创新体系，促进治理网络中各主体、各层级围绕共同目标协同作业，以增强社会网络的韧性，达成协同治理的"帕累托最优"，从而优化整体社会功能。在此过程中，政府作为核心引领者，应发挥主导作用，不仅要培育和支持其他治理主体，还须搭建有效平台，形成横纵交织、高效协同的治理格局。

3. 建立健全数字化治理人才培养体系

数字化治理工作离不开数字化治理人才。随着数字技术成为国家治理的重要战略工具，专业人才短缺成为制约我国数字化治理发展的瓶颈。因此，构建全面的人才培养体系对深化数字化治理机制创新至关重要。

一是加强政校合作，培养数字化治理专业人才。科学规划课程设计，融合数字技术、统计学、政治学、社会学、哲学和公共管理等多领域知识，构建具有针对性的课程体系，培养兼具社会治理理念和熟练掌握数字应用技术的复合型人才。

二是拓宽人才引进渠道，优化人才吸引政策。政府应灵活调整招聘标准，如学历、年龄等，提高数字化治理岗位的吸引力。同时，通过提高薪资待遇、完善福利体系等举措，吸引并留住高素质高技能人才。

三是重视数字化治理在职人员培训与发展。定期安排核心员工参与跨地域乃至国际性的交流与学习，深化专业知识与技能，为数字化治理工作的持续推进提供动力。

四是完善激励和评价考核机制。建立公平、透明、有效的激励机制，给予人才一定的物质奖励，以及评奖评优的优惠政策，吸引优秀人才。同时，政府要完善人才的考核评估体系，制定科学的考核细则，确保过程的公开、公平和公正，持续优化人才队伍，以便更好地开展数字化治理工作。

1.2　数字时代的市场变化

1.2.1　数字资产及所有权

随着全球范围内科技革命与产业转型的浪潮不断推进，一种新的生产范式正迅速崛起，其核心特征在于对生产方式进行重新定义，将数据视为重要的生产资源，将数字技术视为重要的驱动力。

数字资产作为一个独立的概念最早由海伦·迈耶（Helen Meyer）于 1996 年在《维护数字资产技巧》（*Tips for Safeguarding Your Digital Assets*）一文中提出。2006 年，阿尔伯特·范·尼凯克（Albert Van Niekerk）明确了数字资产的概念，对其范围进行了界定，他指出其本质是以二进制源代码形式存在的文本与内容。2013 年，阿尔普·托伊加尔（Alp Toygar）拓展了该定义，认为数字资产是以二进制格式存储于计算机、智能手机或云端等的数据，并具有明确的所有权属性（徐晓林和刘勇，2006）。随着数字技术的飞速发展与数字经济时代的到来，数字资产的概念再度引起了广泛关注，但对于数字资产的理解与定义，社会各界目前尚未形成统一的认识。现有概念或着重强调数字资产的资产属性，将其归属为一种非货币性资产；或将其等同于数据资产，视其为一种数据资源；或从数据要素的角度出发，指出数字资产是新时代下数据生产要素的具体表现形式。之所以存在这种认识上的差异，一方面是因为思考逻辑的出发点不同，导致考虑数字资产的侧重点相异；另一方面是数字技术飞速发展外延和扩充了数字资产的内涵。然而，目前普遍的共识是：根据存在形态和功能用途，将数字资产划分为数字知识产权类资产、数字货币资产和数据资产（祝智庭和陈丹，2014）。

早期，数字资产的概念主要存在于音像、出版等领域，随着书籍、音乐和视频等出版物转化为二进制形式，出现了数字形态的知识产权类资产。以数字形态展现的知识产权资产已成为全球知识产权领域的核心组成部分，如数字出版物、影音资源、软件程序、计算机模拟设计作品等都属于知识产权类的数字资产。

另一种重要的数字资产——数字货币——自诞生之日起便受到了广泛关注，电子货币、虚拟货币、加密货币和数字货币之间的关系也引发了持续的讨论。从货币电子化、数字化的历史进程来看，最早的电子货币可追溯至 20 世纪 70 年代法国人罗兰·莫瑞诺（Roland Moreno）发明的 IC 卡。从本质上看，电子货币就是法定货币在现代技术环境下的电子化与数字化体现，其核心价值与法定货币一脉相承。电子货币不再局限于传统形态，而是直接栖身于银行账户之中，依赖高度中心化的数字记账体系实现交易的高效与安全。电子货币账户包括金融机构账户和非金融机构账户，前者是由正式金融机构提供的电子平台，如借记卡、信用卡、网上银行等，而后者则是随着金融科技发展而兴起的支付账户，如支付宝账户、微信账户等（黄建伟和陈玲玲，2019）。虚拟货币作为电子化符号的一种，其发行主体限定于特定的企业或个体，同法定货币相比，其流通范围受到限制，这一类别主要包括虚拟道具、虚拟商品和虚拟代币等形式。从数字化形式的角度来看，虚拟货币可归属为一种数字货币，但虚拟货币本质上并无金融属性，并不是真正的货币，其与法定货币之间的关系依据发行方与参与方之间的契约约定。加密货币作为一种创新的数字化符号，其核心基于区块链等技术，遵循既定算法规则，通过系统自动化的方式生成并存在于数字领域。2008 年 11 月 1 日，一名自称中本聪的人在 metzdowd 网站的密码学邮件列表中发表了一篇题为《比特币：一种点对点式的电子现金系统》的论文，提出了一种完全通过点对点技术实现的电子现金系统，使在线支付能够直接由一方发起并支付给另一方，而无须通过任何金融中介机构。作为最早风靡全球的加密货币，比特币自问世以来便备受关注，市场规模和价格也不断攀升。随着底层技术的不断成熟，比特币的价值共识机制不断加强，以太坊、天秤币、狗狗币、艾达币等新型加密货币也层出不穷，加密货币市场迎来爆发式增长。

法定数字货币是为应对非法定数字货币对政府货币发行权、金融稳定、货币政策和经济秩序的冲击而产生的。目前，越来越多设有央行的国家开始积极研究中央银行数字货币（Central Bank Digital Currency，CBDC）发行，全球 CBDC 研发驶入快车道，CBDC 成为大势所趋。在提升货币政策有效性、促进多边合作、完善跨境支付系统和平衡隐私及监管问题的同时，CBDC 的推广也有许多潜在问题需要解决。为保证 CBDC 的正常发展，考虑到 CBDC 的双面性，各国政府均把防范 CBDC 发行风险对整个金融系统性风险的冲击作为重点，加强对支付系统信息安全的监管，不断完善监管政策。

在数字经济时代，数字化治理是社会发展的必然选择。2020 年 4 月 9 日，《中共中央 国务院关于构建更加完善的要素市场化配置体制机制的意见》标志着我国在推进要素市场化改革方面迈出关键一步。首次在国家层面将"数据"明确为一种新型生产要素，这意味着数据由技术资源向关键经济要素转变，数据的资源化、资产化成为释放数据要素价值、推动数据要素市场发展的前提与重要基础。中国信通院《数据资产管理实践白皮书（5.0 版）》（2021 年 12 月）将数据资产定义为："由组织（政府机构、企事业单位等）合法拥有或控制的数据资源，以电子或其他方式记录，如文本、图像、语音、视频、网页、数据库、传感信号等结构化或非结构化数据，可进行计量或交易，能直接或间接带来经济效益和社会效益。"然而，在实际组织中，并非所有数据都等同于数据资产。数据资产是指经过精心管理与有效控制，能够切实为组织带来经济效益增长的数据资源。数据资产的形成要求对数据资源实施策略性的管理和有效的控制，确保其转化为有价值的资产。

数字资产的权属与生产资料所有制及其相适应的政治体制有关。我国实行生产资料公有制，由于数字产生于人们广义的社会活动，数字源最小单位是个人，所以数字资产的权属确认成了终极问题，即数字信息私有公用的边界确定、私权价值保护以及公私避让规则的法理研究等问题。各国现行法律均尚未对数字资产确权进行立法规制，普遍采取法院个案处理的方式，借助隐私保护法、知识产权法及合同法等不同法律机制进行裁断。由于数字知识产权类资产的所有权在其为实物形态或产生形成时就已确定，数字货币资产也往往与个人或组织的特定账户相关联，因此所有权归属往往较为明晰。而数据资产则因产生方式与储存形式的特殊性，在权属确认问题上存在较大争议，尤其是由用户行为所产生的平台数据。这类数据来源于个人，产生于平台，往往经平台归集整理后作为平台的数据资产，但由于其与个体用户行为紧密相关，因此又带来了"数据资产为谁所有、为谁所用"的问题。从数据产生的角度考虑，该类数据资产产生于个体用户行为，在权属问题上应做到维护"小微权利"；从数据资产构建的角度考虑，构建企业投入大量的人力、物力与财力，在权属问题上应强调企业对资产构建所发挥的重要作用，达成"小微权利"与"汗水原则"的平衡（Meyer，1996）。

明确数字资产的所有权归属并建立合理的利益分配机制，能够激发市场主体活力，减少数据流通风险，推动数据市场规范化发展。各国政府应加快构建针对数字资产的确权、开放、流通、交易等环节的法律框架，强化数据要素市场产权保护制度，确立数据交易安全的基本原则和目标，并设定数据市场的细分标准。同时，需要强化数据安全管理责任体系，提升数据运营者在服务安全与合规方面的能力，为数字资产快速发展奠定坚实的法律与监管基础。

1.2.2　平台经济与公平竞争

随着互联网技术的飞速发展与成熟，"互联网+"行业已成为大势所趋，"平台"一词也被赋予了新的时代内涵和特征。作为数字经济中的一种特殊形态，平台经济依托云计算、网络互联以及智能终端等前沿网络基础设施，以人工智能、大数据分析、区块链等新一代数字技术工具为驱动力，专注于高效促成交易、流畅传输内容以及优化管理流程的新模式。数字平台打破了传统平台所面临的地域、时间、交易规模、信息沟通等多方面的约束，在网络外部性、规模经济、开放性和多边性等特征的共同作用下，获得了前所未有的规模、效率和影响力。目前，在大市场规模、低权力保护、市场分隔等优势条件的影响下，我国平台经济取得了快速发展，发展活力强劲，创新能力逐步提升，社会价值开始显现。在消费领域，平台经济的迅猛发展显著促进了消费增长，推动了经济增长模式转变，已经成为我国经济转型升级和迈向高质量发展的核心驱动力之一。

然而，平台经济的基本特点是规模经济、范围经济，这意味着"大"是平台经济做得好的必然特征，市场自由竞争不可避免地带来了平台经济垄断（Toygar，2013）。平台经济垄断一方面可以帮助大型平台企业更充分地发挥规模经济、数据驱动等优势，提升企业效率；另一方面会抑制中小平台企业的萌芽与发展，从而造成平台经济创新活力不足。私有制下的超大型平台企业以盈利为最终经营目的，其长期处于垄断地位可能会引发增加生产者流通费用、侵害生产者和消费者合法权益等一系列严重后果。2022年5月31日，国务院印发《扎实稳住经济的一揽子政策措施》，明确提出要促进平台经济规范健康发展。用好平台经济，把平台经济纳入当前稳经济的大局中，便成为维护市场竞争秩序、以公平竞争促进平台经济规范健康发展的必然选择。为了促进平台经济公平竞争，解决平台经济垄断问题，可以采取以下三个措施。

首先，学界需要对平台垄断行为的内涵进行科学认定，对扼杀式并购竞争损害的评估与防范、反垄断法规类型化场域的界分与适用方法的匹配等进行深入研究，为平台数字经济健康发展提供技术保障。

其次，监管部门需加强协同合作，平衡发展与监管的关系，探索实施灵活包容的平台经济监管策略。确立数据安全管理的标准与准则，清晰界定数据资源的权属，规范数据市场主体的行为，强化个人隐私保护措施，积极引导数据要素市场主体参与公共治理过程。

最后，围绕垄断行为取证、垄断规制措施等重点环节构建数字化治理体系，引导公平有序竞争，营造和维护平台数字经济的发展环境。充分发挥平台经济数字共享、要素资源在特征配位上数字简明的优势，使其成为增强经济增长新动能和国家竞争新优势的重要支撑，更好地为经济高质量发展和人民高品质生活服务。

1.2.3　民事责任与保险

2020年5月28日，十三届全国人大三次会议表决通过了《中华人民共和国民法典》（以下简称《民法典》），并于2021年1月1日起正式施行。伴随以区块链、人工智能、大数据、5G、物联网等为代表的新一代数字技术的广泛应用，社会生活开始从"生产大爆炸"向"交易大爆炸"加快转型。不断涌现出的新技术、新业态、新组织、新产业，以及现实需求，都对传统民事法律关系的制度规定提出了挑战，在此背景下，《民法典》应运而生。

步入数字经济时代，数据的采集、利用、共享、流动、交易已成为一种常态，数据作为一种新型资产，其重要性也日益凸显。随之而来的数据滥用、信息骚扰、隐私泄露、网络暴力等现象层出不穷，个人信息保护与数据安全问题也开始受到广泛关注。

目前，我国法律在个人信息保护方面的条款散见于多部专项法规之中，构筑了一个以《民法典》《中华人民共和国网络安全法》《中华人民共和国电子商务法》《中华人民共和国刑法》《中华人民共和国侵权责任法》《中华人民共和国消费者权益保护法》等法律为核心的法律框架。根据《民法典》第一千零三十四条的规定，个人信息是指以电子或其他方式记录的能够单独或与其他信息结合识别特定自然人的各种信息，包括自然人的姓名、出生日期、身份证件号码、生物识别信息、住址、电话号码、电子邮箱、健康信息、行踪信息等（王力，2020）。其中，电子邮箱与行踪信息首次被明确界定为个人信息的一部分，加强了对多维度个人信息的法律防护网。同时，现行法律在强化个人信息保护的同时，也致力于平衡信息保护与合理利用的关系。《民法典》延续了网络安全法中"合法、正当、必要"的原则，详细界定了在经信息主体同意、处理已公开信息或为维护公共利益及合法权益的情况下，可被视为合理处理个人信息的行为。鉴于个人信息在现代社会中的地位日益提升，现行《民法典》将其纳入人格权范畴，作为一种新型的人格利益进行保护。但个人信息的范围过于广泛，如何清晰界定个人信息与隐私的边界，成为民法保护个人信息面临的两大理论难题。事实上，个人信息的概念早于计算机与互联网的普及而存在，但对其保护问题却并未受到广泛关注。究其原因，主要归因于过去个人信息泄露以及数据安全风险的社会影响有限。但随着新一轮技术革命的发展，数据以超乎想象的速度开始传播，个人信息泄露所带来的个体权益被侵害、社会不稳定等问题愈发严重，保护个人信息刻不容缓。鉴于其所带来的双重影响，应当采取多维路径来保护个人信息，不应仅聚焦于对个体权利的捍卫，还需从公法维度审视对社会风险的有效控制。在此框架下，不同法律各有侧重，网络安全法的重点在于保障信息系统的安全稳定运行，电子商务法的重点在于规范网络消费过程，保护消费者的合法权益。数据安全法更加注重个人信息的保护问题，平衡数据安全与个人隐私。在实施好《民法典》相关要求的同时，系统化地运用公法路径对个人信息进行科学的控制，不过分依赖民法的权利保护模式，应当是未来对个人信息保护不断探索的方向所在。

数据安全的保护是数据开发和利用的前提。为适应数字经济发展和数字社会治理要求，《民法典》第一百二十七条对数据保护做出了原则性的规定，指出"法律对数据、网络虚拟财产的保护有规定的，依照其规定"。该原则性规定不仅为相关法律法规的制定奠定了坚实基础，同时也为个人和企业创造了更加安全、有序的数据使用环境。当前数据安全保护的核心任务在于净化网络数据环境，遏制数据的非法交易与犯罪行为，强化个人隐私与信息安全保障，从而营造健康有序的发展环境。

步入经济社会的新发展阶段，社会生活逐渐向虚拟社会延伸，信息网络技术向现实生活渗透，数字经济平台、数字遗产等数字经济时代的产物呼唤新的法律制度。为规范互联网平台企业行为，有效遏制互联网企业网络侵权行为，在《中华人民共和国侵权责任法》第三十六条的基础上，《民法典》第一千一百九十四条至第一千一百九十七条对网络侵权进行了更加详细、更具有操作性的规范。在进一步规范平台企业行为的同时，也切实保障被投诉人的合法权利，打击恶意侵权投诉行为，倡导互联网企业采取更为前瞻和主动的策略应对网络信息侵权行为，实现从被动接受投诉到主动排查风险的转变，从而推动平台经济健康高效地发展。数字遗产融合了物权、债权及知识产权等多种权利要素，展现出独特的网络数字特性，既蕴含经济价值，又体现个人精神与人格特征。继承数字遗产旨在尊重并延续用户的精神寄托，同时合理开发利用经济价值，促进资源高效配置，但数字遗产能否继承，需要综合考虑多方面因素。现阶段，数字遗产继承领域立法缺失、数字遗产价值难以评估、数字遗产继承社会意识薄弱等现实问题均对我国数字遗产继承管理制度的构建提出了挑战。政府应从规范网络服务协议着手，逐步明确数字遗产继承中当事人的权利与义务，加快构建统一的数字遗产价值评估方式，在解决隐私权和继承权的实际争端中不断积累经验，克服现有继承法律服务制度障碍，以实现对公民私权更广范围的合理保障。

在依法使用数据的时代新要求下，各行各业均应对数据、数据权和数权保护有一个全新的认识和理解，尤其是以数据为基础的保险业。保险业应充分提高对"数权"的认识和重视，明确保险机构属于"信息处理者"的基本定位，清晰相应责任、义务和权利，建立"先保护，后利用"的经营理念，切实遵守依法合规要求和维护消费者利益的核心发展逻辑，做到数据利用的"于法有据"和"于理有度"，不断强化"数商"培育，从而实现数字经济时代保险业综合素质与能力的全面提升。

1.2.4　开放式社区及成果归属

1994 年，国内第一个互联网 BBS 平台——曙光 BBS 正式上线，拉开了我国网络论坛发展的帷幕。经过 20 余年的蓬勃发展，我国已拥有一批技术成熟、社区成员稳定、信息交流活动频繁的网络社区，这些网络社区已成为人们信息交流的重要平台（桑朝阳，2022）。随着 Web2.0 技术的飞速发展与广泛应用，网络社区用户生成内容蓬勃发展，开放式网络社区应运而生。开放式网络社区以知识创造和传播为目标，旨在通过载体和虚拟联系相结合形成新的网络社区（吴心弘和裴平，2022）。开放式网络社区为人们提供了一个知识交流、知识聚集的空间，大大降低了社交和知识发现的成本，大量的用户生成内容也为企业提供了丰富的外部创新资源，拓展了企业与用户、用户与用户之间的交互方式，推动了用户创新从理论到实践的飞跃（郭王玥蕊，2021）。

补充阅读

知乎——"有问题，就会有答案"

2010 年 12 月，借鉴美国问答社区 Quora 的发展理念与运作方式的知乎正式上线。

该社区早期采用邀请注册制,直至 2013 年 3 月才正式开放注册。知乎是著名的中文互联网问答平台,聚集了大量的中文原创问答内容,以"让人们更好地分享知识、经验和见解,找到自己的解答"为品牌使命,塑造了互动、专业、认真的互联网社区氛围和独具特色的产品创造机制,借助中文互联网科技、商业、影视、时尚、文化领域最具创造力的人群,创造了海量的优质中文内容,逐步从仅针对"问答"的垂直社区,到包含"问答""想法""圈子""视频""知识付费""直播"等功能的综合社区,现在的知乎已经成为用户超过 2.2 亿的独角兽企业。

从 Web1.0 时代的平台创造到 Web2.0 时代的用户创造,网络社区中用户生成内容的占比不断攀升。在 Web2.0 时代,平台更多是作为基础设施及环境的提供者,平台创造的内容占比较小,主要鼓励用户自主创作,但创作环境、发布平台、读者阅读等创作流程仍由平台全程掌控。凭借对基础设施的控制权,平台掌握着用户创作内容的源数据,获得了用户创作内容的所有权。显然,从作品所有权与价值分配等市场经济角度来看,Web1.0 时代无疑是符合"谁创造、谁拥有、谁受益"的市场经济基本原则的,而 Web2.0 时代则是扭曲且不合理的,用户作为内容创作者的基本权利被剥夺,用户价值被平台随意汲取,无论是作品的归属权、管理权还是利益分配,看似掌握在用户手中,实则由平台操纵,用户成为平台价值创造的奴隶。随着人工智能、区块链、虚拟现实等新一代计算机科学技术的蓬勃发展,Web3.0 时代已悄然到来。Web3.0 时代致力于打造一个基于区块链技术的用户主导、去中心化的网络生态空间。在 Web3.0 时代,用户可为满足自身需求进行交互操作,并在交互中利用区块链技术实现价值的创造、分配与流通。相比 Web2.0 的平台中心化特征,Web3.0 中用户所创造的数字内容,归属权明确为用户所有,控制管理权明确由用户所有,其所创造的价值则根据用户与他人签订的协议进行分配,区块链作为一种技术手段,实现了用户数字资产权益的确认和保护。当今社会正由 Web2.0 时代逐渐向 Web3.0 时代过渡,原创作品的所有权归属更加明确,利益分配机制也更加合理透明。同时,在协议控制下的绝对公平,会带来 Web3.0 时代下原创作者数量的再度激增,开放式网络社区发展将迎来新的高峰。

为充分保障开放式网络社区原创作者的合法权益,适应互联网时代发展的新要求,各国政府均采取了一系列积极措施,进一步加大了知识产权的保护力度,完善了知识产权保护体系。但由于互联网时代知识产权保护界限的扩大化和保护内容的抽象化,各国政府在知识产权保护实践中仍面临着较大困难。放眼未来,各国政府应积极利用新一代网络技术,紧密结合时代发展形势,完善开放式网络社区立法司法体系,加强网络道德建设,净化网络环境,持续推进开放式网络社区的长效健康发展。

1.3 数字化治理的概念、现状与趋势

1.3.1 数字化治理的概念及范围界定

数字化治理的概念是信息技术进步的产物,并伴随着对传统公共管理模式反思的浪潮而兴起。随着社会与技术的持续、开放互动,其内涵在动态演进中不断充实和演化,

相关研究也日益深入。数字化治理一般来说是为了优化社会治理方式，改善社会治理模式，使其更科学、更高效、更接近现代化水平。互联网、大数据、人工智能等新兴技术是数字化治理的主要支撑手段。2001 年 10 月 19 日，英国国家空间中心联合数字资料保存工作联合会在伦敦顺利召开了"数字化治理（档案、图书馆）研讨会"，会上首次提出了"数字化治理"概念，并对一些数字化治理行为赋予了清晰而精确的定义。

在国外，数字化治理的概念一直是研究的焦点问题，较为一致的观点认为"数字化治理"包含治理、归档和存储三大要素，并且这三者之间存在着紧密的内在关联，构成了数字化治理的完整框架。具体而言，归档过程中的关键环节在于保存，而归档本身是治理活动不可或缺的组成部分，三者相辅相成。Holzer 等（2014）将数字化治理的定义概括为"包括数字政府（提供公共服务）和数字民主（公民参与治理）两部分"。Almeida 等（2020）从更为宽广的视角出发，认为数字化治理不应局限于政府或企业的单一主体，而应视为一个包含政府、企业及各类数字公共用户在内的多元化、集体性行动过程。

相较于国外研究，国内学者于 2004 年进入数字化治理的研究领域，历经近 20 年的深入探索，数字化治理领域的研究取得了显著进展。徐晓林和刘勇（2006）认为，单纯地将信息通信技术引入公共领域并不等同于数字化治理。数字化治理本质是社会权利与公民政治权利深度融合的一种多元"社会—政治"组织及其活动形态的治理方式，广泛覆盖社会经济活动与社会资源的方方面面，深刻影响政府部门与行政机关的运作流程。祝智庭和陈丹（2014）指出，数字化治理拓展了内容、数据、知识管理等领域的边界，是物态材料治理的现代化转型。黄建伟和陈玲玲（2019）认为，数字化治理是数字技术与治理理论的有机融合，构建了政府、企业、个人共同参与的新治理格局，旨在通过智能化手段提升公共服务的效能。颜佳华和王张华（2019）认为，数字化治理是电子政务技术深度发展的产物，其将信息技术的影响力从政府内部延伸至外部组织，既强化了政府内部效能，又赋权于民，促进了"以公民为中心"的政府管理体系的构建。

综上所述，数字化治理的概念应包含以下两个层面：一是"以数据为基础要素、以数字技术为主要手段开展治理"。在数字时代，数据资源已成为国家核心科技竞争力的重要支撑，其治理范围已从传统的信息管理扩展到数据本身，形成新的治理领域。在此基础上，数字技术广泛应用于城市管理、公共服务、环境监管等复杂社会治理场景，不仅提升了信息处理效率，还显著提高了治理的科学性、精准性和响应速度。二是"面向多主体、多领域的综合治理"。数字化治理不同于单纯的电子化应用，其核心在于超越单一政府网络的范畴，将治理主体从政府扩展至企业、社会组织与公众等多元主体，治理领域也不再孤立。未来，各治理领域将深度交融，需要加快数字化发展，发挥数字化转型中技术赋能的作用，构建融合型治理体系。以全新方式创造经济价值、重塑社会关系，将成为数字化治理的重要特征。

总而言之，数字化治理源自数字技术的飞速发展，是适应数字时代变迁而兴起的一种创新型社会治理模式。数字化治理的核心是构建一个多元主体框架，该框架应该包含政府、企业、社会组织和民众，强调数据平台间的开放共享与协同合作，确保数据要素间的无缝衔接与一致行动。数字化治理应以信息技术作为支撑，以促进全社会公共事务的协同处理为目标，构建起一个开放、多元、互动的复杂治理体系。在区域层面上，数字化治理具有去中心化特征，这将打破地理隔阂，促使地区间资源互补与协同合作，实现信息的流通与资源的共享共用。

1.3.2　数字化治理现状分析

相较于发达国家，我国数字化治理发展进程相对缓慢。目前，我国关于数字化治理的政策热点主要集中在"互联网+"政务服务和智慧城市两个方面。在发展城市建设、完善公共服务的过程中，由于理论研究不断深入、实践经验逐渐丰富，我国数字化治理的深度和广度大有改观，治理质量和效率也已显著提高。现阶段，我国数字化治理主要以发达地区或区域大城市为中心，扩散发展，辐射周边城市，并具有实践和理论互为支持、滚动发展和升级的特点。

在现代信息技术和数字网络平台的支撑下，部分城市正在不断加快探索实现数字化、网络化和空间可视化的城市治理模式，致力于以更高效、更完善的问题解决机制和监督管理模式进行现代城市治理。如北京市朝阳区率先在城市治理中综合运用计算机网络技术、物联网技术、数据库综合技术等，根据自身实际，以速度快、容量大、开放性强、使用简便、稳定性强的数字化系统平台为依托，以完善部件库、事件库、单位库和人口库作为切入点，根据数据来源和大数据分层结构，按数据格式和适当定义数据长度，识别或区分城市管理各类基础数据，导入城市发展中所收集的有关交通、住房、医疗、卫生等相关问题的数据，建立地理信息系统，制作出全新的城市数字化治理图层，成立朝阳社区服务网。在新技术平台的帮助下，政府职能部门和相关单位更好地提供了公共服务，大力提升了职能部门和相关单位解决问题的效率。

除了先进信息技术的强大支撑，数字化治理也离不开公民和政府的互动参与。为了让市民参与到城市轨道交通智能化建设工程中，广东省佛山市通过搭建数字化网络平台广泛收集市民的意见，并及时给予反馈。政府职能部门与市民的在线互动不仅帮助市民更方便地提出意见，也让政府可以为社会公众提供更便利、更贴心的服务。

在现代信息技术快速进步的推动下，我国各大中小城市均已不同程度地将数字技术应用到社会治理中，如一些特大城市和省会城市的数据治理网络已经覆盖到居民委员会，但是由区域中心城市向其他地区和城市扩网、扩容，即数字化社会治理的共享范围和普惠性仍然有一定的局限性。

第一，数字化程度较高的行业和数字化程度较低的行业之间存在"数字鸿沟"，数字化转型的先行省市和后进省市之间存在数字化治理推广的社会效益差距。比较典型的是，基层组织相比于政府部门，在开展和推广数字化治理的过程中较为困难。其实这也很正常，因为数字化治理本来就是自上而下推动的。

第二，我国应急管理体制中各政府部门、政府与社会公众在协调阶段的漏洞已经逐渐显露出来。政府内部之间、政府和社会组织、社会公众之间信息沟通不足，无法及时共享、高效反馈。

第三，数据共享的相对透明性和数字流量决定的选择性共享，对不同系统、不同组织、不同应用、不同业务、不同层级、不同地域的数据共享提出了数字分区和定义的问题。此外，协同管理和共享共用尚未建立健全的安全监控机制，共享安全、隐私保护等问题层出不穷。没有相应成熟的共享机制和保护机制方面的法律支持，也是数字化社会治理机制优化和应急公共事件处理的主要掣肘因素。

1.3.3 数字化治理发展趋势

在信息社会形态下，数据信息与社会生活、公共治理密不可分，推进数字化治理已成为全球性趋势。党的十九大报告明确提出"数字中国"建设目标，习近平总书记在致首届数字中国建设峰会的贺信中指出："当今世界，信息技术创新日新月异，数字化、网络化、智能化深入发展，在推动经济社会发展、促进国家治理体系和治理能力现代化、满足人民日益增长的美好生活需要方面发挥着越来越重要的作用。"《中共中央关于制定国民经济和社会发展第十四个五年规划和二〇三五年远景目标的建议》提出，"建设数字中国和发展数字经济，推进数字产业化和产业数字化，推动数字经济和实体经济深度融合，打造具有国际竞争力的数字产业集群"。经过多年发展，我国数字政府面貌初显，随着信息社会进入 5G 时代，数据融合的深化正成为激发数字化治理潜在价值的强大动力，预示着该领域将迎来更为广阔的发展前景。

1. 乡村数字化治理水平稳步提升

随着数字化治理的全面深化与乡村数字化治理试点项目的稳步推行，数字技术正日益融入乡村治理体系，成为其不可或缺的技术支撑。鉴于乡村特有的熟人社会结构，数字技术有利于提升乡村治理效率、做出科学决策、增强村民参与热情，促进各个治理主体之间的互动分享，共同构建协同共治的乡村数字化治理新生态。现阶段，我国乡村数字化治理机制日益成熟，数字技术有效激发了治理主体的协同效能。未来，依托数字化治理平台，乡村数字化治理将聚焦于治理主体的联动、治理环境的优化以及流程的高效简化，优化治理主体间的利益与权责配置，拓宽平台应用场景，确保政策信息与民情民意之间的双向畅通。将乡村基层的治理行为和成效置于公众的监督与讨论之中，确保乡村居民合理诉求迅速转化为公共议题，实现乡村治理智慧化、数字化。

2. 数字化治理参与主体的权责边界逐渐明晰

数字化治理时代，社会治理参与主体的角色和功能发生了较大变化。拥有公共权力资源、具有强制力、统筹协调治理秩序、处于主导地位的政府部门，是数字化治理的引领者；拥有数字技术人才和数字技术能力等资源的企业，是数字化治理的重要支撑者；拥有基层一线信息资源、发挥配合和支持作用的公众，是数字化治理不可或缺的参与者。

政府部门作为社会治理的核心力量，其角色正从单一主导向引领协同转变。政府承担着引领经济社会发展的重任，需要积极携手企业，利用其技术优势，打造高质量的产品与服务体系。政企合作中，关键在于平衡企业的盈利追求与社会效益，实现双向共赢。政府应充分利用数字时代的便捷性，拓宽公众参与社会治理的路径，构建开放、便捷的民意表达平台。政府的权力是人民赋予的，政府的职责不仅限于执行公共行政与确保政策顺畅实施，还应积极倾听并响应民众多样化的需求与期望。

企业是数字化治理的重要践行者，相比于政府而言，企业拥有更加灵活的管理手段，不但能够源源不断地为政府提供高新技术支持，还能打破社会的信息壁垒，突破信息孤岛，构建信息一体化的桥梁。政府通过管理企业，把握信息化进程，企业通过灵活的管理和产品应用升级，持续不断地为政府注入新的生命力。企业内部的创新力和发展活力是政府和国家数字化治理进程中不可或缺的新生力量。

人民是国家发展的核心动力，人民不但能够对数字化治理提出新的需求，而且是数字化发展进程中的创造者。促进人民与政府、企业高效沟通，能够精准突破信息壁垒，打造信息化、数字化的新经济。同时，人民基于对数字化治理的美好愿景，通过合法程序向政府及企业提出建议，能够使数字化治理更加切合实际。

3. 数字化治理体制机制持续完善

立足当下经济全球化、社会信息化深入发展的大背景，政府需要担当起信息枢纽的责任，加快构建并优化数字化治理的体系与机制，以信息化促进国家治理体系和治理能力现代化，促进机构和行政体制改革。结合新一轮机构改革，要整体推进政府部门管理创新与电子政务建设，不断强化政府作为信息节点的功能，聚焦于通过信息共享来重构和优化业务流程，完善政务基础信息资源共建共享应用机制，促进跨部门、跨层级的数据资源高效整合与开放利用，逐步扩大公共数据资源向社会的开放范围，以数据为驱动，增进治理透明度与公众参与。

案例讨论

从"天地图·江苏"到政务地理信息公共服务平台

为了切实转变基础地理信息服务方式，推动地理信息共建共享，更好地统筹地理信息资源，国家测绘地理信息局依据《国务院关于加强测绘工作的意见》（国办发〔2007〕30号）和《全国基础测绘中长期规划纲要》，制定了《国家地理信息公共服务平台专项规划（2009—2015年）》。江苏省政府大力推行信息服务产业的发展与建设，于2011年成立了试点单位——江苏省地理信息局。作为国家的首批信息化建设单位，该局的发展备受瞩目。2012年3月，该局又与全球最大的地理信息技术和服务提供商Esri公司合作，启动了基于主流地理信息技术应用平台ArcGIS的"江苏省地理信息公共服务平台（政务版）"（以下简称"政务版平台"）建设。

政务版平台建设的总体目标是：依托江苏省最新的基础测绘成果，有效整合公安、民政、公路、水利、交通等部门的权威行业数据资源，搭建面向政务应用的省级公共服务平台，探索平台的服务模式和应用模式，引领各政府部门、各委办局开展深度应用，大力推进江苏省空间信息化建设，全面提升测绘地理信息服务保障能力。在建设过程中，充分总结省内相关单位已建的省地理信息公共服务平台及国内其他省份已建的公共服务平台的成功经验及教训，调研和分析各委办局的应用需求，围绕"数据最鲜活、平台最实用、技术最先进"的目标，坚持以创新为核心动力，依托技术优势，打破信息孤岛和信息壁垒，全面推行数字经济发展，打造一个全新的地理信息公共服务平台。

首先，平台以高精度、高整合、高质量数据为导向，遵循一体化建设基本原则，共建信息一体化平台，不但汇聚了各个企业与政府的精准信息资源，还通过与江苏省数据库的相关节点及融合项目高度合作，完成了高贯通、高融合、高质量的数据资源汇总。内容不但包括地理信息高清影像资源，更汇集了水利工程分布影像资料、地理交通影像数据、无人机多角度高清摄影信息，多时段、多角度地反映了江苏省情省貌，具有统一、权威、详尽等特点。

其次，在组织架构建设方面，平台的信息化结构巧妙融合了虚拟化技术、IaaS 服务以及 Esri ArcGIS 平台软件，通过打造云端服务接口，能够全面、全程、全域地实现政府信息化，可不间断地为政府部门提供精准、可靠的地理信息服务。

最后，该平台对服务模式实现了创新。它开发了分层式架构和开展一站式操作的先进技术体系，不但针对专业人员，更能使普通用户和各个部门、各个组织简单方便地实现自身的需求，是一种全新的、按需的、安全的、可配置的地理信息系统服务应用模式和系统建设方式。

即测即练

自学自测  扫描此码

第 2 章

数字化治理目标及原则

◆ **在本章中，我们将要学习、理解和掌握：**

- 数字化治理的总体目标和原则
- 数字化治理面临的问题和挑战
- 数字化治理的实现途径和相应对策

◆ **导入案例**

浙江省数字化治理及改革

数字化极大地便利了人民群众的生产生活，尤其在新冠疫情防控期间，出现了新的经济发展模式，如远程办公、在线教学和远程医疗服务等。政府的数字化治理及改革也步入了新的阶段。目前，浙江、北京、上海、广东等地区数字化综合发展水平位居全国前列。其中，浙江省为建设数字浙江，利用信息化手段来促进工业化的发展，通过采取"四张清单一张网""最多跑一次"改革、行业行为监管数字化等改革措施，全力推动浙江省国民经济与社会的信息化进程。

"四张清单一张网"

2014 年，浙江省推出了具有创新性的"四张清单一张网"模式，在全国范围内率先建立了省、市、县、乡、村五级全覆盖的一体化政务服务网络，有力推动了服务型政府、透明政府和法治政府的建设。"四张清单一张网"通过公开政府权力清单、政府责任清单、企业投资项目负面清单和政府部门专项资金管理清单，实现了政府活动的透明化，促进了公众监督的有效化，极大地提高了审批效率，优化了投资环境，进一步促进了"审批事项最少、办事效率最高、投资环境最优"目标的实现。

"最多跑一次"改革

2016 年 12 月 27 日，浙江省委经济工作会议首次提出"最多跑一次"改革，以推进政府效能改革。该改革以人民满意为导向，力求将群众和企业在办理各项政务服务时的奔波次数降低到最少，真正实现让人民群众"最多跑一次"。浙江省力求突破传统以行政职能划分的部门界限，通过整合政府部门资源、优化服务流程，利用大数据和云计算等现代信息技术手段，分析过往的政务服务数据，确定处理事项优先级；通过全科受理的流程再造，实现网上多项服务的一站式处理。这项改革措施促进了数据资源的共享和高效利用，形成了一个上下联动、协同高效的公共数据运行和管理机制，极大提升了政府服务的便捷性和透明度，有效推动了政府数字化转型，为跨部门、跨地区数据协同和综合管理提供了可借鉴的经验和模式。

行业行为监管数字化

随着经济快速增长和市场主体数量激增，市场监管工作面临复杂多变的新形势、新特点和新挑战。浙江省充分利用数字技术的优势，将数字变革作为推动市场监管现代化的关键力量。截至2023年7月，浙江省已建成了包括"浙冷链""浙江公平在线""浙江e行在线"等15个重大应用平台。这些应用平台都是浙江原创，且在全国乃至全球范围内都是首创。这些平台有效地推动了浙江省市场监管数字化、透明化和智能化的进程，极大提升了监管效率和服务质量，为全国的市场监管现代化提供了重要的借鉴和示范经验。例如，"浙冷链"作为冷链物流的"浙江模式"在全国推广，"冷链食品溯源码"和"健康码"成为疫情防控的标配，"浙食链"成为"全球二维码迁移计划"首个推广应用项目。除了技术创新，浙江省还通过制定法规政策，将有效的实践做法固化为制度成果。例如，浙江省出台了针对平台经济监管、网络餐饮综合治理、电动自行车综合治理的新政策，将网络餐饮管理、网络直播管理、后厨阳光、外卖封签等关键措施写入《浙江省电子商务条例》和《浙江省食品"三小一摊"管理规定》等地方性法规中。

2.1 数字化治理目标

数字化治理是政府采用数字技术改进治理能力和治理水平，即使用数字化手段进行国家治理。数字化治理可以理解为使用数字技术开辟社会治理的信息高速公路。数字化治理是当代社会的一个热门话题，以人工智能、大数据和物联网为代表的技术革新，正在改变整个社会的生产力，同时也对各国政府、社会的运行产生了非常大的影响，显示出其在政府治理中基础性、支撑性和引领性的地位。

中国正致力于全面建设社会主义现代化国家，随着数字技术的快速发展，人们对生活环境有了更高的期待，也对政府治理能力提出了更高的要求。各级政府正积极面对数字化转型的挑战，在深化改革过程中加强创新发展，充分利用数字技术发展的优势，全面开创数字化治理新局面。

2.1.1 实现治理目标过程中面临的挑战

信息技术与经济社会的交汇融合，开启了数字时代，催生了大量数据要素。目前，数据已被视为基础战略性资源，各国都在积极地推进政府治理方式的转型和升级。数字化治理基于公共管理理念，使用数字技术创新行政流程控制和政府运行机制，通过智能计算为管理现代化提供技术支持和科学参考。当前,中国政府数字化治理面临大数据治理理念匮乏、数据"协同"存在困境、数字技术与政府组织体系的适配度不足、公众的政治参与有效性缺失、决策风险较大以及智能化水平不高等现实问题。为此,政府需要运用跨界合作理论将技术和治理领域联系起来,促进数字化治理在不同行为体之间的健康互动,提高数字技术在政府组织内的适应性。

1. 大数据治理理念匮乏

自计划经济时代开始,我国政府决策依赖于直觉、经验、抽样调查以及局部试验推广等方法,由此所得的数据具有不系统、不连续的特点。因此,用于决策参考的数据缺乏历史对比性和关联性,数据的滥用、失真和作假等行为也使数据资源无法准确反映真实情况。尽管各级地方政府都建立了政府网站和政务平台,但大多数平台的政务电子化功能流于表面,只是将政务工作转移到了网站平台上,忽略了不同部门之间数据信息的共享互通以及政府与社会公众之间的双向互动。政府机构缺乏依据数据决策、运用数据为社会公众服务的理念和思维方式,没有形成大数据治理理念,忽视大数据在解决社会矛盾中的深层逻辑,大数据治理在实际运用中尚未充分实施,其重要作用亟待发挥。

在数字时代,政府的治理理念必须与时俱进、不断完善。由于数据的膨胀式发展,政府传统的信息披露模式逐渐过时,需要更加科学地收集和整理,并向社会开放数字信息。同时,科学技术的进步提高了公众对了解政府工作、表达意见和参与行政程序等方面的重视程度,激发了公众的政治参与热情,这些对政府治理理念提出了新的要求。政府需要打破自身与其他主体(如市场和社会)之间的界限,促进数据的流动和开放,并确保行政程序的透明度(孟天广和张小劲,2018)。

2. 数据"协同"困境

数字化治理要求政府部门以"用户为中心",借助互联网为公众提供多渠道、"一站式"的服务。但在实践中,数字化治理存在"协同"困境,主要表现为:数据分散于各级政府部门,因结构性原因以及部门之间信息接口缺乏标准和设置原则不明确,并未实现有效整合,甚至不能实现数据传递、增益及其动态评估的闭环。由于政府在设立服务平台时缺乏整体规划,不同部门为了满足自身工作的需要,开发了专用 App、公众号和小程序,导致数据采集、处理标准等不统一,数据信息在不同的部门之间无法实现共享、交换和兼容,进而造成了信息资源的碎片化和数据的断层现象。这使信息资源像彼此隔离的"信息孤岛",罗列在诸多 App 中,数字化治理流于形式。数字化治理平台和服务的各自为政,既增加了数字化治理的成本和难度,又降低了政务服务的效率(郑跃平、王海贤,2019)。

在推进数字化管理时,首先须构筑起一张覆盖政府内外的广阔网络,连接所有涉及数字化治理的主体;随后借助现代数字技术提高机构之间的合作效率。数字技术的运用不仅能够推动数据共享的自由化和流程的高效重塑,还能够将之前零散的管理模式有效融合,确保业务流程、部门职能及地域间的无缝对接,进一步提升管理的整体效能。

3. 数字技术应用于政府体系架构中潜在的匹配问题

尽管信息化推动了数字技术在政务服务领域的深度融合，但是数字技术与政府架构体系依然存在一定的适配风险。有学者研究认为，一方面，数字技术具有高度的专业性，特别是采用加密技术实现隐蔽性而导致行政行为及其公众信任度被恶意减损或反噬；另一方面，如果政府组织架构和支持系统的建设没有满足实际数字技术的需要，便难以有效支持治理由传统型向数字化和信息化过渡（于浩，2015）。

传统上，政府强调自上而下的管理方法，决策、评估和监督的权力均集中在政府高层，以结果为导向，重视管理和监管过程，忽视服务和管理质量。政府架构普遍是层级制，政府内部主要通过纵向权力来对横向资源进行调配，这种运作方式在面对紧急情况时需要比一般商业组织更长的反应时间。由于数字技术的更迭速度较快，而政府组织的层级制度又缺乏灵活性，数字技术的快速发展可能会对政府治理产生负面作用。事实上，政府中现有的组织结构可能阻碍数字化发展。例如，政府的组织框架较为关注个体的作用和效应，但数字化算法呈现出的结果会对个体样本的丰富性和多元性有所忽略；在考核中，过分强调数字化痕迹往往会将数字技术与形式主义混为一谈。这种数字形式主义产生的主要原因是：技术没有完全适应政府系统，从而忽视了人文价值在技术使用过程中的蕴意。

网络和数据驱动的智能设计是行政管理模式创新的重要驱动力。一方面，政府在公共服务中直接应用智能工具来提高服务流程的质量；另一方面，政府将智能工具纳入行政和决策系统，促进其智能化与科学化（段盛华等，2020）。目前，人工智能技术尚未被有效引入政府治理，政府组织的智能化水平仍然很低，还有许多挑战和困难需要克服。第一，政府热线没有专门的智能技术工具。人工智能技术尚不能直接应用于政府热线，政府热线机构缺乏技术能力和积累，对于将人工智能与热线管理服务有效结合以满足复杂的需求和管理结构没有清晰的思路。第二，由于缺乏建设智能政府热线的长期计划，智能技术的应用零散且不平衡。现有的应用程序主要集中在简单的任务上，对于复杂的任务，如工单处理、数据分析等则无法胜任，数字技术的价值没有得到充分发挥。

4. 公众政治参与有效性的缺失

在传统行政模式中，政府对数据具有绝对的控制权，可以根据掌握的数据和信息制定决策并与公众协商。在数字时代，应用软件成为收集和监测数据的工具，普通民众也能够访问信息门户，获取和分析数据。因此，越来越多的公民能更加便捷地参与到公共事务的管理甚至政治决策进程中，这激发了公民参与的积极性，促使公民通过各种渠道向政府表达自己的建议和看法。然而，社会创造和收集的数字资源量增多，一定程度上将削弱政府对信息数据的垄断能力。这种情况可能导致信息失控，某些别有用心的人会利用公众参与政治的热情，致使政府在解决问题时过于被动。由公众对政治的过度参与而引发的无序状态，不仅阻碍了治理的有效实施和改善，还削弱了政府的管理效能。

数字时代，公众虽有机会接触丰富资源，但真正的数据处理能力多集中于政府和专家手中，这将导致信息利用上的不平等。提升公众数字素养和构建开放的数据共享机制是缩小这一差距、促进信息民主化流通的关键。由于知识水平的不完全性，政府在基于数据信息做出决策和执行的时候可能会造成疏漏。此外，可以公开的数据大多是基本信息，影响了人们推进数字化治理的主动性与积极性。一些参与社会治理的知识主体一直处于旁观者的角色，使数字知识服务社会治理的效果大打折扣，这也是社会治理问题的一个根源（王晓东，2022）。

5. 数字鸿沟和数据准确性偏差导致的决策风险

根据中国互联网络信息中心（CNNIC）发布的第 48 次报告《中国互联网络发展状况统计报告》，中国的互联网普及率已经上升至 71.6%。虽然数字技术使更多的人能够有更多途径行使自身权利，有更多的渠道去获得各种资源，但受限于文化差异、收入水平和区位条件等因素，各地区以及城乡之间信息化水平仍然存在显著差距。"数字鸿沟"限制了"最多跑一次""掌上办理"等政策落地，不仅无法有效地解决当地公众的实际问题，还堵塞了"自下而上"的信息传播渠道，这违背了政府数字化治理为公众提供便捷服务的初衷（陈振明，2015）。

一方面，数据失信会降低决策质量；另一方面，"数据盲区"会阻碍政府采纳公众的意见。因此，政府需要化解"数字鸿沟"问题，确保数字技术在公共管理中实现有效运用。由于数字技术的存在和发展依赖政府的管理，不能孤立运作，如果对数字技术的管理不善，就很可能会加剧某些地区或某些群体被不平等对待的程度。在数字背景下，"数字鸿沟"导致社会产生了非传统意义上的贫困群体，这些贫困群体不仅在物质上呈现出贫困状态，还在信息占有上表现出"数字贫困"。这类贫困群体缺乏必备的数字化知识以及技能，限制了数字技术在他们生活中的交互和应用。在当下数字化快速发展的时代，数字技术和知识的缺乏给这些贫困群体的生活带来了不便，也对社会治理的效能形成了一定程度的挑战。

2.1.2 实现治理目标的路径探索与应然走向

近年来，国内外政府管理者和研究人员都期待数字化治理能够给社会管理带来巨大变革，能够显著促进治理水平的提升。然而研究表明，数字化治理如果仅仅依靠技术，而没有理念创新、制度变革、组织转型、法治监管和伦理思考，不仅不能利用技术提高治理能力，还可能抑制公众的自主参与意愿，损害大众的权利和尊严。因此，鉴于实现数字化治理目标过程中存在的问题，政府相关部门需要重新思考和调整对数字化治理的期待与推动形式。

1. 提升决策者的数据处理能力，培养大数据思维

大数据在政府管理中的应用，不仅代表着政府治理手段和技术水平，更象征着政府治理理念以及管理思维的全方位革新。第一，政府应以大数据为重点，秉承为民众服务的宗旨，采取以民为本的策略，提高政府事务的透明度与开放性。通过大数据资源与实际操作经验相结合的决策方式，改善并提升政务流程，为民众打造一个效率高、操作便捷的一体化服务平台（罗彪，2021）。第二，通过重新演绎数据应用场景、展示数据决策案例、观摩数据共享实例等方式，培育和提升决策者的数据思维，提高其数据素养，激发管理者利用数据进行决策的积极性。第三，通过多样化和协作性强的学习方式，如专家分享会、网络课程、研讨会等形式提升决策者的数据理解能力，减少不同领导层在数据技能及数据处理应用层面的差异性；同时，防止决策者对数据的过度迷信，避免仅凭数据做决策。

2. 完善政府数据开放共享机制，实现数据"协同"

首先，要确立政府数据开放共享的具体规范和标准，区分哪些数据可公开、哪些不可公开，及其开放的条件（如免费或收费，若收费需要考虑收费的具体形式），还要明确数据信息各相关方的责任与义务。在开放数据前，需对长期未整理的数据进行规范化、标准化和统一化处理，以提高数据的质量和价值，防止发布不准确或混乱的信息，导致决策失误。其次，推进上层规划，界定部门间数据共享界限，设立数字资源治理和共享权责。从制度角度明确数据开发、使用、共享、监督的权利、责任及成果分享方式（胡玉桃，2021），着力打破数据开放和共享过程中存在的行政障碍，促进信息流通和资源的有效配置。构建公开数据信息资源目录和不宜共享的数据资源清单，以防止在数据共享过程中对数据提供者隐私权的侵犯。最后，搭建横跨不同部门、层级和地区，解决政府内部信息隔阂问题的政府数据共享和交换平台，通过该平台实现政府数据信息的标准化和整合，以满足社会公众对政务的需求。此举不仅将促进政府各部门和层级间的数据共享和交换，也将鼓励社会组织和企业开放数据，利用政府的大数据资源，创造并提供大数据产品。通过大数据赋能社会新动力，使数据信息能够真正为公民拥有、管理和享用。

3. 重塑治理流程，提升治理效能

利用互联网、云计算、人工智能等前沿技术，数字化行政赋能重塑了传统的政府组织架构和权责关系，优化和重构了治理平台及其服务流程，减轻了社会负担并提升了治理效率。这一过程既简化了繁复的社会规章制度，又促进了治理主体、治理要素和治理机制之间的协同配合，建立了一个参与广泛、监管分级、责任明确的数字化治理体系。通过数字技术，数字化治理实现了无须面对面审批、"一站式"办理和服务，以及一体化移动政务，为公民和企业创造了一个无缝、高效的服务体验。这种治理模式不仅覆盖广泛、数据来源丰富，而且实现了服务的一体化，构建了一个标准化、规范化、便捷和透明的虚拟政府环境。这种方式有效地跨越部门、层级和区域界限，向社会提供全面的政务服务，从而实现了一个更加完善和高效的跨部门、跨层级、跨区域的政务服务体系。未来的信息技术发展有望缩小数字差距并打破信息障碍，通过整合分散的数字和信息资源，治理结构调整、治理机制创新和治理流程再设计的趋势将越来越强，政府治理的需求和供给将向更加精准的方向发展，人民的获得感、幸福感和安全感将不断提升（黄新华、陈宝玲，2022）。

通过数字化赋能，政府的管理手段得到了创新与补充，实现了治理过程的直观量化，从而提高了对社会动态的感知能力。这种技术支持使政府能够对其管理区域的基本规模、具体状况、发展趋势以及潜在风险进行更加准确的分析和理解。因此，政府在治理策略

上能够从被动防守转为主动进攻，在治理结构上实现从分散到集中的转变，在决策方式上从临时决定转向精确制定策略。这不仅显著提升了政府在风险管理方面的识别和预警能力，也增强了其预防和响应风险的能力（雷晓康和张田，2021）。

4. 拓宽治理边界，推动公民政治参与

数字化治理通过技术嵌入克服了时间和空间的界限，扩大了管理的边界，提高了整合功能，实现了政府管理"独角戏"向公民参与"多人演出"的转变，成为政府从"控制"向"共同管理"过渡的重要组成部分。

数字化治理作为一种创新的政府管理方式，极大地提升了公共服务的效率和质量。它以公民需求为核心，缩短了处理信息的时间，从而增强了民众参与政治过程的体验感和便捷度。在这一过程中，数字化治理不仅赋予了社会和群众更多权利，巩固了基层民主，而且通过构建多元化的沟通渠道，保障了民众的知情权、参与权和监督权，进一步推动了治理模式向双向互动的方向发展。同时，数字化治理利用先进的数字技术，强化了基层网络的建设，建立了一个能够进行深入分析、实时处理和综合评估的数字平台。这一平台不仅提高了社会各界表达意见和需求的效率，也促进了不同利益相关者之间的有效沟通和参与。

简而言之，数字技术赋能政府管理构建了一个既全面又包容的网络系统，实现了线上线下互动，发展了传统与现代互补的治理模式。通过程序化、规范化、民主化和效率化的设计，推进权益整合和决策优化，进而促进政治民主、行政效率和社会共识的形成。数字技术推动了协商民主的多层次、广泛和高效的发展。互联网等技术成为政府与民众交流的新平台，成为推广人民民主、接受人民监督的新途径（黄新华和陈宝玲，2022）。

5. 突出"以人为本"的治理理念

在治理方面，政府必须始终坚持"以人为本"的理念。一方面，着力提升数字化治理的效能，确保其成效能广泛惠及民众；另一方面，通过增强公众的数字化理解能力，确保数字化治理工作能够真正实现服务于人民的目标，进一步强化"以人为本"理念的实践应用。

技术赋权并不是万能的，对数字技术的应用应符合实际，落到实处，因为数字技术并不能解决一切问题。数字化治理的推进不仅需要技术支持，还需要融合多方面因素，包括概念、机构、组织、法治和道德等。数字化管理的核心应始终关注人的体验感和满足度，重视效率、人文关怀及适度平衡这三方面，因为它们是直接决定数字时代人们的满意度、幸福感及安全感的关键因素。数字化治理的根本目的应当聚焦于人的需求而非仅仅是数据本身（郑磊，2021）。

以上海市为例，该市的数字化治理转型充分体现了"以人为本"的治理目标。目前，上海是中国常住人口超过 1000 万的超大城市之一，其特点是人口众多、交通量大。考虑到超大型城市的综合治理需要，自 20 世纪 80 年代以来，上海开始在城市管理和发展战略中积极融入信息技术，坚定不移地走在创新发展的前列。这座城市通过一系列紧密相连并持续改进的规划方案和行动计划，成功推进了城市数字化转型，这些计划旨在不断

地迭代与优化，确保城市转型发展的稳定。2020年年末，《关于全面推进上海城市数字化转型的意见》明确了政府数字化转型的发展方向。相较于以往，这一策略更加注重用户需求以及公民的接受度。同年，专门成立了上海市数字化转型领导小组，主要负责协调和促进相关领域工作的顺利开展。

在此进程中，上海市持续推进政府的数字化转型，以此引领社会治理体系的全面变革。政府不仅专注于电子政务的转型，还通过"开门向外"的治理改革，进一步拓宽了数字技术在城市治理中的应用范围，深化了其影响力。这种改革策略，能够更好地整合资源、优化服务，并通过数字技术的力量，提升城市管理的效率和公民参与的程度，形成了"新治理模式"。这既是对数字技术应用趋势的积极响应，也深化了技术、管理、服务和合作等方面的融合创新。上海市以市民满意度为核心，创新"好评差评"和"我要找碴"等举措，让市民来评价公共服务质量，借助"一网通办"平台，逐步构建起一个完善的公共服务评估体系。此外，"一网统管"平台使市民成为识别和解决城市问题的关键参与者，实现了从传统的被管理角色向共同管理者的转变。上海市还在扩展世博会期间提出的"城市，让生活更美好"的精神，将"以人为中心"变为"为人民服务的城市，由人民共同建设"的治理理念。在此基础上，上海不仅重视市民需求，而且积极邀请市民参与公共服务过程。通过实施"一网通办"和"一网统管"，上海市政府开发了包括"好评差评""我要找碴"和"网上诉求"在内的多个数字参与平台，这些措施改变了市民在城市治理中的地位，使他们既是服务的接受者，也是服务的提供者。数字技术的应用影响了上海城市治理体系，也提高了公众的"主人翁"意识（陈水生，2021）。

2.2　数字化治理原则

通过以上讨论可知，数字化治理的参与主体是多元的，涉及政府、社会、公众与企业。它体现在社会的方方面面，不仅包括提升行政效率和公共服务，还着眼于如何通过信息技术推进行政改革，扩大公众参与，重塑国家与公民、社会及私营部门之间的关系。

数字化治理目标的有效实现面临许多挑战与困难。为了更好地完成这个目标，需要确保以目标集成为首要原则，通过有效调动各领域数字化发展的独特优势，积极运用数字技术，促进数字经济多元治理新格局的形成。同时，要运用数字化治理纾解数字时代下的协同困境，从多角度和多层次促进协同治理，有效发挥协同效应。数字化治理是系统工程，在发展数字技术的同时，还需要建立跨部门的综合监管体系，并改进分级分类的监管政策，构建共同监管治理体系，坚持发展与监管两手抓。此外，应当指出的是，在法律规制层面，建设法治政府、研究制定数字化治理的法律规制路径也是必要的。

2.2.1　目标集成

1. 概念介绍

集成是为实现最终设定的功能而汇总各方面的技术、设备、材料等。因此，数字化治理的目标集成就是指为有效进行数字化治理，整合各行业、各领域在新发展阶段实现健康可持续发展制定的目标，从而逐步加强我国数字经济的规模、质量和优势，持续推动产业数字化和数字产业发展。数字化治理的首要原则是要实现目标集成，实现目标集成的原因可以归纳为以下两个方面。

一方面，我国目前对数字经济及其管理策略的处理方式表明，数字经济发展的核心在于推动经济发展与加强管理两手抓，中央政府明确要求在加强数字管理的同时促进发展，在促进发展的过程中实现数字管理的规范化。此外，在推动数字经济发展的同时，中央政府还要求兼顾安全性和开放性，统筹国际与国内的需求。数字技术和实体经济的深度结合是推动经济发展的关键，故政府应加大对数字基础设施的投入，完善数字经济管理体系，促进数字技术在各个产业中的应用，实现产业的数字化转型。党的十八大以来，数字经济已成为党中央关注的重点领域。党的十八届五中全会提出"落实网络强国战略和大数据国家战略，拓展网络经济空间，促进互联网和经济社会融合发展，支持基于互联网的各类创新"；党的十九大提出"推动互联网、大数据、人工智能和实体经济深度融合，建设数字中国、智慧社会"；党的十九届五中全会提出"发展数字经济，推进数字产业化和产业数字化，推动数字经济和实体经济深度融合，打造具有国际竞争力的数字产业集群"。这些措施共同构成推动经济持续健康发展的基础条件。因此，要实现我国经济的高质量增长，必须坚持新发展理念，形成新发展格局，全面实施目标集成策略。

另一方面，从实现目标集成的意义来看，第一，通过目标集成，可以促进数字经济治理框架和规则体系的统一与协调，增强政府的数字监管能力，提高对行业和市场的监管效率。这不仅有助于构建一个涵盖政府、平台、企业、行业组织和公众的多元共治体系，促进有效协作，还可以通过形成治理合力，促进健康竞争，确保市场的公平与效率，形成一个以政府为主导、多元参与和法治为保障的数字经济治理新格局。第二，目标集成对于提升数字化治理的精确性至关重要，它强化了统筹协调与组织实施的能力。结合我国的产业结构和资源条件，发挥产业比较优势，通过系统规划、务实推进，建立起跨部门协调的机制，从而为实施"十四五"数字经济规划提供有力支持。

如何实现目标集成，可以从以下三个方面予以考虑。

（1）建立全面的数字经济监测体系。对数字经济和关键产业进行科学的统计分类，明确统计范围，实施全面的数字经济统计监控。对核心产业进行周期性分析，更加准确地捕捉数字经济的发展动态，包括规模、增速和结构变化。

（2）提升对关键议题的识别、分析和风险预警。整合不同政府部门和地区的监测资源，完善风险识别和应对机制。这不仅有助于加强平台和研究机构识别和防范技术滥用风险的能力，还能有效应对潜在的经济、社会和伦理风险。

（3）形成数字化治理的规范性架构。这要求政府持续推进法治化和社会治理规范化改革，并利用科技手段，尽快完善数字技术在社会治理中的应用框架和行业标准。此外，加强法律支持、监管职责和监督体系，也是构建一个与现代社会治理相适应、促进数字技术健康发展和应用的制度环境的关键步骤（高阳，2022）。

2. 目标集成实现的技术途径

1）围绕数据信息共享需求

在数字技术的发展浪潮中，社会治理的信息化进程变得日益迫切，特别是对于数据信息共享的需求。为了应对这一挑战，必须着手构建一个全面的社会化大数据信息平台，该平台能够在不损害国家安全、商业机密和个人隐私的前提下，实现跨领域数据的集中与整合，涵盖经济、金融、交通、教育、医疗、社会保障以及应急管理等多个关键领域。建设此平台需要政府和社会各界的通力合作，采取政府引导、多方协同的模式。此外，提升数据法治化水平亦为关键，需制定和完善关于大数据采集、使用和管理的法规体系，确立数据生命周期内各环节的法律规范，并对敏感数据进行重点监管，以确保数据共享的合法性、安全性和高效性。同时，制定严格的技术标准和运营规范，进一步促进数据信息的有效共享和管理。以上措施不仅对数字化治理目标的明确和实现具有指导意义，也为各行业在新发展阶段指明了科学规划和可持续发展的路径。

2）利用区块链技术优势

在数字化治理的学术探索中，区块链技术以其独有的低成本、高信任度特性，为解决治理过程中的信任危机和信息成本问题提供了创新性的解决方案。作为一种分布式账本技术，区块链通过确保信息的真实性、不可篡改性和持久性，显著增强了政务信息的权威性、透明度、信任度和可追溯性，同时提升了公共服务信息的安全性与稳定性。其去中心化、数据透明的特性，有效缓解了参与主体多元化和治理模式跨界化带来的信息不对称问题，降低了信息搜寻和传递成本，解决了公共信任难题。区块链技术通过构建互信机制，重塑信任关系，降低协调成本，促进了组织间的合作，推动了数据共享。此外，在供应链管理、政务区块链平台等多利益主体博弈场景中，区块链技术通过智能合约等手段，减少了合同缔结中的协调成本和法律成本，也提高了业务办理效率。总体而言，区块链技术不仅是一种技术工具，更是一种新的治理规则和协调方式，为构建智能社会提供了坚实的技术支撑，持续推动社会治理方式的数字化升级，进而实现更加高效、透明和协同的治理目标。

3）扩大数字技术应用场景

一是调整政府职能，借助数字技术优化政务流程。这既涉及运用人工智能等前沿技术整合信息资源、精确预测公众需求以提供个性化服务，又强调加快构建数字政府促进不同地区和部门政务信息共享，让公众更便捷获取公共服务的重要性。二是关键技术的研究成果应迅速转化应用。尤其要在关键领域推动应用场景创新、降低治理活动成本、增强治理主体互动效率、提升公共服务供给效率。三是加快数字技术在治理领域的全面应用。依靠技术协同推动从物联网向智能连接转变，及时处理数字化治理过程中的挑战和难题，确保社会治理在数字化和现代化道路上转型升级，排除实现目标过程中可能出现的阻碍。

4）集成应用数字技术

推动智能社会发展及强化数字化治理，重点在于新一代信息技术全方位的基础设施建设，充分发挥"数字新基建"核心设施和基础平台的效用。在此进程中，关键是要汇集并整合不同领域的大数据，同时对物联网、人工智能、区块链、5G以及云计算等众多先进数字技术进行集成运用。如此一来，不但增强了不同层级和部门间的协同合作，而且有序推进了数字化及智能化基础设施的构建。另外，借助智慧交通、医疗和教育等公共服务系统的共建共享，加快构建符合智能社会要求的基础设施体系，持续推进社会治理方式的数字化进阶，提高数字化治理的效能。

5）积累生产特殊性、实践性知识

推动目标集成，不仅要依托数字技术，也要积累特殊性知识和实践性知识，以便更好地掌握社会现状。数字技术并非无所不能，它无法涵盖社会治理的所有环节，也难以精准追踪个人独特行为的独特性，更难以确切呈现线下社会网络关系的分散特征和多重属性。实际操作层面的知识通常需要在实践中摸索，在面对面的交流互动中掌握，在长期且深入的接触里总结并提炼。对治理者来说，如何高效运用数字化治理平台并发掘数字技术的所有潜力是一项关键议题。这不但要求治理者充分发挥标准化知识的价值，还需要构建便民化平台以保障基层群众的信息通道畅通，吸纳多元参与者的意见。治理者应当密切留意基层工作人员和公众的反馈，及时获取最新的动态消息。另外，在必要的情况下，治理者应当亲自到现场进行考察与调研，以保证对基层情况有足够的了解和把控，进而更有力地推进数字化治理的实施（颜昌武和马敏，2022）。只有不断地积累特殊性和实践性知识，才能够制定出真正契合我国国情的数字化治理目标，实现目标集成。

3. 数字平台：作用与不足

经过以上讨论可以发现，综合运用大数据、区块链、人工智能等技术可以促进社会治理信息化，实现各部门之间的信息共享，精准预测公共需求并提供服务，进而实现目标集成。同时，这些技术的运用也必须做到与实际情况相结合，其中起支撑和联系作用的就是数字平台。数字平台汇集了各渠道收集来的数据和信息，使数字化治理目标的制定更加具有说服力，并为数字化治理目标的集成提供了发展和监督的空间。

平台作为一种创新性的产业组织形态，具备网络效应和零边际成本的优势。这种模式下的交易不再单向流动，而是由供应商、顾客和平台等多方参与者共同构成的一个动态交互网络。在这个平台中，定价机制和价格设置变得更加灵活多样，从而突破了传统线性价值链的限制（李韬和冯贺霞，2022）。数字平台通过组织协调、资源配置、数据收集、算法控制、交易规则的制定与执行等功能，有效地将相互依存的多边市场中的群体集中起来。它不仅是技术上的集成，更在功能上为各方参与者提供了一个互动和协作的平台（刘戒骄，2022）。数字平台在多个层面上重塑了我们的生活和工作方式：通过高效的数据分析和技术手段，如大数据和区块链，提升了信息的透明度和资源配置的效率、生活服务如衣食住行的便捷性、公共服务如教育和医疗的高效性与公平性。同时，数字平台促进了共享经济的发展，通过精确匹配供需双方，优化了资源利用，提高了整体社会的经济效率（李韬和冯贺霞，2022）。

尽管数字平台在资源匹配、效率提升等方面具有显著优势，但在市场竞争、数字鸿沟等方面仍然存在一些负面影响。

第一，超级垄断势力及限制竞争行为使市场结构趋于集中。数字经济的扩张展现了其固有的垄断趋势。主要原因在于大数据的核心地位，加之供给侧的规模经济效应、多样化经济以及需求侧的网络效应，导致市场常常被极少数平台占据绝大多数份额，形成了所谓的"赢家通吃"的格局。以2018年的中国市场为例，几个领域的主导公司占据了压倒性的市场份额：滴滴在网约车服务中占有92.5%的份额，百度在搜索引擎市场上占据了68.5%，美团在外卖服务市场上的份额达到了58.6%，而支付宝在在线支付领域的市场份额为54.3%（唐要家，2021）。在数字平台的兴起过程中，市场结构趋向高度集中，强大的平台通过垄断力量主宰了市场的发展方向。平台经济的本质导致了一种"赢家通吃"的现象，这不仅排除了真正的市场竞争，还因为大数据、算法及其产生的网络效应而显著增加了进入市场的障碍。这些障碍使创新型企业难以进入市场进行有效的竞争，进而导致高市场壁垒。这些壁垒不仅减少了新兴平台对既有平台的挑战机会，还固化了既有平台的市场力量与领导地位。在这样一个环境中，中小企业以及消费者对数字市场的接入越来越依赖于这些大型在线平台。这种依赖关系，加之缺乏替代选择、高昂的切换成本，以及改变平台不公平行为能力的缺失，使中小企业被迫接受大平台以垄断定价、不公平条款和协议等手段来谋取额外利益的行为。这种市场环境不仅削弱了市场的竞争力，也限制了创新的可能性，进一步加剧了平台经济中的垄断现象（刘戒骄，2022）。

第二，随着平台经济和人工智能的快速发展，传统的重复性工作被替代，部分岗位消失，同时增加了企业对员工高级认知和社交技能的需求。这种变化促使劳动力市场偏好具备技术知识、问题解决和团队协作能力的人才，也对人力资源培训的方式提出了迫切的改变需求。大型平台企业推动了新职业的产生，如网络配送和电商直播，这种灵活的工作模式带来了收入不稳定和缺少传统雇佣保障的问题，加剧了就业不稳定性和数字不平等（刘戒骄，2022）。另外，在数字平台的快速扩展中，"数字鸿沟"引发了人们对数字不平等问题的关注，特别是城乡以及老年群体对数字技术的适应性差异问题。这种差异既体现在获取数据的能力上，还体现在人们利用这些技术参与社会和经济活动的能力方面。

第三，资本市场的健康发展和平台化进程受到了与数字平台相关的资本无序扩张的不利影响。一方面，追求短期利益的平台，其资本的无序增长给资本市场的稳定性带来了风险。许多投资者被平台的巨大发展潜力所吸引，而商业竞争的不确定性意味着并非所有尝试都会成功。一些资本通过投入巨额资金进行竞争和设置掠夺性价格来扩大市场份额，但这种做法可能导致它们长期内无法自我维持，其庞大的规模最终会反噬自身，给资本市场的有序运作带来混乱。另一方面，资本的无序扩张还体现在其企图通过与平台的合作来控制民生领域。虽然平台化似乎是发展的必然趋势，但平台对数据的控制力以及民生领域中的高依赖性可能会导致市场秩序的扭曲。在这种情况下，平台可能会利用它们的垄断地位来获得巨额利润，同时损害了消费者和小企业主的利益，从而破坏了民生市场的健康秩序（王世强，2022）。

面对数字平台所带来的种种挑战，政府需要在两方面采取措施以确保平台经济的健康发展。一方面，政府应加强平台企业与社会组织之间的合作，通过创新平台治理机制工具、促进多元化主体参与数字平台来实现有效治理。数字平台改变了传统的产业组织和运作模式，其治理结构也变得更为复杂，这就为平台经济的发展提出了较高的要求，构建一个科学、高效且可持续的平台经济治理体系，明确治理各方的权责和实施方式，尤其是合理确定政府在此过程中的角色和职责界限便成为当务之急（李韬和冯贺霞，2022）。另一方面，政府还需要创新治理策略和手段。政府应利用数据和平台的优势来实现更加便捷和精确的治理，这包括在数字平台的接入、定价以及运营等方面采用多样化的治理措施，以确保平台的可持续发展和所有参与者的权益得到保障。对于那些侵犯消费者权益、破坏市场竞争秩序或威胁国家安全的行为，政府应制定相关政策、法律和规章制度来加强监管，以促进数字平台经济的健康成长。此外，为了更加有效地遏制数字平台的垄断行为，政府必须建立一个涵盖事前监管和事后执法的全新反垄断体系。仅仅依赖于事后的反垄断执法难以彻底恢复市场自由竞争秩序，也无法有效地抵制现已形成的超级垄断力量。因此，反垄断的监管策略应当优先考虑事前的预防措施，通过提前介入防止垄断行为的产生。这种"预防先于治理、辅以事后纠正"的新型反垄断策略，通过提前的干预和监控，结合事后的法律执行，形成一个更加全面和有效的反垄断治理框架（唐要家，2021）。

2.2.2 协同治理

1. 协同与协同理论

"协同"这一概念源于古希腊，其含义涉及和谐、协调以及合作。协，众人和谐相处之意；同则是合而为一。在这个语境下，协同指的是多个不同的资源或个体在一致合作下，共同完成特定任务的能力。

近几十年来，协同已成为国际公共行政研究领域关注的重点议题，学界形成了诸如协同治理（Ansell and Gash，2008；张贤明和田玉麒，2016）、协作性公共管理（敬乂嘉，2015；Leary and Gerard，2006）、多中心治理（吕志奎和孟庆国，2010；Ostrom，2010）、整体政府（周志忍和蒋敏娟，2010；朱立言和刘兰华，2010）、网络化治理（Brudney，1983；朱春奎和易雯，2017）、合作生产（Bingham，2010；单学鹏，2021）等一系列理论。尽管理论上存在多样性，但它们指向了一个共同的核心观点：在领导与治理过程中涉及的多元化主体之间，存在一种普遍且复杂的协作关系（刘亚平，2010）。此外，诸多研究还表明，单一的治理模式，无论是行政、市场还是社区机制，均不能为社会公共事务提供最佳解决方案。实际中需构建复合的、层级分明且相互协同的治理机制，推动"善治"的实现。

这些理论虽然增加了公共管理研究的多样性，但也引发了一些理论观点的分散化与碎片化，特别是在将这些理论从一种文化语境转换到另一种文化语境时，往往伴随着概念理解的偏差和信息的部分丢失，这在东西方的学术互译中尤为常见（竺乾威，2008）。这些理论的区别主要涉及合作的深度和广度。所谓深度，关乎合作的具体方式与实质内容。因此,有研究人员针对英语语境,明确划分了协作、合作、协调及协同等概念的不同(周志忍,2008),也有学者依据内容特征对协作结构进行划分:信息网络、发展型网络、向外拓展型网络以及行动网络(吕志奎,2017)。广度指的是合作参与者的范畴,可以是双方之间的,也可以是多方之间的合作。人类社会庞大且复杂,对相关概念进行细致划分有助于我们更好地理解和识别特定的治理模式,尽管这样的区分有时会引起一定的困惑和误解(黄璜等,2022)。在处理复杂社会问题时,明确合作的深度与广度,有利于提高组织资源的效率,促进各方面的协同工作(石亚军和程广鑫,2021)。协作性公共管理理论与整体性政府理论旨在通过统一的分析框架,整合政府内外部不同协作场景,以应对日益复杂的公共事务和治理需求。这涵盖了跨部门与不同层级间的网络化协同治理,旨在推动管理模式从分散走向集中,从局部拓展至全局,由碎片化走向整体化。在这些理论的引入与本土化过程中,学者尝试寻找能统摄各项理念的指导性范式,然而要达成广泛共识或构建一个通用且全面的理论框架,仍面临诸多挑战。

2. 当前数字政府建设中的协同困境及主要原因

目前,数字政府发展的主要障碍是实现有效的"协同"工作。尽管 30 年前,学术界就已经描绘出数字政府的理想蓝图,并明确指出改革是实现这一目标的关键,但在实际操作中,决策者往往将焦点放在当下急需解决的管理问题上,而非数字政府本身。在我国推进数字政府建设的进程中,当务之急是构建起政务机关内部及其与外界的广泛"连通性",倘若没有良好的"连接",其他所有数字化的尝试均难以开展。另外,要对不同部门进行数字化"赋能",尽管这一目标与推动政务协作的理念都已被归入最初的规划阶段,然而,从实际的需求来看,提升行政管理的业务处理效率更为关键。伴随着"连接"与"赋能"理念的不断深化,业务系统间的高效对接,以及对海量数据的整合利用需求愈加突出,如何实现高水平的协同,已成为当前急需解决的重要难题。

在建设数字化政府的过程中,通过数字技术提升政府内部及与外界之间的协作能力是一项紧迫且至关重要的工作。理论上,依赖数字化手段,可以实现数据共享和流程重构,融合以往零散的治理方式,促成跨业务、跨部门以及跨地区的协作,提高治理的效率。但是,在数字化协作过程中存在不少挑战和障碍。借鉴已有研究,针对不同管理层级之间的协同(纵向协同)、不同部门间的协同(横向协同)和政府与社会外部的协同(内外协同)等(赵娟和孟天广,2021),可以将当前面临的协同困境归纳为以下四类。

1)纵向协同互动不畅

随着组织架构朝扁平化和网络化模式转变,垂直部门间的信息交互通道有所增加,然而仍存在单向沟通、协作效率低下等问题。尤其在行政执法领域,基层工作者不但要将信息手动录入多个不同系统,还要准备纸质文件提交给上级部门,这不仅造成信息重复录入,还可能影响数据统计的准确性。尽管上级部门对数据的综合运用能提升行政效率,但面对涉及众多领域的大量规则和制度,执法人员往往难以全面熟悉并运用,阻碍了不同级别间的信息流通。此外,地区间资源分配的不均衡也给实时协作带来限制。数字化协作既需要信息、知识、操作能力和行政权限等资源进行支撑,又需要技术系统、硬件基础以及劳动力和资本。资源分布的不均衡问题不仅存在于中央和地方、政府与社会这种宏观层面，也在参与协作的各个体之间的微观层面有所显现（周志忍和蒋敏娟，2013）。这使不同参与者在快速衔接和集体合作方面遭遇困境，影响政务服务的连贯性和效率。

2）横向协同诸多阻碍难以突破

相较于依靠自上而下的权威体系实现纵向协作的等级制，地方政府部门之间、同级部门之间的横向合作缺乏有效的推动力。造成横向协作困境的部分原因在于实践中对个人或组织权威的过度依赖削弱了各层级之间的平等交流，导致在面对利益分歧、责任争议及信任缺失等问题时，难以寻得有效的解决路径（常荔，2018；刘锦，2017）。此外，行政审批流程不统一，信息平台功能分散，导致审批过程存在交叉和重复问题。当同级部门协调出现问题时，常常需要逐级上报至更高层级的机构处理，这实质上是把本应横向解决的问题通过纵向协调来处理。

3）内外协同优势互补不明显

实践中，政府与市场及社会组织之间的协作面临挑战，尽管理论上这种合作能够整合各方面的优势，共同推进治理。然而，过于严格的管制可能会限制非政府实体的参与度，而缺乏力度的监管可能会引发新的问题。数字化进程中的不平等以及非政府组织的不均衡发展，阻碍了有效的协作。此外，需求不对称进一步削弱了协作的效果。因为协同工作的需求与响应密切相关，而这些需求主要是由实际操作中的具体情况所驱动的。这些因素共同作用，导致政府与非政府组织之间在协同工作中遇到了诸多障碍（黄璜等，2022）。在协作需求的维度上，不同参与者对各自关注的议题表现出不同程度的协作意愿，这种差异促使一些参与者成为协同工作的引领者，其他则成为协助者。此外，各方参与协同的目标也各不相同，例如，中央政府追求的是全国统一的发展目标，地方政府着眼于地区的利益，而公众可能是出于对社会责任或个人利益的考虑。这样的多样化目标导致需求分散和供需冲突，进一步增加了形成共识的难度。这种需求的多样性和目标的不一致性，使在不同事务上的协作需求强度和参与动机出现显著差异，加剧了协同过程中的挑战。

4）虚实协同业务覆盖不均衡

数字化转型过程中，确保线上平台和线下服务之间业务流程的无缝协同是关键。目前的情况是，政府的数字化服务平台并未完全涵盖所有业务领域和流程，未能实现管理与服务的全流程在线化，即"应上尽上、全程在线"。这限制了各相关方在特定任务或事务上进行跨时空合作的能力，特别是在应对紧急事件时，难以快速调动资源。同时，即便一些业务领域已经实现了数字化覆盖，但缺少清晰的操作指导，导致一线的窗口工作人员在实际操作中遇到难题，这不仅影响用户体验，也制约了线上与线下协同效率的提升。在社会信息和社会资源逐渐数字化的大环境中，大量信息缺少有序的处理和储存，数字经济和实体经济在发展过程中时常出现遭遇信息壁垒和信息不对称的情况，经济发展难以实现最优状态，因此统筹建设共同平台迫在眉睫，行业共性问题和跨行业问题有待数字经济和实体经济共同解决。

3. 协同面临的问题及对策

1）宏观层面：政府、经济与社会融合需要更充分

政府、经济与社会构成了中国发展和治理的大环境和大场景，但各领域还存在进一步融合发展的空间。政府、经济与社会的融合以表面和浅层融合为主，而深度结构化融合尚未在全领域实现，各领域的供需匹配未实现优化。政府、经济与社会的要素需要更加联通，资源流动需要更加自由，以便实现各领域和跨领域的供需精准匹配，从而推动协同治理和融合发展。

（1）关联通达，政府内部协同。数字时代，政府被赋予了更多期待和使命。相较于传统时代的政府，数字时代的社会信息和社会资源实现了数字化，信息技术和创新需求不谋而合地推动着数字信息革命。社会出现了新的治理需求，个人和组织形成了新的生产方式，公共服务的提供愈发多样化。在新时代浪潮的席卷下，面向新的治理环境和治理场景，政府需要做出调整，以打造新型政府。

当前，政府在面对社会治理需求和公共服务需求时，更需要具备及时和快速处理问题的能力。其中较为典型的事件就是网络舆情的出现和爆发，这类公共事件对政府的反应速度和处理速度提出了更高的要求。

传统的层级组织结构则无法满足诸如此类的要求，因此，政府的科层组织需要进行升级，通过制度的设立打造敏捷型政府。政府需要联通纵向不同等级层次的政府，贯彻改革制度，促进上下层级之间信息和资源的流动；横向跨越部门沟壑，促进部门之间的信息交流和资源共享，减少信息壁垒和资源浪费的情况，推动部门协作，提高政府的工作效率和工作质量。

通过理念协同和制度协同，国家为不同层级的政府和不同政府部门提供相同的生态环境。国家在共同的生态土壤之上，构建平台系统，应用数字技术为政府内部的融合发展提供平台协同。快速和精细化的治理需要政府采取更为智能和高效的方式手段，"浙政钉""浙里办"等数字平台的建设恰逢其时。政府应通过打造一体化的政府公务平台来统筹业务内容、再造机构职能、优化业务流程，真正建设高效型政府。

在数字时代，政府面临诸多挑战，也承载着许多期待。政府需要更深层次的理念协同、制度协同和平台协同，进而打造服务型政府、敏捷型政府和高效型政府，推动政府要素的扩展融合、资源的联结共享，促进治理需求和治理供给的精准匹配，培育纵横通达的政府生态。

（2）虚实协同，经济发展需要更加深入。实体经济不仅是经济增长的根基，也是国家的财富之源和立国之基。21世纪伊始，随着互联网技术的革命性进展，数字信息技术在全球经济和社会各领域得到广泛应用。这一变革将人类活动从以原子物质处理为主，转向以数字信息处理为核心，催生并加速了数字经济这一新经济模式的成长和扩张。中国信息通信研究院发布的《中国数字经济发展白皮书（2021年）》指出，到2020年，中国的数字经济规模已达到约39.2万亿元人民币，占国内生产总值（GDP）的38.6%，居

世界第二位。这表明数字经济正在成为推动中国 GDP 增长的关键动力。目前，我国实体经济与数字经济的结合主要表现在两个方面：一是产业内部通过设立信息技术部门来实现自身的数字化；二是通过与信息技术企业的合作推进数字化进程。这种融合尽管在技术层面和特定领域取得了进展，但数字经济和数字技术的应用仍未深入实体经济各个产业链条中。数字化与实体经济的融合，从技术融合、企业跨界融合到共同平台的建设还存在一定的发展空间。

数字技术是数字经济发展的基础，工业技术是实体经济的核心。目前，两种经济形态的技术仍然存在分割，许多制造业公司仍主要依赖劳动力和资本资源，在其运营中普遍存在偏好硬件而忽视软件、追求规模而牺牲质量、重视生产过程而轻视服务提供的倾向，实体经济尚未完全吸纳数字技术的特点和优势。近年来，互联网企业和工业企业通过合作创新形成了新的产业形态和产业发展方式。在此趋势下，两类企业的合作既要实现突破，又要寻找契合点，实现企业的优势互补。数字经济和实体经济作为经济领域最为重要的两大经济形态，其融合发展具有深刻的经济意义和社会意义。数字经济和实体经济融合的逻辑是突破现有体制的限制，通过打造数字产业集群、推动实体经济的数字化转型、形成数字生态发展模式等产业融合的方式来建立数据要素市场。通过促进产业数字化转型和数字产业的成长，可以激活新的增长点，实现数字经济与实体经济之间的深度融合与协作，共同推进虚拟经济与实体经济的发展。

2）中观层面：城乡、区域和产业融合发展需要协同

城乡、区域和产业作为我国发展和治理的载体，真切地反映了我国融合发展的具体面貌。随着信息时代的到来，城乡、区域和产业的融合发展进一步加速。但在这一过程中，仍有诸多亟须优化和进步之处，需要从浅层的、不均衡的融合状态向高层次的深度融合过渡，进而促进城乡、区域相关产业各领域的信息和资源流通。

（1）城乡整体统筹发展。城乡二元结构体制由来已久，城乡二元将城市和农村人为分割，带来了城乡二元经济结构和社会结构，对国民经济和社会发展造成阻碍。目前，城乡二元局面仍然存在，即便在国家社会经济发展政策的影响下，城乡发展仍表现出巨大的差距和不协调，而这显然抑制了政府数字化治理中协同的实现，城乡一体化还需进一步推进。数字技术在推动新型城乡一体化进程中的核心价值在于，它能够有效解决由于城市中心化政策偏好、农村产业结构单一化导致的数字化投资与技术应用的差距问题。数字时代下，城乡发展协同机制的建立与"数字鸿沟"的消除将成为缩小城乡收入差距、促进城乡协同发展的重要途径。

第一，实施旨在促进城乡数字化一体化发展的全面包容政策。城市中心化的偏见性政策构成了城乡一体化发展的主要障碍，这也是导致城乡差异不断扩大的根本原因。综合的数字政策不仅应涵盖资金支持和市场竞争的因素，还必须包括数字技术的"赋能与溢出"。因此，我们认为，在设定包容性的数字政策时，应从以下多个层面进行思考。

①资金投入层面。为了增强数字政策在投融资方面的均衡性，必须推动中央与地方资金渠道的多元化，并考虑资金分配在城市之间、项目之间的均衡度，减少对大城市的

资本偏重，降低信息技术投资在城市过热的偏向。应当鼓励地方机构自行调整，鼓励资本流向农业与乡村地带的数字公共服务、基础设施建设、教育以及医疗保健等领域，以促进这些区域的全面数字化发展。

②技术开发层面。建立城市高新技术的战略规划、产业发展流程和研究创新技能向农村的转移机制，同时引进一系列基础技术研究和开发设施。利用乡村的特定产业优势，开展一系列具有特色的新技术的研究、开发和转化试点项目，从而有效提升城乡在农业生产活动中的所有要素的效率。

③人力资本层面。借鉴先进城市的教育设施优化原则和数字化评价体系，结合农村实际需求，在农村地区推广与数字技术相关的课程和设备。建设一系列既具有本土特色又具备高教学质量、强师资队伍和全面教学设施的现代化信息技术教育示范点。这些示范基地通过示范效应促进农村数字化教育的普及，从而提高农村居民的数字素养和意识。这不仅有助于缩小城乡教育资源差距，增强农村对现代技术的应用能力，还将促进教育公平，提升整个社会的数字化水平，确保农村学生和居民能享有与城市同等水平的教育服务。

第二，要缩小城乡收入差距，实现数字经济的均衡发展。保证数字资源在城乡间的有效流通和分配极为重要，一个开放且具备充足流动性的基础要素流通环境是实现此目标的关键所在。优化城乡数字资源配置，能够推动经济增长的均衡，为缩小城乡差别筑牢根基。同时，也应当把关注点放在基础要素的精细化、配置效率上。精细化、高效化的基础要素调配可从以下几个方面开展。

①信息服务的高效传递。借助大数据和物联网技术，构建一个全面、高效、开放的乡村民生服务及信息查询体系。另外，定期开展信息下乡服务活动，为农民提供便捷、详细的咨询服务，切实消除城乡信息不对称的状况，消除信息传递的时间和空间约束。这些举措不但能够推动数字资源在城乡间的公平分配，还会为减少教育资源不均衡、提升农村居民数字技能、促进教育公平以及提高社会整体数字化水平打下坚实基础。

②信息人才的精准匹配。依靠农村市场的自主调节以及各级政府政策的统筹引导，实施创新驱动发展战略，培养一支既熟悉农业、农村和农民，又富有坚韧不拔和开拓创新精神的人才队伍，组建一批深入农村、扎根农业、掌握农产品生产特性的专业技术研发和实验团队；有针对性地探索和开发适宜新农村经济的新经营模式、新产业和新产品，从而为缓解就业压力提供有力支撑，推进农村经济的转型升级和可持续发展。

③信息技术服务的持续长效开发。利用先进城市及其网络技术企业的榜样和引领效应，构建一个侧重于农业信息技术创新和开发的平台，促进先进城市建设经验与农村互联网的对话。这一策略侧重于根据各地实际情况，灵活推进农村 5G 网络、大数据整合以及遥感技术的应用。对技术基础较好的农村区域，鼓励科技公司与农业院校合作，建立一个涵盖研究、开发、生产和试点的信息技术循环开发系统，加速提升农村信息技术成果的转化效率（陈潭，2021）。

（2）区域高质量跨越式发展。资源禀赋是区域经济发展的重要基石，然而不同地区资源优势存在差异，区域独立发展难以实现资源的最大化利用。要实现区域的高质量发展,首先,需要立足本区域资源特性,避免排外性和地方主义,实现跨区域的高效合作,以创造更大的社会价值和经济利益。其次,需要建立统一大市场。由于地区之间在经济发展水平和主导产业上的差异,流通市场发展较快的地区与较慢的地区,以及传统经济区与现代经济领先区之间的互联互通面临挑战。构建跨地区的统一市场体系,能够促进市场资源和要素的快速流通,推动不同区域间的融合发展,进而提高整体区域的发展水平和质量。最后,需要构建合理的区域利益分配机制。通过进一步的国土空间规划和政府机制变革来促进融合发展;通过完善区域经济利益补偿和分享机制来促进区域公平合作;通过完善区域经济利益辐射扩散机制,更大范围地带动周边地区发展,形成协同共享的区域高质量发展格局。

（3）产业业态智慧协同发展。产业是经济活动的集合,农业、制造业和服务业在国民经济中发挥着重要的作用。然而,目前我国产业间协同发展仍存在一定的问题。从产业融合来看,我国三大产业发展态势良好,但产业之间融合程度偏低,三大产业还未形成协同化发展格局。随着数字信息技术的普及,农业工业化、规模化程度加深,生产性服务业快速发展要求更高水平的技术融合和数字协同。

从产业渗透和产业交叉视角来看,产业协同尚处于初期阶段,跨产业的合作难以创造和实现最大化的经济价值,与高速发展的信息时代脱节。产业之间的初期协同阻隔了产业相关机构和企业的合作与交流,阻碍了产业渗透和交叉产业的发展。尤其是互联网企业和工业企业之间缺少合作机制和合作诉求,难以推动技术的协同和业务的协同,无法促进高新技术产业对制造业的技术渗透。

总体而言,我国产业渗透、产业交叉和产业融合均未呈现良好的状态,技术的区隔带来产品的独立化和单一化,产品合作诉求低,进而分割业务领域,最终导致产业融合程度低。但在新时代的发展中,产业之间的合作与交流是大势所趋,产业应充分利用数字时代的技术优势和发展环境,实现产业融合的智慧发展。

3）微观层面:数据、技术与业务协同需要更深入

数据、技术与业务作为国家发展和治理的基础和底层,直接影响中观层面和宏观层面的融合发展。在微观层面,数据、技术与业务的相互配合已经取得了较大的进步。但自数智时代以来,数据的巨量化和复杂化使技术的运用与业务的完成出现了脱节问题,国家还需要从顶层设计和具体实践来进一步促进数据、技术与业务的协同。

（1）政府助力标准化建设。顶层设计是统领事物发展的方向性要求,数据、技术与业务的标准化建设是促进协同发展的顶层设计目标。数据、技术与业务经常出现"几张皮"的现象,其根本原因是存在多套话语体系,数据、技术与业务都有自己专属的领域语言,但与其他领域无法实现有效协同。因此,标准化建设首先面向的就是破除多套话语体系的现状,使数据、技术与业务能够在同一频道对话,从而实现有效交流和沟通。进行标准化建设,要遵循服务应用原则,使标准面向最终的结果和应用,明确各领域的共同目标,以共同目标为基础来扩展各自的标准话语体系。要从总体出发,以解决基础性问题和框架性问题为出发点,建立标准并且明确这些标准的作用和标准之间的关系;要以业务为支撑来确保监理验收、评估方法和运行保障的标准和规范,将标准构建在基

础设施和信息安全的基础之上。

数据是业务之间交流的主要载体。在所有行业中，数据具有一定的稳定性，而业务活动则表现出高度的变动性特征。在信息交换过程中，我们需要确定数据交换格式标准，支持按照商定的数据结构进行数据交换。通过数据、技术与业务的标准化建设实现彼此之间有意义的传递，提高数据和技术的对话水平，优化业务流程，提高业务效率。

（2）精准应用，寻求一致性导向。数据、技术与业务的深入融合还需要深化一致性导向，使三个领域能够具备共同的目标指引和发展水平。数据、技术与业务在实际应用中存在各自独立的目标导向和利益诉求，这种分隔制约了三者的融合互补，削弱了最终的应用效果。因此，要实现数据、技术与业务的深入协同，还需要以一致性为导向，促进三者协同发展。

标准化建设需要与宏观环境统一协调，要紧密贴合数字化政策，基于国家和国际数字化标准的现状与发展趋势，与国家和国际标准接轨。数据、技术与业务的实际发展程度并不一致，尤其是在技术飞速发展的今天，高新技术层出不穷，数据也在技术发展的过程中实现了爆发式发展，大数据、云计算等数字技术推动了事务的数字化和在线化，数字空间和数字场域的形成使个人、组织、国家和世界都因数字而被连接。然而，在实际业务中，标准化建设也存在改革成本过高、组织人员惯性等问题，导致数据和技术难以被精准地应用于工作中。

除此以外，数据、技术与业务在实际配合过程中也存在目标偏差的现象：数据由于来源和承载信息的缘故，不可避免地带有特定部门或者特定领域的痕迹，更多地面向本部门或本领域的事务，甚至缺少共享和公平；技术更多地寻求创新和应用，实现技术自身的突破和发展，更具有工具理性取向；业务同样具有边界，业务是为了实现组织目标的分解动作。因此，我们需要将数据、技术与业务统合起来，逐步提升业务发展层次，提高数据、技术与业务的一致性，以实现综合目标的协同。

（3）环境变化需要适应性转变。当下，技术高速发展、社会高速运行，国家政策的频繁出台昭示着时代的快速变化。环境和背景不会永恒不变，持续的变化才是常态。对于环境的变化，各领域都需要及时地做出转变，变被动为主动，提前识别变化方向，掌握变化规律。标准化建设需要随数智化技术和相关国家国际标准的发展而不断完善，以顺应更大范围的变化，同时扩大自身的适用范围。数据是对环境变化的写照，不同的社会环境会产生不同的数据，以反映不同社会的特征，而数据背后的获取技术和利用技术是直接面向环境变化的。当环境出现大规模变化、涌现出大量数据时，低级的获取技术难以满足社会需求，技术必须回应环境的变化，以实现自身的升级和跨越。业务的结果直接反作用于环境，无论是企业组织还是政府组织，其业务都既受环境的影响，又作用于环境。

总体而言，数据、技术与业务是个体更是整体，三者在面对环境变化时，既要做出及时的反应，又要实现各自的适应性转变，进行动态调整——当某个领域出现新发展和新趋势时，其他领域要及时做出回应——以保持三者之间的平衡（张建锋等，2022）。

2.2.3 共同监管

1. 概念介绍

共同监管这一概念的思想与新公共治理有一定的相似之处。新公共治理的理论基础是组织社会学、网络理论，具有多组织、多元主义的特征，它强调组织间治理，关注服务过程与结果。

在数字化背景下，共同监管理论着重强调信息技术与信息系统对于公共部门改革的关键作用，提倡构建扁平化的公共管理架构。这种方式旨在降低管理成本，通过信息技术创新公民参与的形式，激发公民、企业、非营利组织等主体参与管理的主动性。公民参与在公共政策的制定中发挥着重要作用，在一定程度上，有效的公民参与成为评判公共政策是否成功的重要标准。共同监管理论和数字化治理理论在核心理念上颇为相似。从宏观层面来看，两者不仅关注信息通信技术（ICT）的应用，更强调其在重塑政治权力结构和社会资源配置中的作用，体现为新的政治组织与治理形态。它们关注如何管理经济与社会资源，影响政府、立法机关和公共管理过程，推动公共政策的制定与执行。从微观层面来看，数字化治理更强调通过技术手段促进政府、企业与公众之间的沟通互动，优化政府内部运作流程，减少行政手续，提高行政效率。此外，还注重拓展公众参与社会治理的渠道，并实现管理过程的透明化与民主化，提升治理效能。

综上所述，共同监管的特征在于：第一，将监管的权利与义务从单一的监管主体转变为多元化结构。在数字化的背景下，共同监管不仅仅由政府监管机构承担责任，而是向着多元共治的新模式演进。该模式强调跨部门、跨地区的合作分工，致力于建设完善的信用记录系统。此外，它推动政府与企业、不同行业间的信用信息共享与共同治理，实施跨场景、业务和部门的联合监管策略，构建完善的触发式监管机制。第二，主张信息技术和信息系统在监管中的作用。重视大数据、云计算、人工智能、区块链等新兴数据处理技术的应用，提高监管数智化程度，强化问题研判和风险预警机制，提升系统性风险防范水平。

2. 基本导向

在数字经济的监管环境中，共同监管框架需遵循包容性和审慎性的核心准则。这意味着要明确包容审慎监管的含义，完善制度保障措施，确保监管过程在不阻碍创新发展的同时促进资源开放共享。基于数字经济的特点，共同监管的主导思想应包括：

1）要始终坚持包容审慎的原则

尊重市场机制的主导作用并为微观经济主体提供足够的发展空间，是包容审慎监管原则的精髓。这种原则旨在激发新经济形态、新业务模式的创新，并促进其发展。在共同监管体制下，系统性风险大幅下降，即使市场某一个环节运行存在一定的缺陷或市场失灵，多环节、低相关度的监管主体也会降低系统性风险的频率与强度。一方面，针对数字经济的管理挑战，包容审慎的监管框架强调运用创新的管理政策和体系。这意味着，通过更新监管的概念、体系以及实施方式，保障监督工作的高效性。另一方面，此类监管并非简单地降低监管标准，而是依据技术进步、市场风险评估以及发展动态，执行更为灵活且能够适应变化的管理策略。

2）以促进数字经济高质量发展为目标

政府的监督职能不应成为数字经济进步的障碍，而应成为推动数字领域创新与增长的助力。发挥政府监督职能的关键在于去除妨碍数字创新和消费增长的各种壁垒，建立一个既安全又鼓励创新的环境。这样，不仅可以加速数字经济的创新和发展，还能够实现社会福利的最大化。共同监管应以此目标为导向，通过充分释放社会多角度诉求、合理运用多部门职能、有效降低社会各层级信息成本、提高监管效率，发挥数字技术优势推进数字经济的高质量发展。

3）将促进开放共享和鼓励创新作为政策基点

数字经济的蓬勃发展依赖于开放共享的理念，这不仅是数字经济发展的根基，也是实现价值最大化的关键。要想促进数字经济的持续增长，关键步骤包括简化数字信息流通的过程、消除开放共享面临的实际困难以及增强不同平台间数据的互联互通。此外，重视数据的开放性应当同时涵盖私有数据和政府数据的共享。推动数字化创新与产业的发展不仅需要数据的自由流动，还需要通过深化"放管服"改革，移除制度性障碍，从而优化商业环境和提高政府服务质量。在这一过程中，建立一个既促进创新与创业又支持产业融合发展的生态环境至关重要，这将为新兴产业和商业模式的成长提供必要的土壤和条件。在数字时代，数据作为重要的生产要素，政府可以通过分享部分政务数据、搭建"政府—企业"高效数据交流平台、对提供数据的相关企业提供税收优惠和补贴等政策促进数据要素开放共享，实现不同主体之间的数据交流。

4）将倡导市场公平竞争作为政策重心

保持市场竞争的健康机制、最大限度减少预先监管、加强公平竞争的市场审查是共同监管框架下的核心原则。为防止监管策略对市场竞争产生不利影响，确保共同监管体系保持竞争中性，采用灵活且动态的监管方式至关重要。应对数字经济快速发展带来的挑战，通过不断的技术革新和对监管需求的实时、有效响应，是确保政府能够动态有效进行共同监管的关键（韩兆柱和马文娟，2016）。

5）宽松开放的政策

推动技术发展和创新需要一个开放而自由的环境。然而，一个过分宽松的数字监管体系可能会引发"监管松紧悖论"，即数字创新的蓬勃发展需要一个宽容的政策框架，但同时，为了有效应对垄断等市场问题，又必须实施更为严格的监管措施。为了应对这一问题，一方面，要采取针对性监管。对一些快速发展的技术，在鼓励其创新的同时，加大监管力度，预防垄断问题的产生，防止资本的无序扩张。另一方面，要对违法违规企业、不当技术的应用问题进行整治。对微观企业来讲，加强数字监管和宽松制度环境看似矛盾，但从市场经济体制的大背景来看，反垄断、维护公平竞争秩序并不是收紧监管，而是打破因垄断而导致的市场壁垒，因此其目的是维系更加宽松自由的市场环境（竺乾威，2016）。

3. 共同监管的特征

共同监管主张利用先进的数据处理技术加强数字时代的协同公共服务发展，但它并不是将数据信息技术在监管上的简单结合应用，它包括对社会资源的综合治理，涉及政府与企业、立法机构、公众之间的一系列活动（唐要家，2021）。通过对信息技术在共同监管层面的整合应用，可以降低合作伙伴间的成本、提高公民的参与程度，确保经济资源的高效配置。然而，这也需要不同监管主体之间对相关数字技术的深入了解，才能够有效应用。因此，想要高效发挥共同监管中所引入的各类"工具箱"的作用，需要大量培养相关技术人才，确保各个部门对所需技术有效应用的可行性。

4. 数字化监管模式

1）行业行为数字化监管模式

行业监管也在向数字化转型，行政机构开始采用数字工具来制定统一的标准并规范市场行为。这种转型不仅适用于商品生产和流通的监管，还广泛应用于零售等多个流通行业，通过在线方式监控商品流通状态，为实时监管提供了强有力的支持。

2）市场行为数字化监管模式

市场行为数字化监管模式的核心是企业为达成自身目标并响应市场需求所做的决策和调整。此外，市场监管的主要任务是借助在线数字化手段对商品流通进行业务监督，规范市场参与者在交易过程中的行为。这种利用数字化手段的监管模式旨在通过数字化改革，创造出最能体现民生关切的改革典范。

3）公共服务数字化监管模式

公共服务模式是政府、国企和中介机构按需为公民和组织提供支持或处理事务的行为。通过采用数字化策略，构建以技术手段优化服务质量的公共服务数字化监管框架。这种模式不局限于提供服务，还涵盖了以服务为核心的市场综合监管。其核心功能包括利用数字技术向企业、专利活动等提供公共信息的查询服务，以及通过企业信息验证、知识产权保护、信用评估和市场监管执法信息的提供，推动知识产权保护和市场监管的创新解决方案（中国行政体制改革委员会，2021）。

4）缺陷产品管理和召回制度监管模式

缺陷产品管理体系主要由多个步骤构成，包括但不限于收集、整合、分析、确认缺陷信息，实施产品抽检、专家鉴定、督促企业召回产品以及消除产品缺陷等环节。在这一体系中，收集缺陷信息是至关重要的一环，其信息来源多样，例如医院、社区、学校的伤害报告，或是消费者的直接投诉等。通过建立并维护一个包含缺陷产品信息的数据库，分析和归类缺陷产品信息，能够有效识别产品问题，并与相关企业进行沟通，推动企业采取主动召回措施，从而实现企业对产品缺陷的自我管理和履责。

5）市场主体信用监管模式

在依法履职过程中，通过收集和分析那些可能对企业产生积极或消极影响的信息，构建一个企业信用评价系统。这个系统通过对市场参与者的信用状况进行分析，为每个企业生成一个信用等级。这一信用等级不仅对企业未来的业务操作具有重要影响，也成为政府进行分类监管和决策的关键依据。

6）市场监管指数模型

数字化市场监管的主旨是实现企业服务从被动等候向主动快捷转变，推动政府职能从传统的事后监管向主动的事前预防转型，以及促使社会治理从分散管理走向集成的预警和预测机制。统筹全国范围监管数据，由指定机构负责构建全面展现市场监管情况的国家级指标体系，精准测度反映市场监管的指数，为领导决策提供重要参考（刘刚，2021）。

5. 加快数字政府建设，助力"共同监管"

建设数字政府是数字化共治中的关键。数字政府的建立对于推进国家治理体系的现代化至关重要，因为它不仅促进了决策的科学化、社会治理的精细化、公共服务的高效化、政府运作的民主化，还在很大程度上消除了腐败滋生的土壤。数字政府看似是一个技术层面的挑战，实际上，数字政府的发展涉及对权力运用的态度转变。政府在社会经济和政治结构中占据核心地位，这意味着其每一个决策都必须精确无误。借助大数据、人工智能、区块链等前沿技术，政府获取大量的原始数据和信息，为决策提供坚实的基础。政府在建立决策机制时，也可以凭借现代信息技术对数据进行收集、分析和评估，进而提高决策的精确性、合理性和前瞻性。

因此，建设数字政府是转变旧有决策模式和提升决策效率的关键途径。在国家治理的现代化进程中，实现精细化管理是另一个核心要素。通过数据化社会指标，使统计数据更具指导意义和价值，大数据技术能够识别出公共服务和社会管理的主要难题和挑战，为治理提供准确的方向和切入点。此外，数字政府能够实现从泛泛的普遍治理向有针对性的精准治理转变，针对不同的问题提供最合适的解决方案。

（1）从实质上来看，数字政府建设所反映的对权力的态度问题，是如何掌权、用权的问题。将大批事务从面对面处理转变为在线自助服务，实质上反映了传统权力模式的一种转变。政府运营流程的改进并非仅仅是技术自动融合所带来的结果，而是一种组织结构的整合。这种改进标志着政府为适应互联网时代、积极利用数字技术所做出的主动改革，是对现有组织结构和权力体系进行深刻调整的体现。缺乏这种自我革新的勇气和组织结构重大调整的整合努力，政府运营流程的优化就无法实现（周文彰，2020）。

（2）从社会形态转变来看，我们所赖以生存的社会形态正经历从农业社会、工业社会到信息社会的转变。信息社会是信息传递的高级形态，特别是随着社交媒体和即时通信工具的广泛应用，传统的精英管理方式正面临空前挑战。每个人几乎在瞬间被纳入一个庞大的社交网络中，远隔千山万水的人也能够相互影响和联系。我们居住的世界正迅速向更加一体化、系统互联和高度复杂不确定的方向发展。在这种背景下，国家的治理模式正从单一指令控制和代理互动转变为基于数字化的协商。数字政府的出现不仅促进了从统计数据管理到智能服务的转变，更重要的是服务社会。一方面，通过实施数字化战略，连通政府内部各部门和层级之间的"信息孤岛"，建立一个高效的基于数据共享的工作网络，以降低交流成本；另一方面，为了激发数据的活力并推进社会稳定与兴盛，政府实施了数据开放政策，以此促进公共信息在社会成员间的互通与获取（戴长征和鲍静，2017）。

综上所述，数字政府是实现共同监管的重要举措。通过建设数字政府，共同监管的决策过程更加科学化。针对不同的社会治理问题，通过多主体的社会监管组织，问题的解决也更加精准化。由于共同监管下公众的参与度高，公共服务效率也得以大幅提高。从另一方面看，共同监管下数字政府的建设也是一种对传统权力的"让渡"，合理的权力分散遏制了贪污腐败问题，政府运行程序得到优化和改善。同时，共同监管的特点决定了它与当前信息社会是相互匹配的。借助数字政府实现服务社会的目标，在节省政府内部数据融通交易成本的同时，也达到对外开放数据、促进数据流通的目的。

6. 共同监管所面临的挑战

为实现有效监管的目标，共同监管面临着诸多挑战。第一，政府职能角色的冲突问题。共同监管下政府的角色与旧制度中所扮演的角色有很大不同，甚至会产生权力分配的矛盾问题，这样的矛盾使政府陷入角色困境，导致政府角色错位。第二，治理责任归属不明确问题。在共同监管模式下，不同主体对同一问题进行监管督查，一方面提高了监管效率，促进了信息在多部门、政府与企业之间的交流；另一方面导致部门之间监管治理责任的归属不明确，由于利益不一致加剧了委托代理人问题等。第三，公众隐私和垄断问题。共同监管倡导数据开放共享，一定程度上会导致公众隐私泄露问题（韩兆柱和马文娟，2016），分散权力和放松的制度环境还可能引发数字平台的垄断问题。

此外，共同监管受协同困境影响，会降低监管的有效性。数字化治理中的协同困境是指各部门之间数据组织无序，整合共享困难；政务系统间彼此孤立、异构，难以实现互操作；组织层面表现为政出多门、统筹不足、协调不畅等问题。共同监管的高效实施需要有效协调各部门、各要素之间的关系，协同困境则是共同监管面临的最大难题（聂勇浩和李霞，2018）。

扩展阅读

1. 中国政府数字化治理进展

在中国，为了适配并推动数字技术在政府及社会管理中的运用，政府在组织架构与权责划分层面展开了诸多更新，且伴随数字化治理的进程而逐步调整与发展（黄璜和孙学智，2018）。就政府决策而言，数据的价值被充分挖掘，决策的合理性和科学性得以提升；在服务方面，"互联网+"促进公共服务模式转变，数字化与智慧化治理惠及民众；在监管方面，"互联网+"推进深化改革，公共安全得到有效保障；在行政范畴，线上协同重新塑造政府，组织效率显著提高；在监督领域，社会监督公开透明，内部监督更完备（北京大学课题组等，2020）。大数据技术在组织关系、业务办理以及公共服务等方面极大地提升了政府机构的运行效率，优化了社会公共服务水平（薛金刚和庞明礼，2002）。互联网和政府业务的融合能够降低管理压力，从而优化营商环境（廖福崇，2020）。在线审批平台能够通过行政审批的标准化水平激励企业投资，数字技术具有约束行政权力、强化纵向治理等重构政府组织架构的潜能（谈婕和高翔，2020）。公众在线参与政务能够影响公共政策的优先顺序，并有利于提高公共管理的效能。《联合国2020年电子政务调查报告》表明，中国在电子政务领域取得显著进展，其电子政务发展指数由2018年的

0.6811 上升至 2020 年的 0.7948，在全球的排名提升至第 45 位，相比 2018 年第 65 位的排名有了大幅跃升。其中，在线服务指数得分最高，达 0.9059，处于"非常高"的第一梯队。

2. 认知性知识与实践性知识

社会治理是解决社会问题的过程，需要获取相关社会事实的信息，积累应对和处置问题的知识。数字技术将社会事实纳入数字化治理体系，通过标准化和格式化的认知做出更好的决策，但过于注重标准化知识的生产，又会产生社会治理的畸形发展问题。因此，实践性知识的重要性不可忽视（颜昌武和马敏，2022）。由此可见，数字技术的引入使社会现实得以融入数字化治理的架构之中，这一过程产生了既标准化又格式化的知识类型，这种知识对于精确描述社会状况及问题具有极大的助益，进而促进了更加合理的决策过程。但是，在具体的操作环境中遇到的难题不只是无法详细触及单一或特定的社会事实，还包括对即时和变化中的现场情况缺乏有效应对能力。在这样的场合下，便需要借助于实践性知识的力量。要想有效实现社会蓝图的治理，需要认知性知识和实践性知识二者共同发挥作用。

3. 数字化和政府协同治理的进一步探讨

数字技术不但增强了政府与社会的治理能力，而且通过构建平台推动了政府和社会之间的密切合作。实践情况显示，数字化的合作治理模式改变了传统的政府主导的社会管理模式。通过标准化与模块化的方式鼓励不同利益主体一同参与治理，关键在于平台化的治理手段。数字平台作为协同治理的具体实施方式，为多样化的管理主体创造了一个灵活的互动空间以及便捷的工具。更进一步来讲，这种数字平台实质上是一种促进合作治理的制度架构，为多元管理主体积极发挥作用指明了方向。然而，在促进协同治理上，单单依靠组织结构的调整以及数据的整合是远远不够的，依据各个参与主体之间的依赖关系构建交互规则，也是实现有效合作治理的重要途径。

4. 新公共管理理论

新公共管理理论与数字化治理理论、共同监管理论有许多相似之处。竺乾威（2016）认为，新公共治理模式及其理论框架建立于 21 世纪初，这一模型致力于融合政治与技术即价值理性与工具理性的要素，旨在跨越传统公共行政与新公共管理之间的分歧。新公共管理理论与数字化治理理论、共同监管理论的终极目标一致，即提供更便捷、更高质量、更低成本的公共物品和服务；同时，它更强调"服务主导"的理论和方法，将公共政策执行和公共服务提供置于中心位置。

即测即练

自学自测　　扫描此码

第3章

数字化治理体系

◇ **在本章中，我们将要学习、理解和掌握：**

- 数字化治理的组织结构体系
- 数字化治理的数据标准规范体系
- 数据治理的概念与核心内容
- 数字化治理实施的保障体系
- 我国数字化治理的建设方向

◇ **导入案例**

招商局融资租赁（天津）有限公司数据治理项目
——企业数字化治理的数据标准规范体系建设

2018 年，银保监会为进一步丰富银行业金融机构治理的维度，印发《银行业金融机构数据治理指引》，要求银行业金融机构将数据治理纳入公司治理范畴，由此，数据治理正式从制度规范的角度与公司治理评价和监管评级联系在一起。招商局融资租赁（天津）有限公司（以下简称"招商局天津"）在运营需求与监管压力的双重驱动下，要求"实施数据治理、建设数据仓库、逐步按需推进数据应用落地"，以满足内部决策、业务创新、系统建设和监管的需求，统筹规划、逐步实施，实现"用数据说话、用数据决策、用数据管理、用数据创新"的经营目标。

租赁行业的企业可能存在资产不清晰、质量不高、业务与开发协作不同步、业务系统缺少统一标准等问题，这些问题会妨碍数据挖掘和风险控制等工作。招商局天津在实施数据治理过程中，逐步完善数据标准规范体系（见图 3-1），持续推进"数据治理及数据仓库项目"建设。

招商局天津主要通过三个阶段完成数据治理体系的设立。第一阶段主要建立数据治理组织架构，通过出台数据管控制度和考核制度，制定全公司级数据标准并建设数据标准管理平台，实现数据标准系统化管理。第二阶段主要构建数据质量管理平台，实现数

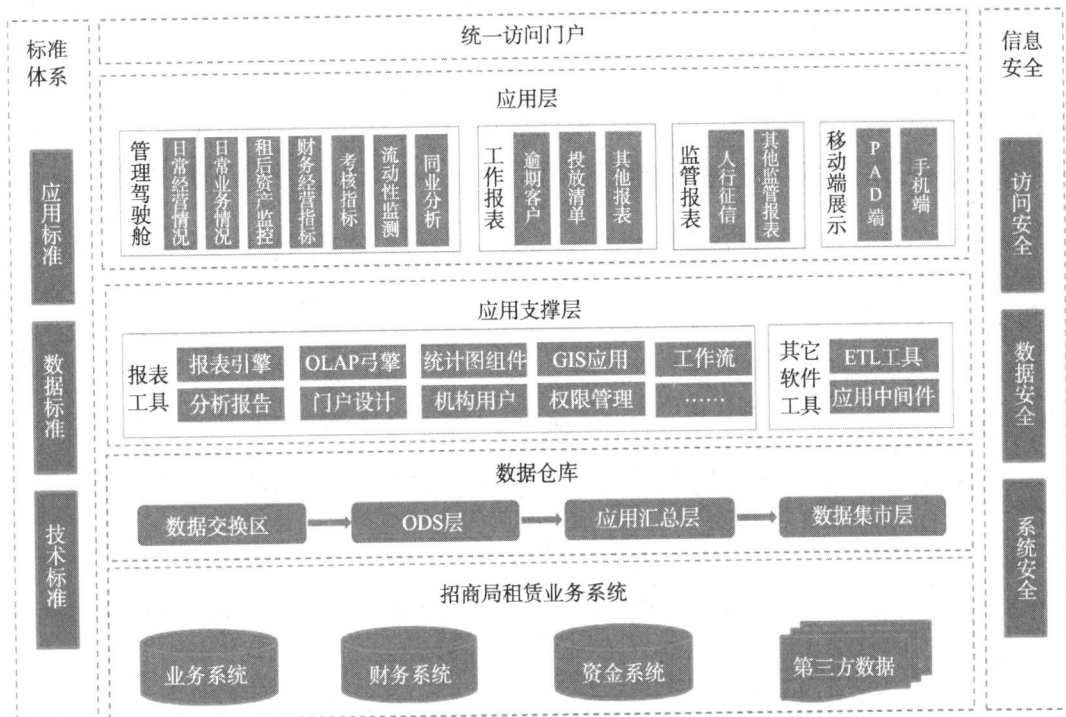

图 3-1 招商局融资租赁（天津）有限公司数据标准规范体系
图片来源：《大数据标准化白皮书（2020版）》。

据质量检核及质量绩效考核；完成企业级数据仓库建设，在数据仓库中进行落标，为其他系统提供标准统一的数据接口服务；建设管理驾驶舱及报表系统，体现数据价值。第三阶段是数据深度挖掘阶段，一方面扩大数据治理范围，并加强业务系统落标执行力度；另一方面优化数据模型，深挖数据价值，实现智能搜索、大数据风控等数据应用。同时，其通过由综合事务部、战略发展部、各业务部门构成的数据治理工作小组和领导小组，制定数据治理管理的协助工作与考核机制办法。

目前，招商局天津"数据治理及数据仓库项目"建设已取得显著的成绩。管理层面上，已形成全司数据治理体系及各知识领域管理办法，并通过宣传将治理体系和管理办法传达到个人；操作层面上，配备专人，就前期完成的数据标准及质量检核规则进行数据检核，形成《数据治理错误数据确认单》，提交业务部门及工作小组确认，作为后续考核依据；考核层面上，由战略发展部负责牵头，建立和完善数据质量考核体系，考核制度遵循源头负责制及规范差错确认制，每一条错误数据由责任人确认；信息系统建设层面上，通过数据治理平台搭建辅助数据治理工作开展，并依据《数据治理错误数据确认单》中的问题对业务系统中的数据进行修复，保证数据源头的准确性，实现企业数据质量良性提升。

数字化治理体系主要围绕数据展开监管约束，由政府、企业、个人、社会组织等多主体协同构成，需在清晰的目标规划与组织结构下设立完备的治理标准及规定，配备完善的安全保障体系，以匹配数字化发展能力与方向的治理体系推动人才、资本、数据、技术等资源要素的统筹协调与协同创新。

3.1 数字化治理的组织结构体系

3.1.1 多主体的数字化治理组织体系

数字化治理是社会治理的数字化转型，是数字经济发展与国家现代化建设的有力支撑。数字化治理体系是政府主导下的，包括平台、企业、个人及社会组织等主体，在数字化条件下对各类问题进行识别、分析、监测、评估、反馈的全过程治理体系。数字化治理主体的组织结构因所处环境的复杂性、不确定性、相互依赖程度的变动，而需要进行适应性调整与变革，以提升其信息处理能力。其组织体系如图 3-2 所示。

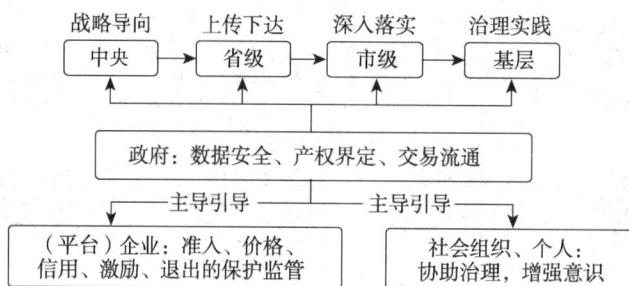

图 3-2 多主体的数字化治理组织体系

相较于其他主体，数字化治理体系中政府的角色定位从管理者逐步向服务者转变，从决策者逐步向多主体治理的引导者转变，从数据的垄断者逐步向供给者转变。政府在发挥法律强制力与区域协调能力的前提下发挥主导作用，通过提升其他主体的知情权和监督权，进而引导个人、企业和社会组织有序参与数字化治理，构建多主体协同参与的数字化治理体系。要想发挥好数字化治理的主导作用，政府应依据国家数字经济发展规划、数字经济的国际发展状况、数字经济在我国的发展特点，针对竞争、产权等复杂问题灵活地推动自身职能转变，坚持包容创新与审慎监管的有机结合，提升监管效率与灵活性，张弛有度地促进数字化、数字经济稳步发展。

涉及商业模式数字化与数字产业化的平台等企业应充分发挥数字化治理的主体作用。数字技术推动了平台企业的发展，平台企业规模化程度高，参与主体丰富，以 B2B、B2C、C2C 等为代表的平台企业通过生产者、消费者的海量经济交换关系，逐步构建起了具备不同特点、具有一定规模的"云市场"。虽然平台企业不是行政主体，但其在社会治理中的主体作用日益凸显。平台企业在平台准入、价格保护、信用激励、市场退出等方面，要充分发挥监管作用，确保平台经济的有序发展和平台企业间的公平竞争。

社会组织及个人应充分发挥数字化治理的协同作用。各社会组织、行业协会、自发组织及个人在社会治理中具有提高社会服务供给、弥补市场不足、承接政府职能转移等重要作用，但其内部管理与资源渠道较为单一。数字时代的强外部性与低参与成本是社会组织参与治理的优势，社会组织和个人可以借助数字平台，通过降低数据壁垒、深化数据共享，更好地开展数字化协同的治理工作。

3.1.2　以政府为主导的数字化治理组织结构体系

党的十九届四中全会提出"要以数字化转型提升政府治理体系和治理能力现代化"。要实现"数字政府"转型，需要处理好政府与企业、社会组织"三元主体"下的三对关系。

目前，政府数字化治理的组织结构体系主要以数字技术为牵引，以从中央到地方不同层级的纵向整合、不同功能的横向部门整合、公私部门间的合作整合为代表。在层级方面，分工明确的管理型大政府需要逐步转变为扁平化的服务型政府，便于横向和纵向政府部门间的协同合作，以及政府与非政府主体在提供公共服务时的合作。政府数字化治理的组织结构总体可分为"中央—省级—市级—基层"。

1. 中央政府层面

中央政府具有制定数字化发展纲要、确立数字化治理目标、保护信息产权、监督数据交易、颁布制度法规的责任。中央财政资源可作为信息化基础设施建设的保障，大数据与数字技术资源则为全国数据共享平台建设、政务服务平台搭建提供数据源与算力支持。中央政府与非政府主体的互动，将共同推进数字化治理合作与责任赋权。

2. 省级政府层面

省级政府具有结合省域协同、区位优势等省情，承接国家战略、细化指导市县发展的中观适应性拟定政策的责任；具有建立企业数字化治理的激励机制、制定考评标准的责任。省级财政、人力与社会资金的调配合作可作为市级试点或省内政府数字化平台建设的支持。相较于中央政府层面，省级政府与非政府主体的互动较少，主要具有引导数字化平台发展、建设平台营商环境、完善多主体治理体系的承上启下作用。

3. 市级政府层面

市级政府的主要责任是承担中微观治理功能，承接全国、省级数字化平台建设。推进顶层设计，落实省级政府关于信息产权及信息保护等法规制度，保障企业、个人产权权益与信息安全；落实省级政府下发的非政府组织参与数字化治理的激励与限制政策规定，深入企业和社会组织等数字化治理的具体实践。健全市场动态监管机制及退出渠道，营造良好的数字化企业竞争、营商环境，发挥政府、民众、企业互动的数据优势，提高公共服务、企业行业数字化转型与各主体参与数字化治理的积极性。

4. 基层政府层面

基层政府是执行各层级政府政策的核心单元。数字时代需要打破资源瓶颈，以数字技术赋能基层治理，加强社区层面的民生问题沟通是基层政府治理的重点，借助数字化治理工具进行智慧社区平台建设，提升公共服务的均等化水平，通过治理平台提升民众参与数字化治理的认知及意识。

3.1.3 以企业为主体的数字化治理组织结构体系

企业作为市场经济的主体，是引领数字化变革的先行者。随着数字技术的快速发展，数据开始成为一种新的生产要素。数据资源的要素化将带动社会生产关系的深刻变革，企业必将更新组织结构，以适应新的市场关系及商业环境。具体而言，企业组织结构变更主要是由自上而下的上级驱动型垂直模式向员工自治、自驱动的扁平化、去中心化模式转变，通过数据一体化提升组织生产效率和应用系统传递效率，激发员工创造力与工作热情，进而提高创新效率。数字化治理组织结构则是以中台为衔接、以数字化（IT架构）为中心、各业务单元并列的分析驱动集成化组织结构。

1. 前台与后台

前台由客户、产品、财务、物流、运营、营销、行政、行业研究等业务单元构成，彼此间为平行关系，共同服务于企业运行流程。后台是各企业系统运行的云基础设施。

2. 中台

中台是企业在发展到一定规模后为提升企业运行效率而建立的，连接前后台资源调用的平台。包括：为避免多用途数据重复、数据多源头调用、数据隔阂和"数据孤岛"而建立的数据中台；为有效提升信息共享程度和资源复用能力、减少资源浪费、加快产品上线效率而建立的业务中台；为汇集筛选业务数据，核算、转换、生成财务数据，节省会计核算人工成本而建立的财务中台；为深入各业务团队，由财务、人力、战略等部门派出到前台而建立的组织中台；服务于设备接入与决策分析的人工智能物联网 AIoT中台等。

3. 数据处理中心

在企业组织架构中，数据处理中心是数字化治理最重要的环节，主要对企业层面的数据进行挖掘、采集和管理，其具体工作是通过数据清洗、计算与整合，对目标数据进行建模与算法研究。理想化的组织架构是针对不同需求，对数据进行两个层面的分析。第一，通过对经营数据及其与市场同类型产品的交叉分析，如日常分析、经营分析、专题分析，对各业务需求部门的日常工作、阶段性经营状况与企业阶段性发展状态做出评估；第二，对企业的业务、产品与研发进行评估与规划的战略规划分析，其最终的数据标准化输出是直观服务于决策者的数据报告。除此之外，数据中心还承担着各终端的应用研发与系统运维、测试等工作。

在数字化治理中，前台服务及审核部门主要负责参与主体在平台准入、价格、信用、激励、退出等方面的保护与监管。数据处理中心可通过日常监测的用户数据特征，辅助企业判断用户行为合规性，确保在国家政策法规允许的前提下有序推进平台经济发展。

3.1.4 以社会组织及个人为协同的数字化治理组织结构体系

社区委员会、行业协会、公益类组织、网络社群等社会组织与公众个人在数字化治理中起到了重要的协同作用。数字化治理下，社会组织结构更趋近扁平化状态，具备一定规模的社会组织可通过成立数据分析部门，参与国家、省、市级层面的数据资源共享，通过分享个体数据辅助社会治理，协同监督其他主体的参与合规性，通过云宣传增强数字化治理意识，提高个人参与数字化治理的积极性与个人数字素养，进而提升数字化推动社会治理发展的效率。

3.2 数字化治理的数据标准规范体系

数据标准规范体系是指由管理制度、流程与技术构成的，能够保障数据调用的一致性、准确性与完整性，对数据进行统一定义、分类及标准化转换的一系列规定。数据标准规范体系的主体是各级政府和企业，它们通过构建规范化约束体系，制定统一的数据口径，有效地解决"数据孤岛"问题，提高共享效率，更好地提升数据的可用性，发挥大数据的整体效能。加强大数据在实体经济中的融合应用是数据治理环节的基础，直接影响数据治理效果。

3.2.1 政府数字化治理的数据标准规范体系

全国信息技术标准化技术委员会大数据标准工作组制定的数字化治理的数据标准规范体系（见图 3-3）由 7 个类别的标准构成，分别为基础标准、数据标准、技术标准、平台或工具标准、治理与管理标准、安全和隐私标准、行业应用标准。

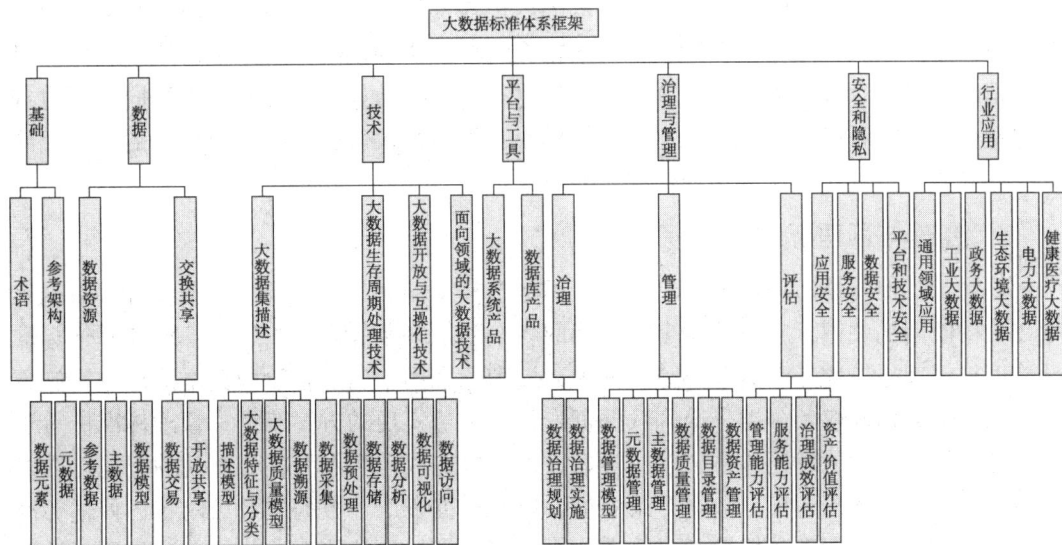

图 3-3　数字化治理的数据标准规范体系

图片来源：《大数据标准化白皮书（2020 版）》。

1. 基础标准

基础标准是为体系内其他标准制定的遵循规则，以达成各部门对大数据的统一理解的标准，具体包括术语与技术参考模型、接口基本要求等参考架构。

2. 数据标准

数据标准由数据资源和交换共享标准构成。数据资源主要是对数据元素、主数据、参考数据、数据模型等底层数据进行规范（何俊，2022）。交换共享主要是对数据流动过程中的技术和架构进行规范，如数据交易和开放共享所需遵循的准则，具体有格式、分类、模式、属性、命名与标识及框架等标准。

3. 技术标准

技术标准用于对大数据集描述、大数据开放与互操作技术、大数据生命周期处理技术以及面向特定领域的大数据技术等方面的通用性技术进行规范。其中，大数据集描述旨在为不同类型的数据建立统一的表述方式、分类体系、引用格式和质量评价的度量方法，以便更加精确地衡量数据质量；鉴于不同技术架构的差异性，大数据开放与互操作技术则聚焦于系统之间的协作机制、不同功能层级系统间的联通方式，以及同类系统间的互通机制、通用数据共享框架等标准的研究与制定；大数据生命周期处理技术则关注大数据从生成到终止使用全过程中的关键环节，包括获取、清理、归档、挖掘、图形化展示以及调用等环节的技术规范。面向特定行业的大数据技术则主要聚焦于电力、医疗、电子政务等领域中既具有共性，又具有专业性特征的大数据应用需求，以此形成相应的行业技术性规范。

4. 平台与工具标准

平台与工具类标准聚焦于大数据技术的载体与支撑系统的规范化要求，覆盖大数据系统与数据库两大产品类别。其中，大数据系统标准主要围绕系统全生命周期管理，对其数据存储机制、计算处理效能等核心指标进行规范；数据库标准则关注不同类型数据库的差异性，在系统架构设计、运行监控模块及接口协议等方面建立规范化的指标。同时，还涵盖运行状态检测方法和标准化的要求。

5. 治理与管理标准

不同于其他几种治理标准，治理与管理标准是推动大数据获取、数据清洗、数据挖掘和数据使用的关键，它将数据生命周期的各个阶段联系起来。治理、管理和评估标准是治理与管理标准的三个组成部分。其中，治理标准用于明确各阶段数据治理的实施方法，制定从数据确权、分类分级到数据资产化、价值实现的方案路径；管理标准侧重于构建各类数据管理的理论体系，规范管理方法，打造以元数据为核心驱动的智能化数据管控平台，涵盖数据建模、数据目录维护，以及数据资产、数据质量等内容；评估标准则旨在建立一套可用于数据治理、管理与服务等方面的评估体系，包括资源配置、治理成效、资产价值评估等模型。

6. 安全和隐私标准

数据安全和隐私标准在数据获取、清洗、挖掘和使用等阶段都具有重要作用，该标准主要由数据安全、应用安全、平台安全和技术安全构成。数据安全聚焦于如何保护数据持有者的合法权益，如个人隐私保护、核心数据存储以及跨境数据的流通安全。应用安全着重防范大数据融合应用过程中可能存在的风险。服务安全主要包括数据安全管理、服务安全能力、交换和共享安全，用以保障数据产品和数字服务的安全性。平台安全和技术安全是为大数据平台和应用平台的系统安全、接口安全和技术安全制定标准，包括安全法规、隐私准则和评估指南等。

7. 行业应用标准

行业应用标准主要针对的是通用领域以及工业、政务、电力、生态环境等垂直行业的应用标准。通用领域应用标准主要从大数据所能提供的共性服务出发，开展应用方法、能力评估等方面的标准制定；垂直行业应用标准主要从大数据为各个垂直行业所能提供的个性服务角度出发，为各领域制定专用数据标准，包括工业大数据、政务大数据、电力大数据、生态环境大数据等的应用标准。

3.2.2 企业数字化治理的数据标准规范体系

行业应用标准主要涵盖通用服务与专业领域两个维度。通用层面的标准主要是围绕大数据技术的共性服务特征，着力构建基础服务体系及效能评估准则；专业层面标准则聚焦于特定产业的需求，制定符合行业特性的数据应用规范。例如，针对工业制造、公共治理、能源供应及环境保护等行业，构建工业智能大数据、政务信息数据资源、电力系统数据以及生态环境监测数据等专项标准体系。

1. 数据模型标准

数据模型标准主要是指数据的编码规则、分类结构、信息模型体系标准，信息模型具有编码属性、共有基础属性、共有业务属性、私有属性，可以分为物资数据模型、客户数据模型、供应商数据模型等，是企业数据生命周期的起点。

2. 数据质量标准

数据质量标准是针对数据质量规范技术与行为的标准，技术方面的标准可以分为单属性数据标准和多属性数据间的标准。前者包括一些单属性字段的格式、符号、取值范围等，后者主要是数据间关联验证等。行为方面的标准主要是生成数据的日常监测标准和人为判断特定业务场景下数据质量的标准等。

3. 数据安全标准

数据安全标准规范了数据全生命周期过程中的安全风险管控标准，主要包括数据指标设计、录入、加工的权限等生产安全，数据存储过程的接口配置、过程验证、加密压缩等存储安全，数据对外交互传递的备份、快照、密码、日志等交换安全，数据被访问过程的权限、脱敏等访问安全标准。

4. 数据交换标准

数据交换标准是业务系统间数据流转所需遵守的准则，包括数据的流通规则、数据传递的逻辑规则、数据传输管理、异常数据的维护机制、数据流通监控和数据交换系统的互联标准等。该标准与数据质量标准、数据安全标准、数据模型标准和保障体系共同构成企业数据治理的有机整体。

5. 数据标准规范的保障体系

保障体系主要包括由领导小组、工作小组、专家小组构成的数据标准化委员会的组织架构，涵盖企业数据管理人员构成、职责、数据管理运维、监督与考核机制的管理制度，涉及数据维护、审核、变更、停用的数据生命周期管理流程。

3.2.3　数字化治理的数据标准规范体系建设与发展方向

为制定和完善国家大数据标准规范体系，国家成立了全国信标委大数据标准工作组，以及信安标委大数据安全标准特别工作组，与代表性数据服务企业共同承担国家和行业层面的数据标准制定工作，开展相关技术与标准研究，并负责数据标准的宣传与推广。目前已发布《大数据标准化白皮书》《工业大数据白皮书》等成果，对大数据基础软件、业务安全风险控制、数据安全分类分级、区块链安全技术标准等开展研究。2021年，工业和信息化部印发《"十四五"大数据产业发展规划》，将"标准引领作用显著增强"作为"十四五"期间大数据产业发展的重要目标。

虽然国家已经制定了一系列数据标准规范，但是现有规范仍然无法完全满足大数据时代的发展要求，存在研发创新力度较低、引领效果不强等问题；要素市场方面存在定价方法不统一、权属不清晰等问题，数据交易也暂无成熟模式。具体到行业内部，数据标准的制定较为滞后，对指导企业进行数据治理实践的标准规范相对缺乏，导致企业更多从自身需求角度出发采购软硬件、记录分析生产过程数据，并构建独立运行的数据库，企业间的数据来源与记录分散，无法做到有效整合。

我国未来的数据标准规范体系建设应遵循《"十四五"大数据产业发展规划》，以标准引导数据要素市场发展，通过试点建设数据资产评估等标准体系，建立数据要素价值体系并完善市场登记结算等规则；制定《数据治理成熟度评价体系》等国家标准，为提高企业数据治理效能提供理论支撑；引导企业、行业及地方政府有序推进数据分级分类治理，规范数据管理流程，开展标准化数据安全测评和安全管理认证体系建设，全面提升数据治理的规范性和安全性。真正构建以法规政策的顶层设计引领战略布局、要素市场规范运行、行业标准统一、企业标准制定完备的，数据标准规范约束下各主体协同促进的良好数字经济发展环境，以更快速、更高效的数据标准规范建设，增强规则制定的国际话语权。

3.3　数据治理的核心内容

3.3.1　数据治理的内涵

数据治理是数字化治理的核心部分，不同于传统治理工作，其概念最早出现于 2001 年伦敦数字保存联合会与英国国家空间中心合办的信息化研讨会。该会议区别了数字化环境中的治理行为与物理范畴中的治理，认为数据治理是在数字保存和监管基础上建立联系的新概念。随着数据爆炸式增长，数据治理问题又重回研究者视线，并在宏观、微观范畴上有了新的诠释与实践。由于数据治理主体具有多样性和特殊性，目前数据治理的概念界定并未统一。本章将主要从中观和微观层面对数据治理的内涵进行讨论。

1. 中观层面

数据治理包含对数据的治理和基于数据的治理两方面的内容，前者的重点集中在对社会庞大数据的管理、组织层面，而后者的重点在于以数据为工具进行更高效的组织和运行，两者相辅相成，互相支持。高效的组织运行需要以数据的有效管理为基础，而组织高效运行更是数据有效管理的最终目的。数据治理应该在"以人为本、服务导向、数据驱动、协同治理"的理念下，以数据为关键要素，通过数据资产的充分利用、数字化管理平台搭建、治理资源整合等方式，实现数据与治理的双向融合，强化公共服务供给能力，提升经济、社会治理能力，继而满足政府、企业、公民等多主体需求。

2. 微观层面

微观主体主要包括企业等市场主体。微观层面的数据治理可以理解为主体针对数据的产生、权属、存储、流通机制等方面的问题与风险，通过组织、制度、流程、工具等手段进行制度化、程序化规范和管理的行为。全球资产管理协会（DAMA）对数据治理的定义为："数据治理是在进行数据资产管理过程中行使包括计划、监控与实施的权力与管控，以确保数据管理制度的最佳实践，正确管理数据，聚焦于数据决策、人员、流程等在数据层面的行为方式，进而高效获得数据价值。"而国际数据治理研究所（DGI）则将数据治理定义为一个通过与信息相关的过程进而实现决策、职责分工的系统，基于一个已达成共识的固定模型对信息种类、具体情况、行动人、操作方法进行程序化判断与决策。

微观主体实现数字化战略的基础是实现规范数据政策、保障数据安全、促进数据流通、降低数据成本、提升数据价值的目标，关键是实现数据要素与治理要素的双向融合。

3.3.2　数据治理的关键要素

从数据治理和基于数据治理两方面来看，要实现从规范到提升价值的阶梯式目标，必然需要严密的体系化建设与规范制定，把握好数据治理的关键要素可以为模型建设提供思路并精简流程，进而为数据治理工作的开展提供基础性保障。总的来说，从数据治理的构建流程角度来看，关键要素可以分为战略规划、治理框架、治理组织、制度流程、技术工具五个方面。

1. 战略规划

战略规划是数据治理的顶层设计与开展工作的最高原则和指导依据，是针对主体发展现状的痛点、难点问题，在充分实践调研的前提下，制定出完全符合主体发展规律、具有可操作性的规划设计方案。战略规划由一系列决策与选择构成，具体包括治理愿景、指导原则、层级性目标分解、实施路线等。战略规划明确了主体在各阶段的工作重点、资源需求，确保了数据治理体系设计与资源匹配的目的性、明确性与一致性，可更好地促进责任部门各司其职、提升工作效率，同时增强主体的抗风险能力与持久生命力。

2. 治理框架

治理框架是数据治理的核心要件与操作指南，是以主体对数据治理的各项步骤、工作领域或特定功能为基础，围绕数据标准规范体系与主体责任部门或角色、资源、方法等，进行对接、协调、配置的整体性安排。治理框架建设以主体资源、发展规划为依据，保证具有不同性质、业务特点的主体落实战略规划的针对性与现实性，确保能够更好地发挥主体数据治理的资产价值与主观能动性。

3. 治理组织

治理组织是数据治理的执行主体、治理工作沟通协调的枢纽，是在决策、管理与执行层级中，主要对明确和细化的数据治理领域工作进行战略筹划、集中管理、高效执行的层级化、专门性部门机构。例如，可设置数据治理委员会，作为主要由高层领导者构成的跨部门、高层级战略规划部门，下设囊括业务、技术等各工作领域的管理层，根据战略决策完成计划部署与执行部门的管理工作，以及主要由业务、技术部门组成的执行层，通过需求的及时传达实现相对独立的工作开展与持续有效的沟通协调。层级化和明确细化的治理组织可以为数据治理工作赋能增效。

4. 制度流程

制度流程是数据治理的质量保障与稳定器。数据治理的制度规范应是对各项工作责任的明确划分，以及对工作环节的规范和统一。其中，规章制度、实施细则、技术规范、考核标准等对宏微观、全层级、全流程工作体系进行全面要求，确保了数据治理系统的规范性与质量；数据治理的流程管理是制度规范基础上的流程风险控制措施，包含对制度流程落实状况的事中监督、成果监督与分析性状况评估，并根据评估结果灵活进行调整，与制度规范共同保障数据治理系统的稳定落实。

5. 技术工具

技术工具是数据治理各项工作顺利开展的桥梁与基石，涵盖支持核心决策、业务衔接、高效利用、分析过程数据的工具、平台与管理系统。技术工具主要包括元数据管理、数据集成系统、数据模型、数据资产管理系统、数据交换和质量管理系统等。技术工具不仅能够帮助企业规范化地收集、加工和管理数据，还能够为企业数据安全提供技术保障，最终实现数据价值的提升。

3.3.3 数据治理的体系框架

在以上五种数据治理的关键要素中，体系框架建设属于承接顶层布局与目标、引领具体计划与技术的核心要件，是围绕数据标准规范体系与主体责任部门进行对接、协调、配置的整体性安排，包含组织架构、数据标准、治理流程、治理评估、治理技术五大体系的全局性体系框架。其中，组织体系确定从决策到执行层面的负责部门与部门职责划定，数据标准体系规定数据的统一定义、分类及标准化转换，治理流程体系规范工作标准与流程，治理评估体系分析把控工作全流程的成效与潜在风险，治理技术体系融会贯通数据流转应用与分析。

目前，国内外较为知名且接受度较高的体系框架包括国际数据管理协会（DAMA）数据管理知识体系（DMBOK2）框架、国际数据治理研究所（DGI）数据治理框架、DCMM 数据治理体系框架、CMMI 研究院数据管理成熟度模型。

1. 国际数据管理协会（DAMA）数据管理知识体系（DMBOK2）框架

DAMA 建立了以数据管理为主导的框架体系，并认为数据管理的核心是数据治理，旨在通过数据治理建立数据管理功能的十大领域与七大环境要素间的对应关系，并由此为数据管理提供完整结构，充分考虑外部要素对数据的影响，但在功能描述中缺乏数据流通单元等方面的总结。《DAMA 数据管理知识体系指南（第 2 版）》（DAMA-DMBOK2）中对于数据管理功能的十大领域具体要素（见图 3-4）与对应解释如下。

数据治理：构建适应企业发展需求的数据决策框架，通过权责分配机制实施指导与监管，以确保数据治理体系与组织战略目标的高度契合。

数据架构：规划与业务战略协同的数据资产管理顶层设计，建立支撑战略落地的宏观指导框架，确保架构规划与业务发展的需求实现精准匹配。

数据建模和设计：模式为数据模型对数据需求进行发现、分析、展示和沟通的过程。

数据存储和操作：设计高可用性存储解决方案以释放数据资产价值，建立涵盖数据全生命周期的运维管理体系，包括存储规划、实施优化及合规处置等环节。

数据安全：构建多层级数据防护体系，

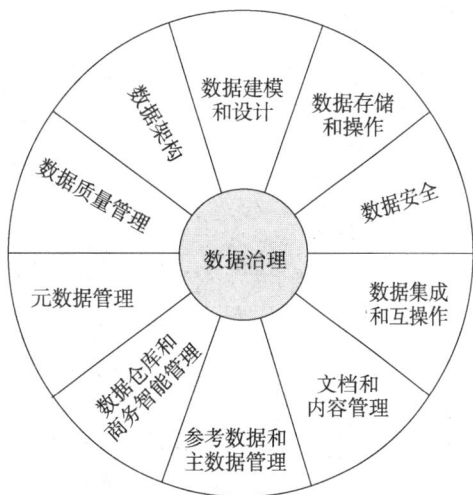

图 3-4　DAMA-DMBOK2 数据管理
功能要素

保护数据隐私，确保敏感数据的合规使用。

数据集成和互操作：推动不同程序之间数据的清洗、迁移和整合，提升业务系统的互操作能力。

文档和内容管理：着重围绕特定信息类型开展全周期管理。该部分内容包含规划、执行与监控等环节，核心目标是遵循法律法规的要求，构建规范化的文档管理体系。

参考数据和主数据管理：对主要业务数据进行持续性的维护和管理，用以确保核心业务数据的真实性，使得信息在跨系统间能够同步且准确地使用。

数据仓库和商务智能管理：涵盖规划、部署及管控过程，通过管理决策数据，帮助信息使用者将报告数据转化为有价值的决策信息。

元数据管理：开展元数据的设计、实施及治理活动，涉及语义界定、建模、数据流等核心要素（有助于提高对数据的掌握和理解，帮助数据全生命周期的管理），以维持元数据的高质量水平。

数据质量管理：规划和实施数据质量管理技术，从而更好地实现数据在测量、评估和提高等在组织内的适用性。

2. 国际数据治理研究所（DGI）数据治理框架

DGI 认为，数据治理不等同于 IT 治理，其通过"5W1H"（Who、What、When、Where、Why、How）法则，从组织、规则、流程三方面总结出了数据治理的十大要素。从组织方面来看，Who 即人员与组织结构中的数据治理专家、管理专员与业务利益相关者。在规则与协调工作规范方面，分为愿景（Why）与愿景指导下的目标、评估标准与推动型策略，且通过决策、职责、控制三个层面进行传递（What）。从流程方面来看，在组织结构、规则要素的影响下，数据治理流程（How）设定了从价值声明到绩效考核的时间安排（When）。

DGI 通过流程图与层级图的形式直观展示各要素间的联系，为企业数据决策提供了有序规范的流程参考，如图 3-5 所示。

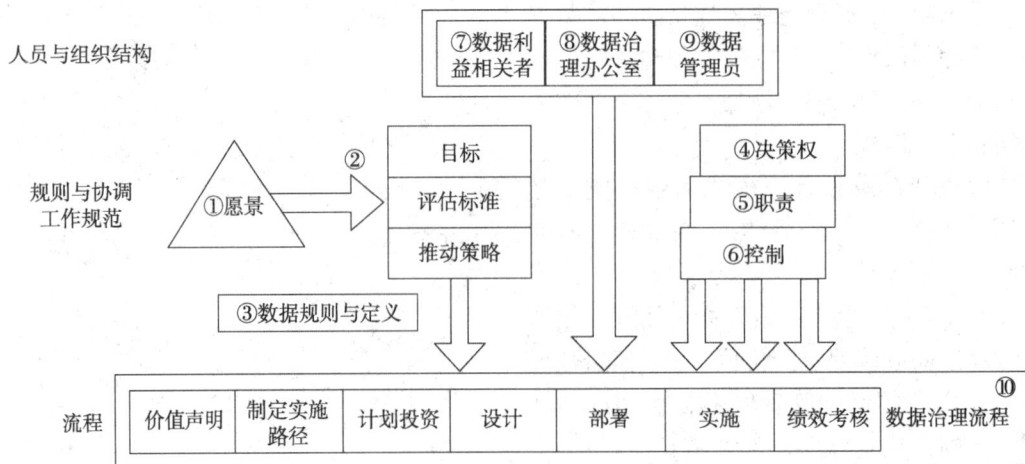

图 3-5　DGI 数据治理框架

3. DCMM 数据治理体系框架

DCMM 又称数据管理能力成熟度评估模型，是我国在数据管理、治理领域正式发布的第一个国家标准。DCMM 是在参考 DAMA 的基础上，结合我国数据治理现状，新增数据战略、数据标准等核心领域的中国化数据治理标准的重要成果。《数据管理能力成熟度评估模型》（GB/T 36073—2018）文件定义了数据质量、数据治理、数据架构、数据标准、数据战略、数据生命周期、数据应用、数据安全 8 个核心能力域以及 28 个下设能力项，并以组织、制度、流程和技术作为核心能力域的评价维度，以初始级、稳健级、优化级、受管理级、量化管理级 5 个方面代表企业数据能力评估的成熟度，旨在帮助数据资产方与数据服务提供方按照规范标准化评价数据能力，并以此为依据对管理程序进行进一步完善，以达到数据的最大价值并促进企业的数字化转型。其治理框架如图 3-6 所示。

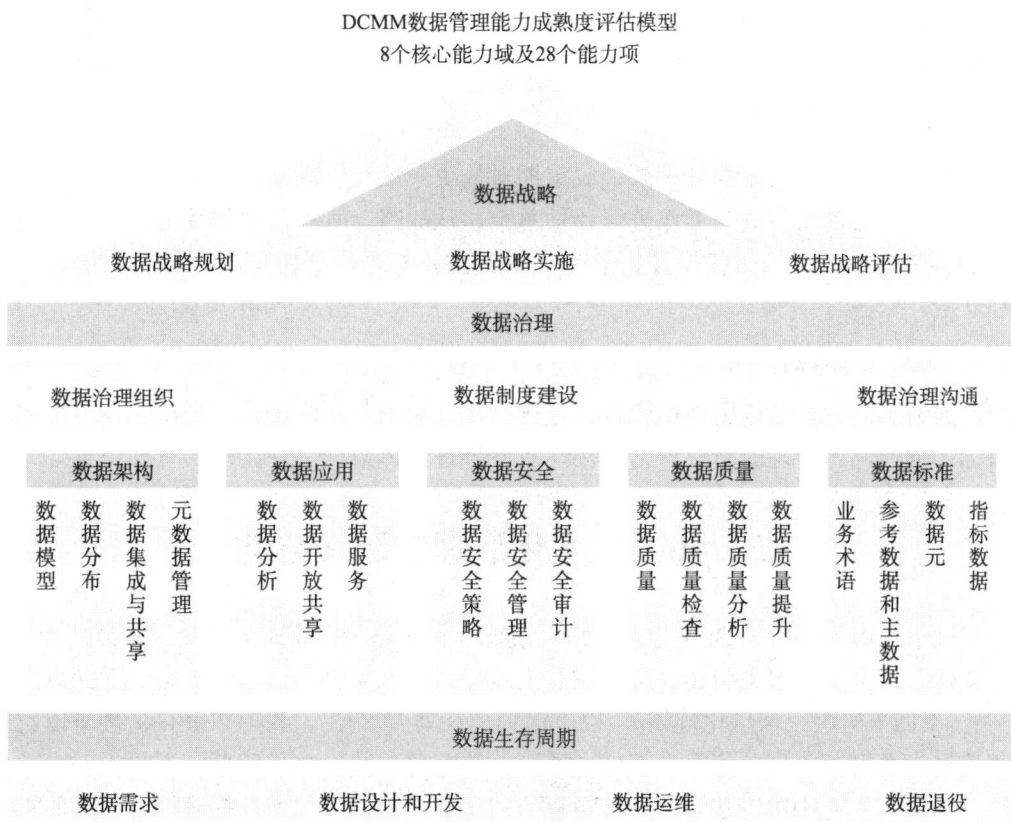

DCMM数据管理能力成熟度评估模型
8个核心能力域及28个能力项

数据战略

| 数据战略规划 | 数据战略实施 | 数据战略评估 |

数据治理

| 数据治理组织 | 数据制度建设 | 数据治理沟通 |

数据架构	数据应用	数据安全	数据质量	数据标准
数据模型 / 数据分布 / 数据集成与共享 / 元数据管理	数据分析 / 数据开放共享 / 数据服务	数据安全策略 / 数据安全管理 / 数据安全审计	数据质量 / 数据质量检查 / 数据质量分析 / 数据质量提升	业务术语 / 参考数据和主数据 / 数据元 / 指标数据

数据生存周期

| 数据需求 | 数据设计和开发 | 数据运维 | 数据退役 |

图 3-6 DCMM 数据治理框架

3.4 数字化治理实施的安全保障体系

如前所述，为确保实现低风险、高质量的数据治理，主体的组织体系作为确定从决策到执行层面的负责部门与部门职责划定的重要体系，确保了数据治理系统的规范性与质量。流程管理是制度规范基础上的流程风险控制措施，包含对制度流程落实状况的事中、事后成果监督、分析性状况评估，并根据评估结果进行及时调整，与制度规范共同为数据治理系统的稳定提供保障，所以流程管理是数据治理的质量保障与稳定器。

建设主体组织体系的必要性在于为治理实施提供安全保障体系，主要表现在制度体系建立健全、数据安全保障、决策管理层级落实、长效评估保障机制四个方面。

1. 制度体系建立健全

确立组织体系下的制度体系建设，以规章制度、实施细则、技术规范、考核标准等制度体系内容对从宏观到微观，从计划、工作实践到考评的全层级、全流程工作体系进行全面部署。

2. 数据安全绝对保障

以收集、流转、存储、调用、标准化、分析的严谨流程进行数据安全管理，对制度流程落实状况进行事中、事后监督与分析状况评估，评估潜在风险问题并及时处理。

3. 决策管理层级落实

除具体的执行层级流程管理外，应定期对从决策层至管理层的信息传递、战略、计划、目标制定与责任下放等工作进行评估总结，从战略、管理层面把控潜在风险，提升层级信息传递效率，依据数据分析效果积极调整，实现数据价值最大化，全层级把控治理安全。

4. 长效评估保障机制

数据治理对主体的作用周期较长，应进行长远规划与跟踪评估。提出长期目标与阶段目标，据此确定合理的绩效评估指标，有序推进主体数据治理，落实责任考核。

3.5　我国数字化治理的建设方向

习近平总书记指出："数字技术正以新理念、新业态、新模式全面融入人类经济、政治、文化、社会、生态文明建设各领域和全过程，给人类生产生活带来广泛而深刻的影响。"《"十四五"国家信息化规划》（以下简称《规划》）指出，我国数字化治理将以数字中国建设为总目标，贯彻落实"五位一体"总体布局，并确立了四项发展目标。

（1）以"数字中国"建设为总体目标，肩负着推动国家发展和提升综合国力的重要使命。通过加快推动数字技术的发展与应用，全面推进现代化经济体系建设，推动我国经济实现高质量发展。

（2）通过供给侧结构性改革，打破阻碍数字技术发展和应用的体制机制障碍，推动传统产业的数字化转型，提升国内经济的内生动力和稳定性。

（3）把改革创新作为核心驱动力，优化创新体系与环境，激发创新潜能，提升发展势能。

（4）坚持以满足人民日益增长的美好生活需要为出发点，推进国家治理体系和能力建设，确保数字中国建设在法治、安全、有序的轨道上稳步推进。加强数字基础设施、数据资源利用与公共服务转型，推动数字成果惠及全民，为全面建设社会主义现代化国家，实现第二个百年奋斗目标提供有力支撑。

除此之外，《规划》还明确了 5G 创新应用工程等 17 项重点工程，作为落实任务的重要抓手，并部署了多项重大任务以支持实现上述四项发展目标。

即测即练

自学自测  扫描此码

第 4 章

数据交易流通治理

在本章中，我们将要学习、理解和掌握：

- 数据价值和数据交易的概念、特征与影响因素
- 数据交易的主要流通模式及其作用
- 数据交易流通规则的制定和最新应用
- 数据交易流通存在的障碍与主要原因
- 数据权属争议和司法现状
- 数据交易流通的国际经验

导入案例

数据价值影响因素受数字化水平影响的变动——以企业主体为例

在数字化初期，企业的设备运行和生产流程数据通常零散地存储于单一部门，且相对独立地为单个部门服务。分散于不同部门的数据无法充分释放数据价值，导致数据不能为企业的全局决策提供有效参考。随着数据中台和自动化系统的建设，部门间开始实现数据协同共享，集中化数据能够从顶层为企业制定整体战略提供决策依据，部门间数据的协同价值也得到大幅提升。对不同产业的企业而言，由于企业间不存在明显的竞争和协同关系，因而企业间的数据对彼此而言没有价值；科技发展也同样制约着公共安全事件预警、预测决策的价值大小，影响区域、领域数据应用于整体战略布局的价值大小。

2023 年以来，晋城市大数据应用局的政务数据共享开放体系建设不断向前推进。一方面，晋城市着力做好平台支撑相关工作。目前，全市已经实现在市政务数据共享交换平台接入 74 个市级部门、6 个县（市、区），仅开发区政务数据资源目录就已经有 36 514 项，挂载数据已达 36 408 项，数据挂载率超过 95%。另一方面，全市着手建立数据共享交换机制。市共享交换平台根据相关部门需求，提供的数据资源已达 546 项，日均数据交换量更超 2.4 亿条。此外，晋城市还编制了数据目录清单。为了对各部门的数据家底、

数据需求有更为规范和全面的掌握，该市还制定了统一的政务数据资源目录和资产目录、政务数据共享责任清单、需求清单和负面清单，并要求各级政务部门依照这些清单完善自身的数据清单。为提高工作人员利用政务共享数据的能力，该市还组织相关部门的工作人员进行数据资源共享工作培训。目前，第二批清单挂接率已达到 98.8%，为推进库表、接口类数据资源的汇聚共享奠定了基础。

资料来源：本报通讯员. 晋城市加快建设政务数据共享开放体系[N]. 山西日报，2023-09-22（8）.

4.1　数据交易与数据价值

4.1.1　数据价值

数据是通过测量和计算等方式对客观世界的记录。虽然记录数据的方法存在普遍性偏差与主观性特征，但是原始数据通过进一步的加工处理可以成为"计算的数据"。对数据进行整合分析，能够形成指导现实行为的抽象结论，进而实现数据的价值。因此，数据价值存在"数据—加工数据—汇集整合—指导行为"的价值传播链条。

1. 数据的价值体现

在数据的价值体现上，从宏观角度来看，数据对实体经济和生产活动的促进作用，最终反映在国民生产总值的总量级指标与全要素生产率的发展质量指标中；从微观角度来看，数据使用者的个人效用也可以反映数据价值。使用价值是价值的物质基础，数据的使用价值包括个人数据可通过识别配对渠道、配合推理建模渠道分析的行为数据可实现对数据使用机构的画像价值；以企业为代表的主体被要求定期发布状态和节点性数据，以发挥社会的监督作用等。

2. 数据价值的特征

数据价值的特征可以分为主观性、时效性、协同性、外部性四个方面。在主观性方面，由于数据并无实际内在价值，其价值更大程度上取决于使用主体的使用价值大小，对不同主体而言，其数据加工能力与视角、偏好、使用目的、使用时间、使用场景、使用条件均会直接影响数据的价值。在时效性方面，数据的价值会随时间产生折旧。在不同的时效阶段，数据的用途和使用目的都不尽相同。在协同性和外部性方面，数据的价值随使用次数的增加而上升。与"数据孤岛"相比，多层面的数据往往能够更加全面、充分地分析和解决问题，更好地实现数据使用主体的融合发展。

3. 数据价值的影响因素

数据作为特殊的价值载体，主要受信息量大小、经济发展水平与加工先进程度等客观条件限制；受使用主体的偏好、使用目的、使用场景等主观因素影响。

4.1.2　数据交易

数据价值也可以通过数据交易的方式体现。目前，数据交易已逐渐成为要素市场获取数据资源的重要渠道和方式。在数据要素市场，数据以商品形式存在，以信息服务的形式进行特殊权利的授权和所有权转让。交易数据具有无形性和非实体性特征，从数据的所有权与使用权分离方面来看，数据的交易并不以数据交付方的所有权为代价。由于数据具备可复制性，因此数据的所有权与使用权可以不属于同一主体。从数据的即时性来看，数据的交付使用过程几乎没有时间间隔。在数据的隐蔽性方面，数据交易使用的传输渠道丰富多样，且目前多以非正式渠道为主。尽管非正式渠道能够确保交易的私密性，但当交易涉及如服务中介平台或数据存储平台等第三方时，数据安全与交易过程安全难以得到保障，非法的数据交易无法通过有效手段进行监管。虽然数据交易能够更便捷地满足大众对信息数据的需求，但是目前在数据确权、数据定价、数据安全等方面仍然存在诸多亟待改进的地方。

4.2 数据交易流通模式

数据交易流通可分为直接与间接两种模式。其中，直接交易流通模式指交易双方直接进行交易商议并达成合意；间接交易流通模式指通过合规第三方作为中介进行的撮合性交易。由于直接交易存在较大的隐蔽性，合规性较差，风险较高，市场监管难度大，因此政府主导或监督的间接交易流通模式是未来数据交易市场的主要发展方向。本节主要对间接交易流通模式进行介绍。

4.2.1 第三方交易平台

第三方交易平台作为数据交易的重要方式，主要通过数据包、API 等方式向需求方提供政府公开数据、企业内部数据、网页爬虫数据等的交易、查询和发布服务，平台的职能更接近于媒介和中间人。

国外的第三方交易平台更多专注于细分领域，且多为大型头部企业依托自身资源优势进行建设，采取完全市场化的模式。在我国，大型第三方交易平台包括贵阳大数据交易所、上海数据交易中心、武汉东湖大数据交易中心等。其中，贵阳大数据交易所作为我国最早开设的交易所，面向全球提供数据交易服务；上海数据交易中心则主要承担上海市数据的商业化流动、区域间合作与政商互通等战略职能。

从效能上讲，此类交易平台为数据交易需求提供了通畅的渠道，对数据的高效流通有一定促进作用。公信力背书与监管的逐步完善将增强此类交易平台的安全性和规范性。

4.2.2 公共数据平台

公共数据是指各级行政机关以及具有公共管理和服务职能的事业单位在依法履行职责过程中获取的各类数据资源。公共数据平台作为我国政务服务建设的重要组成部分，对个人及商业用户具有极大的使用价值。

根据《中国政务大数据共享及服务体系研究》报告，目前，我国已有 19 个省市区开放了公共数据平台,中西部的公共数据开放平台建设相对缓慢,且已开放平台的用户体验存在一定的差异。从开放的内容来看,由于我国区域发展不平衡,政务的电子化程度和及时性仍有待提升。整体来讲,公共数据平台建设降低了制度成本,提升了开发效率,可以提高政府运行的公开性和透明性,但在发展水平、建设积极性等方面仍存在改进空间,未来公共数据平台可以进一步提升社会治理的效率,降低社会运行的交易成本。

4.2.3 数据共享合作

数据共享合作指的是通过对接拥有目标数据的主体,进行数据共享与交换,实现内外部价值的交易行为,其主要目的是消除"信息孤岛",降低交易成本。数据共享合作可发生在机构内外部及机构与个人用户之间。

目前,广州市已经通过统一政务信息共享平台,实现了数据跨层级、跨区域、跨部门的全覆盖协同管理,且被作为"2021年政府信息化创新成果与优秀案例"。但是,我国其他省市在数据共享方面,仍普遍存在合作意识薄弱、共享机制缺失、信息标准不统一、数据设施不完善等问题,而在个人与机构间的数据共享方面,则存在信息劣势、用户被迫接受条款和监管缺失等问题。

4.2.4 数据定制

数据定制指的是根据不同的客户需求,依托自身数据资源与行业、市场优势,为用户提供针对性的数据加工和处理服务。目前,数据定制属于数据交易中商业化较为成熟的一种模式。例如,阿里巴巴等行业头部企业结合自身行业特点,进行诸如互联网金融、电子商务、生活服务等方面的数据交易服务,其主要交易模式多为数据增值业务。

数据定制充分发挥了业务端企业的数据收集和加工优势,以更加高效的方式提升了目标客户数据对标的决策效率,是数据交易商业化的成功实践,但仍存在涉及用户画像与隐私的数据权属问题。

4.3 数据交易流通规则

4.3.1 数据安全法

2021年9月,《中华人民共和国数据安全法》首次确立了数据交易的基本规范与责任义务界定。其中,第十九条规定:"国家建立健全数据交易管理制度,规范数据交易行为,培育数据交易市场。"第四十七条则是对违反第三十三条后的处罚规定,具体规定如下:"从事数据交易中介服务的机构未履行本法第三十三条规定的义务的,由有关主管部门责令改正,没收违法所得,处违法所得一倍以上十倍以下罚款,没有违法所得或者违法所得不足十万元的,处十万元以上一百万元以下罚款,并可以责令暂停相关业务、停业整顿、吊销相关业务许可证或者吊销营业执照;对直接负责的主管人员和其他直接责任人员处一万元以上十万元以下罚款。"

4.3.2 个人信息保护法

2021 年 11 月,《中华人民共和国个人信息保护法》正式生效,对个人信息处理者的义务与信息安全责任进行界定。其中,第五十一条规定:"个人信息处理者应当根据个人信息的处理目的、处理方式、个人信息的种类以及对个人权益的影响、可能存在的安全风险等,采取下列措施确保个人信息处理活动符合法律、行政法规的规定,并防止未经授权的访问以及个人信息泄露、篡改、丢失。"

4.3.3 数据要素流通交易规则

近年来,我国在为数据交易进行循序渐进的制度规则准备与完善,逐步对数据交易的基本规范与责任义务、个人信息处理者的义务与信息安全责任进行界定,但一直以来,在全国性的数据交易流通规则方面还存在一定的空缺。2022 年 5 月,由贵阳大数据交易所发布的全国首套数据交易规则——《数据要素流通交易规则(试行)》(以下简称"交易规则")填补了这一空缺。贵阳大数据交易所还同时发布了《数据交易合规性审查指南》《数据交易安全评估指南》和《数据商准入及运行管理指南》,多项指南共同配合交易规则,推动数据交易合规性的初步探索。以此为例,数据交易流通规则要点应着重针对"确权难""定价难""监管难"等痛点进行设置,明确交易主体,发展交易生态并确保主体可信,明确交易标的范围,规范交易市场秩序;应在加密安全、场内交易的合规性等方面进行审查;应对数据供应商的主要业务范围、资质要求、准入和退出机制等予以规定,以详细、条理化、规范化的参考文件实现入场、跟踪、评估的全流程交易合规性审查,共建数据安全流通生态。

4.4 数据交易流通障碍

虽然数据交易对社会治理效能的益处不言而喻,但仍因数据过度集中、监管流通制度与体系建设等方面技术能力不足、应用相对薄弱而存在一定的流通障碍。

4.4.1 交易市场体系不健全

目前,数字化信息系统与平台搭建主要是为了解决"数据孤岛"问题,但是除了客观技术性滞后会造成"数据孤岛"问题,主观壁垒也会形成"数据孤岛"。一方面,数据作为企业重要的生产要素,具有极高的战略性价值,因此企业在主观意愿上不愿进行数据共享;另一方面,数据资源权责不清,也降低了数据交易意愿。由于数据具有可复制性和外部性,其传播渠道和要素交易主体的关系相较传统要素更为复杂,因而在产权界定、流通规则与监管体系确立上存在更大挑战,对不同监管制度的协同与技术手段提出了更高要求。要想健全数据交易市场体系,应提升区块链等关键技术水平及其利用效率,进一步规范和监管数据使用，规制和消解数据治理障碍，平衡高数据价值与监管力度间的矛盾，通过适度激励提升数据的流通意愿。

4.4.2 信息合规性风险

信息合规性风险主要是指企业主体在进行数据交易的过程中可能违反法律法规、行业规范、道德标准等方面的风险。除涉及用户隐私和国家安全的特殊数据以外，主体在制定数据交易规则过程中，应重点考量对创新具有促进作用的数据类型，降低数据交易信息的合规性风险。

4.4.3 数据标准不一致

由于数据共享的概念近年来才随着信息技术的发展与数字化战略的提出进入大众视野，各大主体没有统一的数据标准，因而形成主体间数据应用的屏障。解决数据标准不一致的问题，应通过建设数据交易平台，制定统一的数据标准，提升数据的贯通融合程度。

4.4.4 数据交易垄断

相较于其他渠道，目前定制化数据交易服务的商业成熟度较高。数据是提供服务的战略性要素，主体有意愿汇集数据资源，拥有庞大数据体量的主体获取数据更为便利。为了占据战略性生产要素，提高市场份额与定价主动权，同时为了阻止其他主体进入市场，一些主体通过高额定价、数据交易的非主动传输、设立专属数据使用平台等方法，巩固获取数据的优势，因此产生数据垄断。针对该问题，应从制定数据的合理定价规则入手，避免因数据支配地位产生的数据交易领域的不正当竞争情况，进而更好地释放市场活力。

4.5 数据权属争议与司法

随着数字经济的发展和大数据时代的来临，数据成为新的竞争要素和社会资源。数据作为新兴的经济生产要素和资源在市场中流通，同时也与社会领域有了多方面的交互。随着数据在经济社会中的参与率的提高，其权属的界定问题也变得非常重要。但是，目前法律尚未对数据权属进行清晰的界定。

4.5.1 数据权属的现状

数据权属，是指对从不同渠道得来的数据进行所有权属界定，通过分析这些数据主体之间的关联，用法律的形式明确产权的归属，其中主要权属包括所有权（数据由谁拥有）、使用权（谁拥有使用权）、收益权（数据使用收益如何分配）。

过去几年，关于数据权属的争议案件屡见不鲜。例如，2020 年 6 月，杭州互联网法院对一起有关网络数据权属认定的案件进行了裁决。该案是国内第一起有关数据权属以及收益争议的商业竞争案，即微信群控案。该案件原告方为深圳市腾讯计算机系统有限公司和深圳腾讯科技有限公司，两家公司共同经营发展个人微信产品。根据两家公司的职能差异，深圳市腾讯计算机系统有限公司是微信软件的著作权人，深圳腾讯科技有限公司主要是经营个人微信产品，为消费者提供即时社交通信服务。被告方是浙江搜道网络技术有限公司和杭州聚客通科技有限公司，属于软件开发运营公司。

案件中原告公司指控被告两家公司在个人微信产品中使用 Xposed 外挂技术，并且在微信产品中插入"个人号"功能模块，从而帮助购买该种群控软件服务的微信用户在微信平台中开展商业营销、商业管理等活动。两家原告公司认为其为微信产品的开发运营者，而微信运行过程中产生的数据，如个人微信用户的朋友关系链数据、使用过程中产生的操作数据以及个人账号资料信息，这些数据应由原告两家公司所有，也就是原告认为自己拥有数据权属。两家被告公司嵌入其软件功能的行为，应视作未经原告允许自行使用用户相关数据，并获取微信应用数据，从而牟利。这些做法一方面干扰了原告产品的商业运营，另一方面属于不正当竞争行为。原告同时提出，其个人微信产品的核心竞争力之一就是给个人用户提供安全的使用体验，而数据安全更是社交软件的重要因素，被告方使用外挂技术嵌入其软件的操作擅自使用用户数据，导致个人用户的数据有泄露风险，是恶意损害用户体验的行为，因此提出这次关于数据权属的诉讼。被告方则主张其开发的群控软件在运行中获得的微信用户数据并不是微信软件运营者和开发者所有，这些数据是个人用户在其日常购物平台（如淘宝、京东）上因其自行正常交易产生的个人数据，软件用户使用微信的添加好友功能再等待对方同意，都在微信软件的使用规则之内，从这个角度来讲，用户的社交数据权属自然是用户所有。并且，被告方认为，虽然群控软件将微信用户与群控软件用户在联系过程中产生的数据上传到云端服务器，但被告方仅将这些数据备份存储，并未对数据进行操作分析使用，群控软件只是作为存储通道将数据上传至阿里云服务器，符合数据安全的存储条件。

法院宣判该案件时认为，微信软件运营商应当拥有其开发运营产品的数据权属，两被告的行为属于未经允许擅自使用平台数据进行营利活动，对微信运营者的经营产生了危害，属于违反《中华人民共和国反不正当竞争法》第二条规定的不正当竞争行为，而其将群控软件插入个人微信运营产品中，对用户的数据信息安全产生了威胁，违反了《中华人民共和国网络安全法》中侵犯用户个人信息权益的相关规定。被告所主张的数据上传存储通道说法，在我国现有法律中还未有明确定论，但数据转移应当在获得微信运营方以及个人用户的首肯后，采取严密的安全措施，显然被告并未获得授权，因此该行为也是不合规的，故两被告的辩驳理由不成立。

仔细分析该案件关于数据权属的争议可以看出，微信运营公司在开发经营微信软件过程中产生的用户数据以及软件数据是具有竞争力的数据资源，是原告投入了大量人力资源以及经济费用得来的收益和竞争优势，因此，微信运营和开发公司拥有其运营产品的数据权属，也享有数据资源的正当竞争权。两被告在未经运营方允许的情况下使用平台中的用户信息和操作数据，擅自插入其开发软件为用户提供商业服务而牟利的行为，属于在微信开发运营产品中"搭便车"。这些行为不仅对原告所有的数据权属竞争权益造成了损害威胁，也是恶意使用其他产品经营者的生产资源获利行为，因此违反了《中华人民共和国反不正当竞争法》第二条规定的不正当竞争行为。同时，被告方的行为还破坏了微信用户的个人数据隐私安全，违反了《中华人民共和国网络安全法》中侵犯用户个人信息权益的相关规定，具有不正当性。

目前，关于数据权属的问题，一般有以下四种观点：数据为公共所有，数据是个人所有，数据归平台所有，平台和个人共同拥有数据。从微信群控案以及其他相关资料可以看出，当前大部分数据都默认为归属互联网运营平台所有，可分为个人单一数据和整合的数据资源整体。

对于个人单一数据，由于是个人基于自己行为产生的信息，并因此形成的数据，自然专属于个人，尤其是数据产品，属于劳动付出所得，个人享有和拥有数据权属。个人拥有数据产权，对于一些平台搜集个人数据并由此计算个人偏好或喜好的行为可以进行否决，最好在平台获取个人数据前采取产权保护措施，如拒绝平台利用一些用户使用协议进行数据追踪的请求，关闭手机定位功能也可以有效制止平台对自己的位置信息进行追踪。即使平台已经监视用户个人行为，用户也可以在首次接到平台使用个人数据进行针对性营销时明确表示自己的反对态度（如拒绝该广告推送等）。对于个人身份数据或个人行为数据，即用户信息数据，平台可在做数字化转换（如进行计算机网络系统处理）后，在网络上进行传播，但对于用户的原始身份或行为数据，平台只能将其社会价值仅限于用户信息包含的资讯。在这个过程中，平台没有对用户信息进行品质、衍生数据信息等方面的操作，也未提供创造性劳动成果，所以平台只能基于用户个人信息权益进行操作。也就是说，依照平台与用户使用平台的相关事前约定，平台仅享有用户个人数据的有限使用权。

对于大量的数据资源整体，平台应当享有竞争性权益。在上述案例中，微信产品在投入了大量人力、物力、财力之后，才积累了数据资源，这些资源能够给经营者带来商业利益与竞争优势，如果被任何个人或企业破坏性使用该数据资源，则违反反不正当竞争的法律规定，网络平台方有权维护其享有的竞争性权益，并根据实际损失获得赔偿。

公共数据是一种公共产品，理应由政府管理。一方面，公共数据具有非排他性，对于所有主体应该平等对待，这一行为发生的前提是无条件且非歧视的，这与那些个人产品购买者受益的原则有着明显区别。同其他公共产品的使用一样，任何人对公共数据的消费都会对其他人产生影响。另一方面，公共数据具有非竞争性，政府数据几乎不存在边际生产成本和拥挤成本。从理论上讲，针对同一数据集，不论增加多少用户需求，皆可被无限次近乎零成本地重复访问下载。政府数据效用不具备可分割性。无论政府数据被谁使用、在何时何地使用，其在开放平台上存储的原始数据的效用都不会因此发生变化。公共数据产品的数据源不存在被使用者随意修改的可能性，用户下载数据后根据个人需求对数据进行的系列操作也不影响原始数据的整体效用。

根据上文讨论，数据权属的争议主要分为：①数据的所有权归哪个主体所有。如果服务数据牵涉主体众多，数据所属界定就存在问题。②对数据的使用权界定模糊。数据的使用需要多种数据联通共享，这也会影响不同主体的使用权。③数据运营产生的收益归谁所有。当前，数据市场的主体主要是政府和企业，其在分配收益时通常会涉及多个主体，权益所得难以明晰。

4.5.2 数据权属争议与司法实践

在大数据时代，要从凌乱无章的数据中挖掘有价值的信息，而在现实生活和司法实践中，数据呈现权属多元化和利益多重性特征，因此，从法律层面对数据权属进行核定还存在困难，司法层面的实践也存在问题。

在司法界，数据权属的界定问题历来是争论的焦点。一种观点认为，将数据权属单一地配置给某个主体可能会造成数据信息的垄断问题，会妨碍数据的正常交易流通，与社会中信息共享的观念相悖。但另一种观点认为，在配置数据过程中忽略数据信息内容，去配置数据文件的绝对权利，有利于数据市场的发展，因为如此配置可以降低数据垄断问题的发生。因此，合理配置数据资源也是数据权属司法的重要问题。目前，数据权属争议的焦点有以下几点。

第一，一个数据资源整体可以有多个不同的主体，此时数据的归属很难界定。网络平台服务提供商的运营方式大部分是"数据资源—研发"的模式，这也是平台企业的核心竞争力所在，但法律还没有明确规定这些平台企业的数据权益，这为数据权益的界定留下了争议。在上文微信案以及现有的数据权属竞争案件的司法实践中，法院主要使用《中华人民共和国反不正当竞争法》对数据权益带来的竞争纠纷进行裁决。

政府属于非营利性部门，政府收集数据是公共管理行为，因此政府可以拥有收集数据的权利。但对于市场中用于流通和交易，且不包含个人身份信息的数据是属于个人还是属于收集数据的企业，各方争议较大。

第二，数据究竟可以由谁使用？对企业来说，要想利用所收集的用户数据，首先要对数据进行合规性处理。一种方法是删除数据集中的个人主体的数据，但这样会大大降低数据资源的价值；另一种方法是对数据资源中的个人数据逐个获取授权，但在现今情况下，这些授权条款信息一般都淹没在用户注册协议的一小段中，经常被消费者忽略，因此造成在用户不知情的情况下使用了其个人数据，这也为数据流通中的司法实践增加了困难；还有一种方法是匿名化处理数据主体的个人信息。然而，匿名化的技术处理方法在法律中只是给出了匿名化处理所要达到的要求，但在现今的技术条件下能否完全实现，以及现有技术是否能够判定这种匿名化标准，还有待考量。要消除数据使用的争议，需要既能保持数据资源的区分度，又能保护数据主体个人隐私。在我国，《深圳数据条例》首次对数据权属进行了规定[①]，但在司法实践中，大部分的数据权属争议案件都是使用反不正当竞争法进行判决，一般性条款通常都判决平台企业对数据具有排他性权利，这在一定程度上保护了数据财产权，但并未获得立法承认，因此能起到的保护作用有限。

---

① 自然人对其个人数据依法享有数据权（第 11 条）；公共数据的数据权属于国家（第 21 条）；数据要素市场主体对其合法收集的数据和自身生成的数据享有数据权（第 52 条）。

第三，数据资源整体带来的收益和利益归属如何分配？在当前立法暂时缺位的情况下，司法层面上平衡用户信息权益与平台数据权益之间的关系尤为重要。在微信群控案件中，法院认为微信对其运营的用户数据享有竞争性权益；在新浪微博起诉脉脉抓取其用户信息案中，法院认定新浪微博对其收集的数据拥有财产性权益。这两起案件说明，当前判决和司法实践都优先将数据的收益权利给予数据的收集加工者，企业也对这些数据集拥有实际控制权。因此，个人数据的产生者及收集政务数据的政府是否拥有数据的收益权，也是司法争议的重要问题之一。

可以看出，由于数据权属和内容缺乏明确的法律规定，在司法实践中主要使用《中华人民共和国合同法》和《中华人民共和国反不正当竞争法》两种法律。《中华人民共和国合同法》所起的数据权属救济作用需要在签订合同的前提下进行，但数据权属案件很多是由于第三方介入侵权造成的，第三方并未与被侵权方签订合同，此时法律能起到的作用很有限。《中华人民共和国反不正当竞争法》中主要是一般性条款，这些条款是用数据侵权影响市场竞争的逻辑进行判决，一般性条款并未在立法中被明确承认，使用中受法官的主观影响较大，并且对企业的数据权属保护有限。由于不具有绝对性，需要企业提供自身被侵权并有实际损失证据，还要证明对方侵权行为具有可责性，这都增大了维权难度，司法实践也颇有障碍。

对数据权属进行界定的目的在于明确数据权益的分配机制，从而规范和推动数据产业的进步，顺应大数据时代发展的趋势。明确个人和企业所享有的不同权益，能够使企业在数据竞争中尽可能规避风险，合理获取并利用数据。企业在取得商业利益的同时，也能保障公共利益以及数据提供者的个人权益。

4.6 数据交易流通的国际经验

数据的交易流通是实现数据价值化的过程。在数据流通中，当数据资源带来经济价值时，数据就成了名副其实的数据要素。数据价值化通常是指以数据资源化作为最初的价值化形式，随后逐渐实现数据资产化、数据资本化，从而最终实现数据价值化的经济全过程。数据经济发展的核心在于数据能够交换流通、共享使用和交易。近年来，全球数据需求不断增加，尤其是在全球经济衰退的影响下，有形商品和无形资本流动受阻，数字经济逆流而上，发展迅速，因受全球供应链影响较小，国际数据交易流通市场保持了正常的发展速度。

根据国际数据公司（International Data Corporation）发布的《数据时代2025》，2025年全球每年产生的数据将从2018年的33ZB（1ZB=10万亿字节）增长至175ZB。国际数据的大量生产为数字经济的发展奠定了基础，在良好的数字经济发展环境以及制度建设下，数据交易市场正在蓬勃发展，加上数据资产化进程的加快和新兴技术的不断融合，数据交易呈现稳步发展的态势。

据On Audience统计，2017—2019年全球最大的五个数据市场的交易增长率均在20%

以上（见表 4-1）。中国数据市场发展迅速，交易值增速在全球遥遥领先，2019 年也在 60% 以上，达到 23.93 亿美元的规模，超过英国的 23.55 亿美元。

表 4-1　2017—2019 年全球五大数据市场的交易值和增长率

国家	2017 年		2018 年		2019 年	
	市场交易值/亿美元	增长率/%	市场交易值/亿美元	增长率/%	市场交易值/亿美元	增长率/%
美国	97.82	34.9	123.41	26.2	152.09	23.2
英国	14.52	22.3	18.82	29.6	23.55	25.1
中国	7.47	127.2	14.61	95.5	23.93	63.8
加拿大	4.53	30.1	5.88	29.7	7.69	30.6
法国	2.32	56.4	3.41	46.8	4.70	37.8

数据来源：On Audience.com, Global Data Market Size 2017—2019.

4.6.1　世界主要经济体数据交易流通概况

1. 欧盟数据交易流通实践

欧盟的数据流通实践一直位于国际前列，欧盟数据保护委员会（European Data Protection Board，EDPB）已发布超过 20 项指南来满足《通用数据保护条例》（General Data Protection Regulation，GDPR）的有关要求。

目前，欧盟在数据治理方面也较为领先，不断探索数据治理规则，完善数据流动制度保障，促进数字经济的数据交易市场发展。近年来，欧盟推出了数据战略以及相关法案和政策法规，以确保欧盟能够在数据流动交易过程中占据主导地位。欧盟的数据交易流通发展打破了不同成员国之间的"数据孤岛"现象。为了更好地发展数据交易市场，2015 年 6 月，欧盟委员会启动了"单一数字市场战略"，走出了欧盟数据战略的第一步，以消除欧盟成员国之间数据交易流通的制度障碍，将成员国整合成统一的数据市场。

为了实现欧盟单一数据市场，强化在数字经济方面的技术主权，提升区域数据经济企业新型竞争力，欧盟委员会于 2020 年 2 月发布了《欧洲数据战略》，以更好地指导欧盟企业的数字化转型工作。数据战略目标之一是有效利用公共数据和推动数据交易流通，推动中小企业发展。欧盟在数据流通方面加强了数据基础设施建设，主要措施包括：①投资重大影响力项目，开发共同欧洲数据空间和互联云基础设施，为数据流通提供技术基础。②加大对公众数据素养的投入，并通过实施数字欧洲方案帮助数据市场中的中小企业发展。此外，欧盟还在公共利益领域发展共同的欧洲数据空间。除了开放科学云以外，欧盟还在建设制造业、环保、移动、卫生等九大行业的数据空间。

在数据战略方面，欧盟致力于打造企业和公共部门数据核心竞争力，以实现"使欧盟成为数据战略实施方面的全球典范"这一美好愿景。2020 年 11 月，欧盟发布了《数据治理法案》的拟议草案，在数据战略实施的道路上持续前进，为促进欧盟内各部门和成员国间的数据共享提供了法律框架。2022 年 3 月，欧盟委员会公布了《数据法案》草案，在欧盟内部数据流动方面，扩大了数据主体获取非用户隐私数据的范围和共享路径；在增强中小企业数据共享谈判能力方面，构建了较为公平公正、完善有序的权责体系。《数据法案》解决了法律、经济和技术等相关问题，有助于释放欧盟数据治理规则和价值观的数据经济潜力。《数据法案》和《数据治理法案》在促进和保障数据交易流通实践方面是平行互补的关系，这两部法案又与 2018 年生效的 GDPR 结合与互补。欧盟还积极对其他主要国家实行数据交易合作国际化策略，推动自己的数据合规标准在更多区域内适用。

2. 美国数据交易流通实践

借助先进的技术手段和庞大的数据资源，美国数据流通市场发展迅速。据统计，全球规模最大的美国数据市场在 2019 年交易值已达到 152.09 亿美元。对于个人数据交易流通，美国政府采取了经济性与自由性相结合的方式，从而有效利用数据的经济价值。在推行数据自由流动模式的同时，美国对国内数据的监管也比较严格。美国设立了外资安全审查委员会（CFIUS）专门审查国内数据的安全，2018 年的《外国投资风险审查现代化法》更是增强了 CFIUS 的授权和现代化。在跨境数据流动方面，由于许多美国大型跨国企业，如亚马逊、谷歌等，需要获取大量数据再进行处理，因此，美国政府鼓励数据跨境流动贸易。数据流通阻碍较少，促进了其他国家与美国数据企业建立合作，并加入美国主导的数据流动体系。在数据跨境流动方面，2018 年美国颁布了《澄清境外数据的合法使用法》（以下简称《云法案》）。《云法案》规定，符合条件的外国政府加入签订数据流动协议后，可以直接命令美国境内的组织传送数据，美国也可以根据协议相应条款直接获取该成员国或地区境内组织的数据信息，但《云法案》确立了"数据控制者"标准，即只有符合"数据控制者"标准的国家或地区才能与美国进行数据交换。这意味着与美国进行数据交流的国家或地区必须放弃自身的个人信息保护标准。该法案一方面促使全球大量信息数据流入美国，另一方面也成为美国合法化收集信息数据的工具。

3. 韩国数据交易流通实践

2013 年，在"创意经济"方针下，韩国多个部门提出了具体的大数据发展计划，韩国的数据政策模式由政府管理的保守谨慎理念转向绿色创新和共享开放的理念。2011 年至 2017 年，韩国提出了构建英特尔综合数据库，制定了大数据未来发展环境的重要战略规划，并发布了《第五次国家信息化基本计划》等多项大数据中心战略。2020 年韩国宣布了"韩国新政计划"，以让"数据、网络和人工智能"刻入韩国经济发展的 DNA，实现经济社会全面数字化转型的新生态。2022 年韩国科学技术信息通信部发布了《大韩民国数字战略》，从数字创新技术的研发、打造数字教育体系、培育数字平台产业等方面提出了 5 个战略方向、19 项具体任务。2023 年韩国国家数据委员会审议了《第一批数据产业振兴基本规划》，制定了未来三年数字经济发展的多项重大任务。根据《釜山日报》2022年 4 月的新闻报道，韩国政府自 20 日起实行《数据产业法》，以促进数据市场的交易流通，从而提高韩国数据产业竞争力。该法案显示，韩国将设立"国家数据政策委员会"组织，还有和数据产业发展良好运行相配套、提供保障的"专业委员会"和"事务局"

等组织，韩国的中央行政机关制定并实行"跨政府数据产业振兴基本计划"，包括促进数据生产、交易、使用、保护及培养数据行业专业人才等，为数据流通发展提供基础；其中还提到将严格审查"数据交易师"这一职业的从业资格和标准，为数据产业发展夯实基础并促进就业。

4. 日本数据交易流通实践

日本通过颁布和修改《个人信息保护法》（Act on the Protection of Personal Information，APPI）等相关法案为数据市场流通提供保障，倡导"政府指导，民间主导"的发展模式，发布《官民数据活用推进基本法》以推动公共信息资源利用的高效化，成立数据流通推进协会，通过学术会议、示范应用推介以推进数据流通交易，对数据流通进行研究并给出相关立法建议，规范数据市场流通标准。为了推动日本企业共享、交换、交易、利用数据资源，数据流通推进协会专门设立数据利用委员会，通过举办学术会议、数据利用大赛等多种形式，推进数据流通技术的研究和数据交易市场的推广。在数据跨境流通方面，日本政府积极与欧盟展开合作，对接欧盟法案中的数据保护规则，再提出补充规则来消除欧盟与日本数据流通的障碍，推进日本数据交易流通走向世界。

日本非常注重大数据战略的实施，2012年总务省发布"活跃ICT日本"新综合战略，以增强ICT领域的国际竞争力；在2013年发布的《创建最尖端IT国家宣言》中详细阐述了日本未来五年的战略规划；2021年日本宣布了首个全面的国家数据战略（NDS），旨在为建立数字社会奠定基础，并为此专门成立了数字厅。

4.6.2　国际数据流通实践经验

1. 制定数据交易流通制度规则，促进数据市场的发展

重视并发展数据经纪行业。美国在数据保护立法中比较重视对数据经纪商和中介的管理，这是由于美国数据市场交易中比较常用的交易模式是数据平台B2B2C分销集销的混合模式。这种模式需要数据经纪商在数据平台中收集数据，处理数据后进行转让，该模式为数据交易带来了便利性和品种的多样化。经纪商通过政府渠道、商业合作以及其他公开数据渠道获取数据，经纪商之间也会互相交易数据。美国政府为了保护数据安全和隐私，出台了法案对数据经纪商进行管理，美国联邦贸易委员会（Federal Trade Commission，FTC）在对数据经纪商进行调查后，于2014年发布了《数据经纪商：呼吁透明度与问责制》（Data Brokers: A Call for Transparency and Accountability），对提供数据服务的经纪商提出了合规性操作要求。

2. 重视并建立数据跨境流通机制，促进国际数据交易流通

审视世界主要经济体对数据交易流通的合规性要求可以发现，虽然这些国家的法案规定不同，但都对数据跨境流通给予了高度重视。美国在贸易不断发展的利益驱动下，也积极推动数据流通，并在国际社会上大力倡导数据跨境自由流动，与欧盟先后签订了《安全港协议》（Safe Harbor）和《隐私盾协议》（Privacy Shield），还通过亚太经合组织

（Asia-Pacific Economic Cooperation，APEC）推进《亚洲太平洋经济合作组织隐私框架》（APEC Privacy Framework）的实施。欧盟也通过出台《通用数据保护条例》（General Data Protection Regulation，GDPR）消除数据流通规则在不同成员国的不适用性，使数据能在欧盟成员国之间自由流动。《非个人数据在欧盟境内自由流动框架条例》则保证了成员国之间能够及时获取和使用对方数据，有效消除了数据本地化的强制要求。日本为了促进数据跨境流通交易，遵守和对接欧盟数据交易规则，在2019年1月与欧盟实现了互认，能够自由流通数据。

3. 统一数据交易流通规则，打破"数据孤岛"现象

2012—2014年，西班牙、意大利、瑞典、土耳其四国为了打破数据流通障碍，建立了统一的数据池。2016年，欧盟也通过出台《通用数据保护条例》，消除数据流通规则在不同成员国的不适用性，将成员国统一为一个大的数据流通市场。2018年，欧盟委员会发布《建立一个共同的欧盟数据空间》（Towards a Common European Data Space），促进数据在公共部门和私营部门之间的流通和公开。2009年，美国奥巴马政府依据《透明开放的政府》（Transparency and Open Government）推出统一数据开放门户网站Data.gov，统一了各联邦机构公开数据的分类、整合，以及上传流通的标准，实现了政府数据的标准化、开放和共享，消除了数据市场中不同部门的流通障碍。

4. 完善数据产权（权属）制度，保障数据交易流通有效运行

欧盟等国家和地区都对数据权属及隐私保护给出了详细规定，其中欧盟的《通用数据保护条例》被称为最严格的个人数据隐私保护法。FTC的《数据经纪商：呼吁透明度与问责制》对提供数据服务的经纪商在数据交易流通中的责任以及可以使用的数据提出了严格规定。日本的《人工智能和数据利用指南》（Contract Guidelines on Utilization of AI and Data）从数据质量和隐私的角度进行结构化分类，通过数据分类分级管理明晰数据产权促进数据流通。在数据交易流通频繁发生、数据成为新型生产要素的背景下，很多国家都出台了数据产权的相关法案。各国均从当地实际情况出发，结合数据产业发展需求以及当地文化传统、法律制度，从保护数据权属出发，探索数据保护和共享的新发展趋势。

5. 规范管理数据市场竞争态势，加强反垄断监管

数据市场的繁荣发展给传统市场竞争秩序带来了挑战，促使政府进一步优化数据市场竞争秩序。2022年欧盟委员会相继推出《数字市场法》（Digital Markets Act，DMA）和《数字服务法》（Digital Services Act，DSA），两部法案都提到要通过数据市场的共享推动当地数字经济的进一步发展，促进数据交易流通。《数字市场法》与《数字服务法》对数据市场的管理重点不同：《数字市场法》是为了保证数据市场的良性竞争，重点关注大型数字企业间发生的竞争，关注跨国科技大型企业是否凭借其垄断优势在欧洲市场破坏竞争，增强其市场优势；《数字服务法》则是主要保护数据消费者，规范企业行为。这两部法案是20年来欧盟在数据产业方面的重要法案，详细给出了统一的欧盟数字规则，

通过法案规制美国科技大型企业在欧盟数据市场的破坏竞争行为。

　　上述两部法案为欧盟建立了数据反垄断体系监管制度，对全球很多国家探索数据市场制度立法、优化市场竞争、保护数据市场用户权益具有重大借鉴意义。欧盟之所以重视数据反垄断监管，是因为近 20 年来，欧盟在数据市场的竞争力与美国相比有明显劣势，美国大型科技企业在欧盟数据市场有很大的市场优势，而欧盟当地的数字企业则依赖于美国的技术，发展缓慢，这引起了欧盟政府的重视。这两部法案也是欧盟为促进本土数据市场数据交易流通而颁布的，旨在为本土数据企业提供发展机遇。

　　2014 年，我国首次将大数据写入政府工作文件。此后相继出台了系统部署大数据发展工作的《促进大数据发展行动纲要》、为推动我国大数据产业高质量发展的《"十四五"大数据产业发展规划》等数据政策。2020 年，《关于构建更加完善的要素市场化配置体制机制的意见》首次将数据作为生产要素写入政策文件。目前，数据已经成为我国的重要生产要素以及战略性生产力。总结和汲取国际主要国家的数据要素流通交易经验，能更好地治理我国数据市场，尤其是加速我国数据市场从促进使用数据要素生产向高效发挥数据要素转变的关键作用，优化数据流通市场的配置方向，从而建立符合我国社会经济发展的数据基础制度。

即测即练

自学自测　　　　扫描此码

第 5 章

数据风险规制

◇ **在本章中，我们将要学习、理解和掌握：**

- 数据风险的识别
- 数据市场秩序监管
- 数据风险执法机制
- 我国数据安全立法的内容和现状
- 主要国家规制数据风险的措施和政策启示

◇ **导入案例**

滴滴出行大数据泄露事件

2021 年 7 月 2 日，网络安全审查办公室发布公告，对滴滴出行进行网络安全审查。公告称此举是考虑到国家数据安全风险，维护公共利益以及国家安全。值得注意的是，同年 6 月 30 日，滴滴出行在纽交所挂牌上市，有新闻报道称审查也许是因为滴滴出行在美国上市过程中涉及数据跨境传输违规行为。之后，网信办再次发布公告，其中提及收到关于滴滴出行的数据安全风险以及泄露风险等举报，由相关部门核实后认定滴滴出行存在违反规定越界收集用户个人信息的行为，严重损害了消费者的个人数据安全权益。根据《中华人民共和国数据安全法》的规定，要求滴滴出行在各大应用商店中下架，并停止该应用的新用户注册业务，根据相关法律规定严格整改数据泄露风险问题。同年 7 月 21 日，国家互联网信息办公室依据法律，再次对滴滴出行公司罚款 80.26 亿元。同时，滴滴公司董事长、总裁等高层人员也被处以每人 100 万元的罚款。

滴滴出行案例提醒我们注意，随着数据要素在社会经济发展中的影响力不断提升，不当使用数据可能带来风险。近年来，个人信息泄露、数据滥用等事件频繁发生，数据使用带来的风险不仅危及个人信息安全，更可能对国家安全造成威胁。因此，降低和规避数据的使用风险，首先需要识别数据及其使用可能带来的风险类型，借鉴国内外规制数据风险的经验，基于数据资源的特性，制定维护数据市场秩序的有效执法机制和监管措施。

5.1 数据风险的识别

当前，数据已成为我国经济发展过程中重要的生产要素。数据的使用在给社会经济发展带来便利的同时，也带来了数据滥用风险和数据安全风险，这种风险不仅会影响数据市场的交易流通，也会阻碍数据价值的释放。

5.1.1 数据滥用风险

工业和信息化部在 2021 年研究起草的《工业和信息化领域数据安全风险信息报送与共享工作指引（试行）》中首次提到，数据滥用是现存的数据安全风险之一。数据滥用风险主要是指超过一定范围和时间，或者超出数据控制者可以使用的用途范围，并依然使用和牟利所带来的数据使用风险。数据滥用的一种表现是价格操纵。在数据市场，一些企业以及互联网平台会运用他们掌握的消费者的个人数据信息对不同的消费者制定不同的价格，这种行为也称作"大数据杀熟"，严重侵犯了消费者权益，破坏了市场的正常竞争秩序。

大数据时代，平台用户以及消费者在网络上的浏览、购买等活动都会在网络中留下数据记录，互联网企业通过技术手段收集用户的个人信息，并使用画像技术对消费者的习惯、偏好和生活环境进行分析。技术的不断发展方便了企业掌握用户的支付能力、偏好以及意愿，然而数据要素具有网络效应，容易被复制和重复使用，可以同时被多个主体和数据平台获取和利用，实现规模收益递增，并最终形成大平台寡头竞争格局。上述情况在数据市场的细分领域尤其明显。用户长时间使用某个平台后，会积累大量数据，加深用户对平台的依赖度，这促使本就拥有市场优势的平台企业发展得更快，并促使这些企业获得能够控制市场价格的能力。此外，服务价格对不同消费者来说不具有透明度。拥有市场垄断优势的平台企业，通过技术手段可以推测消费者的偏好以及支付意愿，进而利用数据的锁定效应减少消费者寻求其他产品服务的替代选择。

数据滥用风险会促使平台企业依靠技术优势获得更多数据，这加剧了企业与消费者之间，以及企业与其他平台企业之间的信息不对称问题。利用数据算法改变价格或产品市场的供需情况，从而获得利润，这种做法会破坏数据市场的竞争秩序，并损害消费者、用户以及厂商的合法权益。

5.1.2 数据泄露风险

从数据安全层面出发，数据在使用中被恶意获取再转移，最终发布到不安全的平台上，会造成数据泄露风险。随着数据市场的不断发展，数据作为新型生产要素，其重要程度不断上升，很多企业以及所在行业都遭受过数据泄露。数据泄露的主要原因是系统漏洞和黑客攻击导致的风险。在系统存在漏洞的情况下，容易招致黑客攻击或引发系统运行故障。近年来，随着智能互联网的发展，网络爬虫成为企业获取用户信息的重要方式。由于网络爬虫（网页蜘蛛、网络机器人等）技术的使用造成的数据泄露案件也在增多，之所以产生这样的风险，是因为平台存在系统安全漏洞。

5.1.3　数据违规传输风险

数据违规传输也是数据安全风险的一类，是指未经同意或不在法律法规允许的范围内对数据进行传输所带来的风险。在我国，此类风险主要是企业将数据跨境传输所带来的。

近年来，我国网络信息安全部门的工作重点之一就是对数据跨境传输合规性进行审查。目前，我国已陆续出台多部针对企业数据跨境传输合规性的法律法规。如《中华人民共和国国家安全法》《中华人民共和国网络安全法》《中华人民共和国数据安全法》等，这些法律对数据跨境传输过程中的违法行为进行了详细的规定，数据违法跨境传输不仅会被追究行政责任，甚至会涉及刑事责任。

5.1.4　数据非法访问风险

数据非法访问风险是指平台企业在未经授权的情况下，非法访问用户数据而给用户带来使用风险。除了用户在使用 App 时平台可能会未经授权获取用户手机隐私权限以外，也有企业制作可以收集用户私人隐私的插件工具，如 2019 年某企业研发探针盒子工具，在用户打开无线局域网时获取其年龄、电话、性别等私密信息，再运用画像技术进行精准营销从而获利。在使用互联网 App 时，很多用户遭遇过只要不同意 App 的位置、相册等权限就无法使用的情况，还有些 App 将"用户同意上传个人信息"作为默认勾选项，并用小字体设置在用户使用 App 协议中，这使很多用户在没有察觉或是被迫情况下同意了此类霸王条款，从而导致数据面临非法访问的风险。

2021 年 7 月，工信部责令 38 款 App 进行限期整改，原因是这些 App 在用户使用过程中，多次要求访问用户手机的安全权限，超过平台规定的服务范围进行数据收集。许多用户为了使用平台服务，只得同意其访问手机安全权限，但企业未经授权获取数据可能会使消费者遭受推销、诈骗电话的骚扰，同时也为数据犯罪提供了可乘之机。

5.1.5　数据流量异常风险

流量异常风险也是数据安全风险的一种，主要是指使用数据产生的流量规模发生异常、内容异常带来的风险。数据平台在运营中可能出现数据流量突然持续下降，且下降比例超过一半，连续多天没有明显增幅的情况。这种情况可能是平台管理出现问题，也可能是平台安全出现问题。由于平台出现系统漏洞而使黑客侵入，因此产生大量低质、垃圾网页内容，这些都会影响平台流量，造成流量异常或内容质量下降。

5.1.6　数据篡改风险

数据篡改风险是指数据在使用过程中由于被删除、增加或减少内容而造成的修改所带来的风险。在数据市场，一些平台由于系统问题、存储故障而造成数据损坏和错误，有时人为操作也可能导致数据篡改，而一些恶意软件会故意篡改用户数据。无论恶意修改数据还是由于系统存储故障无意间造成的数据修改，都会破坏数据的完整性。只有准确、完整和可靠的数据才能保证计算机系统正常运转，数据篡改可能导致数据运行出现问题，因此，特殊部门在修改数据时会使用控制软件维护和保存文档，确保数据不被篡改。

5.2　数据市场秩序监管

大数据时代，数据作为新型生产要素，正在重塑市场秩序、重组市场资源。社会生产领域对数据以及数字技术的大规模应用，使数据市场的运行规则随之发生变化。数字技术促使新产品和服务不断涌现，数据市场的交易频率加快、交易程度加深，交易手段也在数字技术下不断创新，交易规则和交易关系也在快速变化，从而影响数据市场的秩序。

5.2.1　数据市场秩序的新特点

数据交易平台是数据市场中的重要主体，数据的特性使传统市场秩序发生了改变，在传统市场秩序失效的同时也给监管带来了挑战。

目前，数据的交易方式主要包括在线交易、离线交易和托管交易。由于缺乏有效的监管和明确的法律保障，还存在交易中心之外的"黑市"和"灰市"交易。随着数据交易合规性要求的日益严格，公众保护个人信息和隐私的呼声越来越高，相关政策法规逐渐出台，加之政府对违规经营的严厉打击，数据流通市场从2017年起就进入了调整期。随着数字中国成为国家战略，数据市场的发展也展现了新的特点。

1. 数据成为行业竞争的关键因素

在大数据时代，数据已经成为很多企业的重要资产，同时也是行业快速发展的关键要素。平台作为数据市场的主体，不仅是数据的生产者，也是控制者。同时，平台还是数据市场的基础设施提供者，这可能造成平台的不公正交易。

2. 市场竞争格局改变

在数据市场，寡头竞争是比较典型的竞争形式。在数字经济时代，网络外部性广泛存在于各种细分行业。在网络外部性下，平台型企业往往出现规模收益递增现象。大型企业可以占据较大的市场份额，而小型企业则只能竞争较小的市场份额，或者在竞争中被淘汰。因此，许多数字经济细分行业往往呈现出明显的寡头竞争。比如，在社交网络领域，腾讯占据优势地位，而脉脉等则成为挑战者；在搜索引擎领域，百度占据了大部分市场份额，而搜狗、360 搜索等则瓜分了剩余市场份额；在电子商务领域，阿里巴巴的淘宝、天猫占据了大量市场，京东、苏宁等在特定领域也获得了一定的竞争优势。

3. 平台在数据市场中充当竞争媒介

大数据时代，数据是发展数字经济的重要因素，数据作为新兴要素在市场交易流通中需要平台作为媒介。平台的存在能够明显降低交易双方搜集信息、匹配挑选等交易成本，在数字经济发展的生态系统中成为重要的行为主体，在数据生产、收集、组织交易等方面发挥重要作用。数据交易所、互联网平台、数据中介商、数据经纪服务平台和政府都是组织数据交易的主要平台。

4. 数据市场中的平台跨界发展，流通交易呈现多层次

数据市场主要以平台为主要组织载体。由于数据生产者、数据中介、数据产品和服务终端用户的交易过程涉及多层次的交易对象，故表现出一定的网络效应。平台不仅是数据市场的重要主体，也是市场中的秩序维护者。以往传统市场交易过程一般涉及供给方和需求方，但在数据市场中可能单次涉及多方交易：数据生产者可以直接与服务终端用户交易，也可以通过中介平台实现交易；数据中介和中介平台也能够直接交易。交易中除了涉及传统的货物和金钱以外，还涉及数据、广告等。因此，传统市场的自发秩序可能无法完全满足平台企业对交易秩序的需要。

数据市场的新秩序使市场关系复杂且与传统市场大不相同，这打破了以往市场自发秩序的规范规则（市场交易规则透明以及事前契约），给市场传统秩序带来了挑战。数据市场竞争结果可能影响市场福利。在传统反垄断监管中，反垄断依据的基本价值标准是垄断行为阻碍和排斥了竞争、降低了社会福利等技术方面的判断。而在数字经济时代，关于数据垄断行为对竞争和福利的影响具有很大的不确定性。即使是被当前反垄断法认定的数据垄断行为，在某些情况下，数据资源集中或者不同企业在算法上的合作带来的正面影响可能会远大于负面影响。该情况在欧盟多项数字经济领域重大并购案中得到有效验证。在考虑数据集中对竞争影响的前提下，得出的结论是：数据集中与竞争之间并没有显著的相关关系。因此，对数据市场的竞争行为或者垄断行为的福利后果的判断，需要考虑数据要素的经济特性，以及对相应行业的产业结构和特性进行评估。

5.2.2 数据市场平台自治技术秩序

数字时代，数据交易平台以及大型互联网平台组成了数据市场，众多市场主体在平台上进行经济活动和社会交往。平台上聚集了大量的生产者和消费者，产生了海量且高频的交易数据，所要处理的纠纷和问题数量巨大，远远超出传统政府监管和法律适应能力。由于传统制度秩序部分失效，平台便自发维护市场中的秩序，即为自治秩序。而在数字技术背景下，自治需要以平台的技术作为基础，也就形成了平台自治技术秩序。

海量数据和智能算法是数字平台自治的监管支撑。一方面，算法可以根据用户上传

的投诉图片，识别其中的有效信息以设定规则进行分类汇总；另一方面，算法根据特定的字段分析消费者的评论，有效识别用户情绪，总结共性问题。这些数据将被汇总、梳理、筛选到数据中台中，平台方再结合数据埋点技术获取消费者各个交易环节的数据，进行数据分析，确定产品改进方向，预警违规违法风险。算法赋予数字平台场景化和精细化治理的核心思路，构成了平台自治秩序的技术基础。除此之外，技术秩序实施过程中无须额外成本。例如，线上支付系统能显著降低电信诈骗风险，信息审查和过滤机制能够保护数据隐私安全，这是其区别于行政监管和法律法规的重要特点。

在数字信息时代，信息和评价的传播成本下降，因此传播速度明显加快，传播范围也逐渐扩大。许多互联网平台通过建立评价机制和信用声誉评价制度，在收集客户消费信息的同时，提高自治技术水平。大量消费者在接受服务后进行评价，这样的评价数量多、产生频率高、客观性较强，有助于平台完善数字产品。评价制度不仅能够规范平台中的服务提供商，还能够提高消费者接收信息的透明度，缓解信息不对称问题，形成平台自治的技术秩序。因此，相比自发秩序，技术秩序下的平台自治能够提高平台声誉。

同时，在技术支撑的秩序下，政府能够通过平台和高新技术进一步加强制度和法律监管，对特定违法违规市场行为进行审查和监督。数据市场在发展中形成的平台自治虽不完美，却切实可行。比如，保护消费者权益，对平台内容进行审核；保护知识产权，处理数据市场中的纠纷等。

5.2.3　数据市场秩序监管现状及不足

平台自治一般是与数据市场中的其他消费者以及平台签订协议。与法律法规相比，平台自治协议没有强制威慑力，所发挥的监管作用有限。当遇到严重的违法违规行为时，仍需要寻求监管部门以及法律方面的帮助。因此，政府对于数据市场秩序的监管也是必要的。

目前，我国已经形成了以决定和意见、法律规章、规划纲要、地方法规等为主要架构的数据市场流通交易的监管体系。在决定和意见方面，党的十九届四中全会《中共中央关于坚持和完善中国特色社会主义制度推进国家治理体系和治理能力现代化若干重大问题的决定》提出"创新行政管理和服务方式，加快推进全国一体化政务服务平台建设"。在法律法规方面，现已出台《中华人民共和国数据安全法》《中华人民共和国电子签名法》《中华人民共和国网络安全法》《中华人民共和国政府信息公开条例》《网络安全等级保护条例》《数据出境安全评估办法》《区块链信息服务管理规定》等法律规章，强调了数据交易开放以及监管的重要性。在规划纲要方面，《促进大数据发展行动纲要》《国家信息化发展战略纲要》强调要结合我国现阶段数据交易场所的特点，构建互联互通、安全规范、高效活跃、梯次发展的国家数据市场交易体系。《2019 中国地方政府数据开放报告》显示，上海市和贵阳市是我国地方政府数据开放平台建设可借鉴、可推广的榜样。2017 年，贵阳市上线了全国首个地级市一体化的政府数据开放平台；上海市健全了公共数据开放的法律法规体系，于 2019 年出台了《上海市公共数据开放暂行办法》。此外，各地成立的大数据交易中心（所）也在积极探索构建完善的数据要素交易流通制度框架，形成包括数据互联规则、个人数据保护原则、流通数据处理准则、交易标准体系、流通数据禁止清单等在内的保障数据要素流通和交易的市场规则体系。

同时，政府也在积极推动数据市场中互联网平台的监管。一是加强以《关于促进平台经济规范健康发展的指导意见》为核心的顶层设计，充分认识互联网平台主体特征、跨界融合、生态建设的特点，为复杂而长期的互联网平台监管工程提供行动指导。二是健全互联网平台竞争监管制度，以规则为首，持续完善以《中华人民共和国反不正当竞争法》《中华人民共和国反垄断法》为主体的法规体系，有针对性地完善互联网市场监管的法律条文，强化法律效力。进一步协调《中华人民共和国电子商务法》与产业政策的联动，动态调整法律的框架体系以提升监管效能。三是平衡包容审慎与依法及时的监管原则。我国监管部门一直以来秉持的包容审慎的竞争监管理念，毫无疑问，促进了互联网平台经济的发展。在原则的把控力度上，我国正在不断寻找包容审慎和依法及时的最佳平衡点，避免互联网平台破坏市场秩序、损害消费者权益事件的发生。

以上数据市场秩序以及平台的监管措施都表明，我国正在积极维护数据市场的正常秩序，探索构建新型数据市场秩序监管新体制，但是当前监管仍然存在以下几个方面的不足。

1. 数据确权及个人权责监管不清晰

虽然《中华人民共和国网络安全法》《中华人民共和国民法典》等都对个人信息的交易使用进行了较为严格的限制，但对于执行中的权责划分等尚未明确，对于政企互动中政府的责任也尚未明晰，还存在监管部门执法不严、政府向企业索要数据的现象。

2. 数据市场监管协调难度大

目前，数据市场监管主体较为分散，管理架构存在问题，如国家网信办、证监会、国家发展改革委等部门都承担一定的监管责任，但对于跨行业的数据融合以及交易的统筹监管实践较为困难。行业管理方式下的监管容易出现重复监管、监管边界模糊和职责交叉等问题。国家网信办仅具有加强网络信息保护和维护互联网安全的功能，但是《中华人民共和国网络安全法》只赋予其统筹协调的责任，缺少授权统一的数据监管保护机构。

3. 数据市场侵权处罚力度以及事前监管力度尚需加强

当前的数据市场秩序监管手段中，刑事打击以及追责比较常见，但这些手段主要在事后使用；专项行动是在市场秩序安全出现严重问题后进行的。由于多数监管手段缺乏主动性，导致很多违法行为难以得到有效的治理。

数据市场秩序有效运行的前提是数据安全得到保障。与欧洲相比，我国数据安全处罚力度较低，对比《中华人民共和国数据安全法》与欧盟《通用数据保护条例》可知，我国对拒不改正或者造成大量数据泄露等严重后果的案件，处 10 万元以上 100 万元以下罚款。而欧盟对最低一档案件的最高处罚金额也达到 1000 万欧元或公司全球 2% 的营收，欧盟的处罚力度远远大于我国。

5.2.4 数据市场秩序建设

我国已经建立起监管数据市场的法律体系，但随着数据市场交易中心的发展，监管体系仍然存在治理机制不完备、监管不完善、执行机制不灵活等问题。

基于数据市场秩序的监管现状以及不足，可以从以下几个方面加强数据市场秩序的监管建设。

1. 统筹建设数据监管机制

建立数据要素市场部门间联席会议，统筹协调工业和信息化部、商务部、国家发展改革委、国家网信办、市场监管总局等部门管理职责，加强对数据要素市场特别是流通交易的统筹监管。健全数据市场交易平台监管，并明确中央以及地方层面相关部门监管的界限内容。

2. 产权界定清晰化

加快推进数据确权立法实践，不断完善产权制度，将个人、企业平台以及政府等不同主体的数据产权边界清晰化，通过明确不同主体的责任和权利，规范市场行为。

3. 以数据资产安全为前提推进监管

为了更好地建立数据交易市场秩序，需要进一步加强数据安全风险监测和数据资源安全保护，推进数据安全风险评估体系建设，完善数据安全管理体系。

为保障数据市场主体的合法权利，要增强法律的威慑力，执法必严，违法必究，提升犯罪成本的上限，降低犯罪的"经济效益"。对于侵犯消费者个人隐私的违法平台，一是停止平台运营，对参与违法犯罪的相关人员，在追究刑事责任的同时，禁止其再进入该行业工作；二是公布重大案例，充分发挥案件的警示作用，引领互联网行业的法治风尚，大力弘扬市场的法治精神。

4. 提高监管效率，丰富监管手段

传统监管政策和法规具有一定的时滞性，政府需要仔细考虑和斟酌后才能颁布，以保证法律法规的长期稳定执行。但在快速发展的大数据时代，数据市场的主体和平台发展变化速度快，平台之间的数据交易规模较大，很容易出现市场垄断问题和违规行为。因此，行政制度和政策法规需要根据外部市场环境变化及时商讨制定，并不断完善。对于大型互联网平台以及典型事件，可以使用"一平台一对策""一件事一方法"。对于发展迅速多变的数据市场，政府监管也需要与时俱进，不断创新理念与对策；同时，社会对监管部门也要有合理的期待和评判标准。

5.3 数据风险执法机制

政府对数据市场交易流通以及安全监管的执法机制可以分为四类：个人信息保护及数据泄露通知执行机制、数据分级分类安全监管执行机制、数据跨境流动风险监管执行机制和网络安全审查执行机制。

5.3.1 个人信息保护及数据泄露通知执行机制

个人信息是每个公民的重要隐私，涉及公民的切身利益。个人信息保护的执行机制是我国数据安全监管的核心内容。在执行机制上，《关于加强网络信息保护的决定》明确阐述了涉及个人隐私电子信息的违法行为。消费者的个人信息保护的重要性在 2013 年的《中华人民共和国消费者权益保护法》中再次被提及。2017 年 6 月开始正式实施的《中华人民共和国网络安全法》中列出了网络空间中个人信息保护的条款，这也是该法案的重点内容之一。在刑法修正案中更是提出对严重违反个人信息安全的行为实施严厉的有期徒刑处罚措施。2021 年 11 月 1 日，《中华人民共和国个人信息保护法》正式实施，对个人信息的处理、使用进行了严格的规定，并禁止"大数据杀熟"等侵害个人隐私的行为，规定了个人信息的合规处理规则。保护法中明确了对个人信息的合法处理规则：一是个人对自己的信息享有知情、查询、修改、删除等权利，数据处理者要制定专人负责制度，定期进行数据安全合规审计，并制定应急补救措施；二是在处理个人信息的各个阶段，对于不同类型的数据提出针对性的要求；三是设立了严格处理敏感个人信息的程序；四是专门规定了国家机关要在相应的权限范围内遵守法律规定，在行政规则下处理个人信息；五是对个人信息的跨境流动安全以及合规性进行了规定。

除了建立个人信息的保护执行机制，还需要应对数据被盗取或泄露问题。在数据存在泄露隐患或已经发生未授权访问时，鉴于数据泄露风险可能危及数据资产的完整性，数据处理的责任主体应通过多渠道预警机制向监管机构、主管部门及用户履行法定通报义务，确保相关方能实时掌握态势并启动应急处置预案。数据泄露通知执行机制是数据风险执行机制的重要组成部分，以便在出现数据泄露风险时能够及时采取保护和补救措施，从而抑制或消除数据安全风险。现有法律已对信息泄露通知执行机制进行了相应规定，《关于加强网络信息保护的决定》给信息安全提供了切实的法律保障，对于保护个人隐私安全、保护网络环境的稳定具有深远意义。在第二次修改《中华人民共和国消费者权益保护法》时，将其中的信息保密工作、信息泄露风险、信息保护措施相关内容予以纳入。2013 年 6 月，工信部发布的《电信和互联网用户个人信息保护规定》明确提出，对于严重危害信息安全的行为应立即采取备案处理。2016 年 11 月，《中华人民共和国网络安全法》经第十二届全国人民代表大会常务委员会第二十四次会议通过，引入了删除权和信息泄露通知制度，强调了对个人信息的保护，极大改善了当时广泛存在的个人信息泄露问题。目前，该制度已成为我国关于数据泄露通知执行机制的主要内容。

5.3.2 数据分级分类安全监管执行机制

当前，我国对数据使用安全的监管是按照数据所属行业划分，再根据数据使用的主体进行分级分类管理，我国的数据安全风险执行机制有着很明显的分散化特征。2012 年全国人民代表大会常务委员会在《关于加强网络信息保护的决定》中提出："对于信息安全管理,各部门主管要在各自领域内履行职责。"四年后,《中华人民共和国网络安全法》对数据安全做了进一步规定。随着国家网络安全顶层设计、政策法规及制度标准不断健全,国家网络安全工作体系不断完善,逐步形成由网信部门统筹规划,电信主管部门、公安部门等相关部门配合协作的"全国一盘棋"工作体系,系统性地推进应急通报、安全审查、监控预警的管理工作。数据市场主体即各个企业应该配合各个政府部门的监管,主动提供数据。2021年颁布实施的《中华人民共和国数据安全法》第二十七条规定:"重要数据的处理者应当明确数据安全责任人和管理机构,落实数据安全保护责任。"

在数据市场运行中,主体所获得的数据在类型和数量等方面均存在差异,因此,对数据的监管就需要按照不同类别和等级制定执行机制。2020年国务院印发的《关于构建更加完善的要素市场化配置体制机制的意见》提出,要建立数据分类分级安全执行机制;《中华人民共和国网络安全法》规定,网络运营者要采取数据分类、重要数据备份和加密等措施,防范网络数据被窃取和修改。《中华人民共和国保守国家秘密法》(以下简称《保密法》)对国家数据进行分类,并对如何防范风险进行了规定。《保密法》规定国家秘密数据可以分为三级:绝密数据、机密数据和秘密数据,秘密等级依次递减。随着数据分类分级管理执行机制的发展,不同行业主体也对其领域内的数据管理进行了规范和要求。2020年2月,工业和信息化部印发了《工业数据分类分级指南(试行)》,引导企业整理内部工业数据,提高数据分级管理能力,促进数据充分使用、全局流动和有序共享。2021年6月,《中华人民共和国数据安全法》正式通过,法案主要包括保障数据安全以及促进数据开发利用两个方面。其中,在保障数据安全方面,根据数据重要程度建立数据分类分级保护制度;根据影响国家安全的数据处理活动建立安全审查制度;根据紧急数据安全事件建立应急处置机制;根据数据出境活动建立出境安全管理制度。2021年11月实施的《中华人民共和国个人信息保护法》也提出,对于个人信息应该采取分类管理措施,保证对于个人信息的处理符合法律法规以及行政规定。

5.3.3 数据跨境流动风险执行机制

我国高度重视数据跨境流动问题,从维护国家数据安全的角度出发,围绕数据安全监管不断建立相关制度。一方面,对数据跨境流动的安全程序进行规定。2017年实施的《中华人民共和国网络安全法》第一次明确提出了数据跨境流动的基本法律政策,主要说明了哪些行业领域以及类型数据需要在中国境内处理和存储;相关行业主管部门对地图数据服务器以及金融、网约车数据和健康数据等都要求在中国境内存储。另一方面,对重要数据基础设施出境提出了安全评估要求,构建了数据跨境流动安全评估架构。《中华人民共和国网络安全法》要求相关负责主体和被评估对象按照法律履行安全评估程序。为了协助上述法律的实施,国家网信办在2017年公布了《个人信息和重要数据出境安全评估办法(征求意见稿)》,2019年又发布了《数据安全管理办法(征求意见稿)》《个人信息出境安全评估办法(征求意见稿)》等。2021年,国家互联网信息办公室进一步发布了《网络数据安全管理条例(征求意见稿)》以及《数据出境安全评估办法(征求意见稿)》，其中也有关于企业向境外提供数据的规定以及需要遵守的义务。基于《中华人民共和国网络安全法》，2021 年《中华人民共和国数据安全法》也对运营关键信息数据的企业跨境流动数据进行了规定。

5.3.4 网络安全审查执行机制

对网络内容的审查是数据风险执行机制的重要内容，是维护国家主权、安全和发展的重大战略行为。我国网络安全审查制度可概括为两方面：一是网络安全工作的常态化报备机制；二是事前审查、事中监测以及事后惩罚的全方位治理机制，确保网络安全审查的全覆盖、威慑力和强制力。为协助以上机制的执行，保证重要数据供应链以及国家安全，国家互联网信息办公室等 12 部委联合制定了《网络安全审查办法》。该办法于 2020年实施，系统确立了我国网络安全审查的执行制度和机制，强调要重点观察可能影响国家安全的数据运营行为，按照程序进行网络安全审查。该办法还对不同行业领域的网络数据安全审查进行了规定，例如，国防科技工业、铁路、邮政、卫生健康和民生保障等行业领域的重要网络和数据系统运营主体在采购网络产品和服务时，应当按照制度规定要求履行申报网络安全审查的程序。《中华人民共和国数据安全法》中也建立了数据安全审查制度、数据出口管制制度、对等反制制度，以维护国家的主权、安全和发展利益。

5.4 我国数据安全立法进展

5.4.1 我国数据安全立法现状

近年来，我国颁布了多部有关数据安全的法规，这些法规聚焦不同的规制对象，现已初步建立了涵盖法律、行政法规、部门规章和管理规定等多层级的监管法律体系。在法律层面，全国人大及其常委会先后审议通过了以《全国人民代表大会常务委员会关于加强网络信息保护的决定》《中华人民共和国网络安全法》《中华人民共和国数据安全法》和《中华人民共和国个人信息保护法》为引领，以《中华人民共和国国家安全法》《中华人民共和国密码法》《中华人民共和国反恐怖主义法》等为支柱的事关网络安全和数据保护的基础性立法；国务院制定出台了《政府信息公开条例》《征信业管理条例》等涉及数据安全监管的行政法规。

《中华人民共和国数据安全法》与《中华人民共和国个人信息保护法》共同搭建了数据安全保护以及合规性的基础法律框架，与《中华人民共和国网络安全法》共同形成了数据合规领域的"三驾马车"。

1.《中华人民共和国网络安全法》

《中华人民共和国网络安全法》是由全国人民代表大会常务委员会审议并于 2017 年6 月施行的基础性法律，也是我国首部对网络空间安全进行规范管理的法律。该法律从宏观层面对数据安全保护的三个方面进行了规定：一是强调数据市场运营商要重视网络安全，制定相应措施管理数据安全；二是提出要加强对个人信息数据的保护，从而维护国家数据安全、经济安全，保障民生以及关键信息基础设施运营；三是突出了国家层面的数据保护内涵，主要包括对数据的支配权、保护数据安全，以及防止关键数据遭到恶意攻击和篡改等对国家安全造成损害。虽然该法案能够解决一些网络数据风险问题，对数据安全和个人信息保护也提出了相关措施，但其中缺少对于数据市场数据交易流通的规则依据，也就是说，对于数据保护和数据作为新型生产要素流通交易的连接部分的规定不足。

2.《中华人民共和国个人信息保护法》

《中华人民共和国个人信息保护法》于 2021 年 8 月在第十三届全国人民代表大会常务委员会第三十次会议上审议通过，该法律主要聚焦对个人信息的保护以及利用规定。保护法明确了对个人信息的合法处理规则：一是个人对自己的信息享有知情、查询、修改和删除等权利，规定数据处理者要制定专人负责制度，定期进行数据安全合规审计，并制定应急补救措施等个人信息处理规则；二是在处理个人信息的各个阶段，对于不同类型的数据提出具有针对性的要求；三是设立了严格处理敏感个人信息的程序，仅当出于必要或必须目的时才能获取；四是专门规定国家机关要在相应的权限范围内遵守法律规定，在行政规则下处理个人信息；五是对个人信息的跨境流动安全以及合规性进行了规定，要求网信部门对跨境流动个人信息进行安全评估并允许后，才能向境外提供数据信息，并要求当本国公民个人信息和合法权益在境外受到损害和不公平对待时采取相应措施。

3.《中华人民共和国数据安全法》

《中华人民共和国数据安全法》系统阐释了数据安全保护责任、制度体系、发展以及政务领域数据防护的法律框架等内容。该法案特别创设了数据分级管控体系、风险监测评估制度，并构建了包含预警机制、突发事件响应预案和数据安全准入评估机制，并要求数据处理者建立有关数据的审查、预警、安全教育等制度，维护国家数据发展的安全，也为数据安全以及合规处理提供制度保障。数据安全法的重点是促使数据市场、产业在保护数据安全的前提下有序发展，有法可依，有章可循，搭建起安全合规的制度体系框架。

在行业数据安全方面，工业和信息化部、公安部、国家互联网信息办公室等有关部门发布了《电信和互联网用户个人信息保护规定》《通信网络安全防护管理办法》《个人信用信息基础数据库管理暂行办法》《人口健康信息管理办法（试行）》《网络安全审查办法》《互联网个人信息安全保护指南》等配套部门规章和管理规定。2021 年，对行业数据基础规范以及数据安全的立法也逐渐细化。在工业和通信领域，工信部 2021 年 9 月发布了《工业和信息化领域数据安全管理办法（试行）》（征求意见稿），明确了各级主管机构的监管职责和引导产业发展的责任，详细规制了工业、电信数据的分类分级方法、重要数据和核心数据的判定条件及全生命周期备案管理制度。在应对安全风险方面，规范了数据安全监测预警与应急管理、数据安全检测评估与认证管理等制度。其中，在汽车行业，随着电子技术的不断发展，数字化智能技术应用也在不断深入，数据的重要作用显现，对汽车数据安全的保护也更加重要。2021年7月，国家网信办会同四部委发布了《汽车数据安全管理若干规定（试行）》，针对网联汽车的场景，专门对个人信息、敏感个人信息、重要数据等提出了数据分类要求。工信部也印发了《关于加强智能网联汽车生产企业及产品准入管理的意见》，明确指出，在中国境内运营中流通的个人信息数据应当按照中国法律法规进行存储，只有通过网络安全评估后才能向境外企业或个人提供。

在金融行业，针对征信行业非法收集个人信息的问题，中国人民银行于2021年9月发布《征信业务管理办法》（以下简称《办法》），用来保护行业中数据主体的合法权益。《办法》明确定义了征信业务和信用信息，并在附则中专门区分可运营的不同业务实质；要求个人征信机构必须持牌经营，金融机构只能与取得相应资质的市场机构开展合作；对征信机构在信用信息的采集、整理、保存、加工、提供和使用的全过程的合法合规性进行了明确规定。

此外，《中华人民共和国民法典》《中华人民共和国刑法修正案》等法律法规也对数据管理相关内容做了规定，进一步健全了我国的数据安全管理法律体系。

5.4.2　我国数据安全地方立法

在数据安全保护方面，地方政府尝试立法与实践有着重大意义，能够降低地方数据安全风险，也将促进地区数字经济发展，同时，为国家建立数据制度提供有用的经验，为国家数据安全立法奠定基础。

2016年3月起施行的《贵州省大数据发展应用促进条例》是我国第一部有关大数据的地方立法。由于当时国家正在对互联网、信息安全等进行立法研究，这个条例仅从政府加强监管和明确安全主体责任的角度对数据安全做了一些原则性的规定。

2018年6月，《贵阳市大数据安全管理条例》经贵阳市第十四届人大常委会第十三次会议表决通过，于2018年10月正式实施。该条例的主要内容包括：数据的所有者、管理者、使用者和服务提供者作为安全责任单位应当建立大数据安全审计制度；审计工作流程要定期进行安全审计分析；法定代表人或主要负责人是本单位大数据安全的第一责任人。

《贵州省大数据安全保障条例》是我国大数据安全保护的首部地方性法规，于2019年10月正式施行。该条例更加清晰地规定了对大数据使用的安全保护。之后，贵州省在2020年第十三届人民代表大会常务委员会上通过了全国首部省级层面政府数据共享开放的地方性法规《贵州省政府数据共享开放条例》，该条例已于2020年12月正式施行。

2019年10月，上海市政府常务会议通过了国内首部针对数据开放的地方政府规章，即《上海市公共数据开放暂行办法》，这也为国内数据使用及其合规性立法提供了经验指导。

2021年地方数据安全立法进一步深化，经济发达地区都出台了相关立法，探索数据合规性等问题。

2021年11月，由上海市人民代表大会常务委员会审议通过的《上海市数据条例》积极探索数据确权问题，明确了数据同时具有人格权益和财产权益双重属性；在数据要素市场发展方面，提出建立数据资产评估、数据生产要素统计核算和数据交易服务体系等。

2021年10月，广东省人民政府发布了《广东省公共数据管理办法》，这也是广东省第一部数据安全保护方面的地方规章，该办法聚焦于公共数据的保护管理，并强调挖掘公共数据资源并加以利用。该办法首次将公共服务提供方数据纳入监管范围，同时对数据交易标的进行明确界定，强调政府应加强对平台的关注与管理，强化对数据流通与交易行为的监管。该办法对过去数据安全监管的缺失进行了补充，促进了数据市场的健康发展。

2021年7月，深圳市人民代表大会常务委员会审议发布了《深圳经济特区数据条例》，该条例是我国第一部兼顾数据以及数据安全基础方面和综合方面的地方法规，和国内其他数据保护立法相比存在不少创新点，提出了数据权益的概念。对于个人数据，条例中明确了数据主体对数据的明示同意问题，要求企业在获取、收集个人数据时必须取得本人或监护人的同意，要以口头、自主肯定性同意、书面等形式明示，而个人则有权利随时撤回对被获取信息有关同意的明示权利；在数据市场方面，该条例明确数据市场主体对合法处理形成的数据产品和服务享有使用权、收益权和处分权，对营利性数据要素主体的市场行为提出了明确要求，还解决了用户画像、大数据杀熟等问题。

数据作为21世纪的重要生产要素之一，已经成为我国重要的战略资源，数据交易流通过程中所带来的知识、信息资源也是国家发展科技核心竞争力之一。防范数据使用安全风险对保护社会公共利益、维护国家安全有着重要影响。因此，应当立足于我国基本国情，进一步完善数据安全保护规章制度，创造安全的网络环境。

5.5　国外数据风险规制借鉴

随着数据技术的不断发展，数据风险事件也不断出现，如数据泄露、个人隐私等问题频频发生。如何规避数据使用带来的风险以及保护数据安全，成为国际社会关注的重点。在推动数据安全保护立法以及安全监管制度方面，世界主要国家采取的规制以及监管措施各不相同。

5.5.1　欧盟数据风险规制情况

欧盟的数据市场发展速度一直位于世界前列，因此，欧盟对数据保护以及风险规制给予了高度重视，对数据使用安全的监管历史也较为悠久。1980年，经济合作与发展组织颁布了《理事会关于保护个人数据隐私和跨境流动数据指南的建议》，其中确立了七项保护公民个人数据以及数据作为资源在各国之间交易流动的原则。虽然该条约中的规定在当时缺乏强制性，但为后来欧盟的数据风险规制提供了参考。欧盟法律中一直将规制数据收集使用的风险作为重要工作，欧洲理事会在1981年就起草了《关于个人数据自动化处理的个人保护公约》，该条约也称为"108条约"，这也是欧盟法律中第一次出现数据保护的概念。

1995年，欧盟以及欧洲议会通过了《关于涉及个人数据处理的个人保护及此类数据自由流动的指令》（95/46/EC）（以下简称"95指令"），该指令不仅确立了欧盟个人数据保护的基本制度，也是对个人数据保护的最低标准，其中包括在数据市场中数据流通和个人数据自动化处理的合规性规定。欧盟在数据权属方面也有相应的指令来规制风险，如1998年1月正式实施的《欧盟数据库指令》（EU Database Directive）提出了全面的数据库保护体系。

由于上述指令在欧盟不同国家应用时产生较大分歧，导致指令实施效果各不相同。因此，为了解决欧盟不同成员国个人数据保护碎片化问题和法律适用问题，2015年欧盟委员会提出了数字市场战略，通过统一监管标准更好地管理欧盟数据市场。欧盟还将"95指令"在当时的数据市场环境下进行了改革，在2016年颁布了《通用数据保护条例》，这部法律的数据保护力度很大，甚至被称为史上最严的数据保护法，对于风险规制以及安全保护措施给出了具体规定。《通用数据保护条例》于2018年正式生效，并占据着数据基本法的地位。其中保留了"95指令"中将数据权利与保护更多地赋予个人，从而上升到基本人权的思想。在数据主体方面，该条例赋予数据主体极大权利，也规定了其承担的法律责任及必须履行的法定义务。条例对触犯数据保护规定的行为给出了详细且程度严厉的罚款规则，以1000万欧元或企业上一财年全球营业总额的2%中较高者为准。该条例扩展了适用范围，其适用范围不仅包括欧盟成员国境内企业的个人数据，也包括欧盟境外企业处理的欧盟公民个人数据，因此弥补了各成员国转化使用不同数据风险规制方案的缺陷。此外，还扩充了数据主体的权利，该条例也为世界各国数据保护以及数据市场流通合规性的法制建设提供了参考。

2018年11月，欧盟出台了《欧盟非个人数据自由流动条例》，为了与《通用数据保护条例》形成统一框架，该条例区分了个人与非个人数据的边界，并规定了数据流动的合规性流程方案。关于非个人数据在欧盟不同国家以及系统中流通的规定也消除了数据流动的障碍，减少了欧盟成员国数据本地化的限制，从而更好地平衡个人数据保护、数据安全和欧盟数字经济发展之间的关系。

2019年6月，欧盟新版的《网络安全法案》正式开始施行，该法案是继最严格的保护法GDPR之后，欧盟实施的关于规制数据风险和受保护数据安全的导向性立法，重点为能源、金融等行业在高技术产业市场提供运营保障，规制数据泄露、违规传输、滥用等行为。

2022年5月，欧盟理事会正式批准了《数据治理法案》（Data Governance Act，DGA）。在欧洲共同数据空间政策之下，该法案为涉及他方权利的公共数据的二次利用提供了制度保障，也为欧盟建立统一的覆盖健康、交通、制造业、金融服务、能源和农业的数据市场保驾护航。

2022 年 3 月，欧盟委员会相继推出《数字市场法》(The Digital Markets Act，DMA) 和《数字服务法》(The Digital Services Act，DSA)，用来规制数据市场服务领域在运行中可能出现的风险。两部法案都明确了规制对象，并规定了规制对象需要遵守的事前义务、监管措施、实施手段和处罚措施等。2022 年，欧盟委员会相继推出《数字市场法》和《数字服务法》，两部法案都提出，要为数据产品和服务的研究与创新建立安全的数据使用环境。

5.5.2　美国数据风险规制

美国对数据安全和风险规制问题十分重视，建立了相对完善的数据管理法律体系。但美国联邦没有采取统一的风险规制措施和立法，而是根据不同行业的特点针对性地进行立法。主要是针对电信、金融、计算机、健康和教育等行业进行了明确规定。以计算机行业的法案为例，美国《计算机欺诈和滥用法》(Computer Fraud and Abuse Act，CFAA) 于 1984 年起实施，最初是规制控告与黑客相关的计算机犯罪行为，之后随着数字经济的发展，其规制范围已超过了黑客犯罪行为。《统一计算机信息交易法》(Uniform Computer Information Transactions Act，UCITA) 为数字信息时代的信息交易提供了法律框架。

美国立法包括联邦和州两个层面，虽然联邦没有统一的数据保护立法，但是随着数据安全事故频发，各州均开始了相关的立法探索。早在 2000 年，为了规制数据滥用、非法访问等，联邦贸易委员会在报告中提出，网络平台在运营中收集消费者数据时，需要遵守告知消费者数据收集的具体细则，允许消费者自主选择是否提供数据，确保消费者能够访问和审查其数据，以及对数据安全进行有效保护这四项原则。互联网行业中，美国加利福尼亚州立法较为迅速，2018 年 6 月，该州通过了《2018 加州消费者隐私法案》(California Consumer Privacy Act，CCPA)，法案于 2020 年 1 月正式生效。该法案是为了规制数据流通风险，保护数字经济发展中消费者的隐私权和数据安全，CCPA 对企业提出了更多通知、披露义务，并针对数据泄露规定了法定损害赔偿金，其中还有规制数据流通的规定。这也是美国历史上最为严格的数据安全保护立法，该法案成为美国隐私法案的代表。同年，佛蒙特州众参两院颁布了《数据经济法》，其中就有规制数据经纪人收集数据的行为以及保护消费者在数据市场中可退出的权利的相关规定，这也是美国第一部规范数据经纪商中介行为的法案。

2021 年，弗吉尼亚州议会以高票通过了《弗吉尼亚消费者数据保护法》，该法案从商业运营方面提出了保护数据安全、规制数据风险的措施，包括个人数据隐私权、销售行为、数据控制者的责任、敏感数据的保护以及保护评估等。同年，科罗拉多州正式颁布了《科罗拉多州隐私法案》。2022 年 3 月，《犹他州消费者隐私法》在犹他州正式签署通过，同年 5 月，康涅狄格州立法机构表决通过了《康涅狄格州消费者隐私法》，并于 2023 年 7 月施行。

美国对数据安全保护以及数据风险的规制监管呈现分散化趋势，这与美国的政治体制有很大的关系。分散化管理和立法具有很强的灵活性，能够使数据市场流通中不同部门根据具体问题及时调整并选择适当的方法进行管理，但是分散化的管理也使各部门的协调和统一较为困难。美国对数据风险的规制还比较依赖于行业的自律来实现，这是由于美国司法主体对个人数据的保护比较欠缺。美国专门对数据中介、供应商进行严格规定，美国联邦贸易委员会（Federal Trade Commission，FTC）对数据经纪商进行调查后，在 2014 年发布了《数据经纪商：呼吁透明度与问责制》，对提供数据服务的经纪商提出了合规性操作要求。

5.5.3　日本数据风险规制

日本的信息技术发展历史较久，社会数据技术发展程度高，对数据安全和风险关注度也比较高。政府对数据保护，尤其是个人信息保护主要参考欧盟、美国等发达国家和地区的做法。早在 2000 年，由于信息技术的迅速发展带来的社会改变，日本国会通过了《高度情报通信网络社会形成基本法》，该法对政府信息公开、公民信息安全权利和政府信息安全责任界定方面做了原则性的规定，用来规制数据信息的风险，该法是日本政府信息安全管理法治化和规范化的标志。在个人数据保护方面，日本规制数据风险的主要依据是 2003 年颁布的《个人信息保护法》，历经 2017 年、2020 年、2021 年三次修改，以应对数字时代法治建设的新挑战。修订的要点主要为个人权利的扩大化、企业的信息保护及应责方式、数据的合法运用以及跨境信息传输机制等，赋予个人信息保护委员会更多权力，加强对国际数据传输的安全监管。为了更好地保护公民个人信息，日本设立了个人信息保护机构，规定：若因企业收集公民信息而造成数据泄露等重大风险，该责任主体最高面临 30 万日元的罚款，甚至可能受到 6 个月的监禁处罚。日本还设立了个人信息争议处理机制，用于风险规制，在争议引起的诉前由审查委员会进行处理、调解或提出意见等。

5.5.4　韩国数据风险规制

韩国为了确保数据安全，防范数据风险，建立了由专项法和"公共–私营"两个维度构成的数据监管和保护法体系，重点强化公民个人数据权益的防护监管机制建设。针对公共部门数据风险规制和数据安全保障的相关立法，主要包括《通信秘密法》《电信事业法》《医疗服务法》；而面向私营部门的个人信息保护立法主要有《电子文件与电子交易基本法》《电子签名法》《电子商务交易消费者保护法》《信用信息的利用与保护法》《金融实名交易与秘密保障法》等。在个人信息保护方面，韩国 2011 年 3 月颁布了专门的《个人信息保护法》，其中规定了如何管理个人信息、规制数据风险，以及个人信息安全等制度。同时，制定了包括《个人信息保护法施行令》《个人信息保护法施行规则》《个人信息保护委员会规定》等实施细则，以保障《个人信息保护法》的实施。除此之外，韩国数据安全监管的相关法律还包括《信息通信网络的利用促进与信息保护等相关法》《位置信息的保护与利用等相关法》《云计算发展与用户保护法》等。

5.5.5 国际数据风险规制经验和发展态势

从上述主要国家、地区以及组织对数据风险的规制和保护数据安全的措施、立法经验可以看出，欧美国家网络技术发展起步较早，数据市场流通和交易在这些国家发生也比较频繁，因此其规制和立法体系也相对成熟。尤其是欧盟，其规制数据风险的制度、法律出台时间、出台数量和力度都走在世界前列，这也使世界上其他国家能够对其规章制度发展和立法体系进行经验学习。

欧盟在数据风险规制方面非常重视保护个人数据安全，同时对企业使用个人数据的限制也十分严格，但并没有因此而忽视数据市场的交易流通。其主要指导思想是在保障个人数据安全的前提下，更好地促进数据交易流通市场的发展，将市场中的障碍和不确定性降到最低。美国则是将规制数据风险的安全保障措施和立法融入不同领域和行业的制度，这也导致一些数据企业对不同州的数据保护制度和立法的差异性提出质疑。此外，美国数据风险规制对数据收集服务商也提出了更高的要求，要求制定数据保护安全计划等。近年来，美国境内对制定和实施国家层面统一的数据保护立法和数据风险规章制度的呼吁也愈发强烈。

通过梳理以上国家和地区的数据风险规制和立法过程，我们可以得到以下经验。

1. 对特定领域的数据安全保护和风险规制更加重要

规制数据风险过程中会涉及多个行业以及领域，欧盟、美国以及日韩等发达国家在规制数据风险立法过程中，已经开始重视特殊领域的规制立法，如儿童隐私保护、区块链、云计算等方面。很多国家都已出台专门的法规，如欧盟 GDPR 规定收集 16 岁以下未成年人个人数据需要监护人同意等，还有美国 1998 年的《儿童在线隐私保护法》也对收集和保护儿童数据安全做出详细规定。

2. 数据泄露通知制度应用范围应扩大

近年来，数据使用风险中数据泄露风险问题出现频率增加，根据《2021 年数据违法报告》，2021 年发生的数据泄露事件数量远超过 2020 年，相较 2020 年增加了 68%，这项风险也引起了许多国家的重视。美国加利福尼亚州于 2002 年制定的《加州数据安全泄露通知法》是世界上第一个数据泄露通知制度，此后美国共有 48 个州建立了该制度。在美国的影响下，现在许多国家也采用了这项泄露通知制度。欧盟 2016 年实行的 GDPR 中就明确建立了数据泄露通知制度，并将适用范围扩展到数据控制者。

3. 对特殊重要数据进行分级分类监管

国际上许多国家对涉及国家机密和安全的数据进行分类立法管理。欧盟就曾在文件中对可以拒绝公开的数据进行了分类规定，如果公开数据会使欧共体或欧盟成员国的国防、安全、货币、财政、金融政策等方面的利益受到负面影响，企业或有关机构有权拒绝披露相关数据。美国也在 2010 年通过行政命令，规定了受控非密信息的范围、管理机构的权限和责任。在亚洲地区，韩国政府颁布的《信息通信网络的利用促进与信息保护等相关法》规定，通信服务提供商应当采取措施防止本国国家安全、工业、经济等重要数据流出境外。在规制数据风险的制度中，要尤其重视对可能损害国家安全和国家核心技术以及金融经济的重要数据的保护。

4. 设立专门的数据保护监管机构成为趋势

在国际社会中，越来越多的国家在规制数据风险的立法中，加入设立专门的数据保护机构的条款。截至 2021 年，全球超过 90 个国家成立了专门的数据保护机构，如欧盟就成立了欧盟数据保护委员会（European Data Protection Board，EDPB），其成员国也在 GDPR 立法的要求下纷纷设立数据保护机构。日本在早期的规制数据风险立法中并未设立机构，但随着社会经济以及数据技术的发展，其发现成立专门机构是当务之急，于 2015 年设立了个人信息保护委员会。

5. 对跨境数据流动的规制更加明晰

跨境数据流动的安全历来是国际社会关注的焦点，1995 年欧盟颁布的《95 指令》就规定了其成员国在进行数据跨境流动过程中需要遵守的原则和安全保护内容。美国在贸易利益的驱使下，也在积极推动数据的跨境流动，美国曾与欧盟签订《隐私盾协议》，为数据跨境流动提供安全保障。美国还通过亚太经合组织推进《APEC 跨境隐私规则体系》的实行。随着国际化和全球贸易经济一体化的发展，全面规制数据跨境流动安全的重要性日益突出。

6. 规制数据风险的执法措施频繁，处罚力度加大

国际社会在规制数据风险的监管过程中，监管频率和执法力度都在不断加强。2021 年 9 月，爱尔兰数据保护委员会认定，Facebook 旗下子公司 WhatsApp 没有告知消费者它与母公司 Facebook 共享个人数据的方式，违反欧盟 GDPR 的隐私保护要求，被处以 2.25 亿欧元（约 2.67 亿美元）罚款。GDPR 规定，对于触犯数据安全保护的行为，轻者可被罚 1000 万欧元或前一年全球营业收入的 2%，重者可被罚 2000 万欧元或前一年全球营业收入的 4%。该案例告诉我们，在执行规制数据风险过程中，应主要关注数据隐私泄露问题，以及在限定范围之外违规使用数据的问题。在规制对象方面，相关部门应重点规制用户数量多、用户依赖性强的网络平台企业，这也是未来数据风险执法的重点。

即测即练

自学自测　　扫描此码

第 6 章

政府数字化治理

在本章中，我们将要学习、理解和掌握：

- 政府数字化治理的内涵
- 公共服务数字化的一般概念、实现路径、困境和典型案例
- 资源调配与应急管理数字化的一般概念、特征、作用及应用实践
- 数字时代新的国家安全形态、特征以及国家安全问题的有效治理措施
- 数字时代国家安全的几个重要相关议题

导入案例

西安市政府数字化转型

政府数字化转型是数字经济快速发展的关键，也是国家治理现代化的迫切需求和实现路径。在推动社会治理精准化、公共服务高效化以及社会互动信任化方面，数字化转型也发挥着举足轻重的作用。近年来，西安市在治理体系和治理能力现代化的总体目标指引下，针对社会综治、公共安全、城市管理、环境保护等重点领域，积极发挥科技支撑作用，利用新一代信息技术，全方位推进城市精细化治理，致力于为市民提供便捷化服务，进而提升城市治理效能。

西安市政府数字化转型持续深化，已成功构建"133N"体系，包括政务云平台、三大支撑体系、三大保障体系和多个应用系统。同时，完成了数据资源目录平台、数据交换平台、数据治理平台、数据共享平台和数据开放平台五大平台的建设，并建立了人口库、法人库、电子证照库等七大基础库。按照"全量梳理、按需归集"的原则，已对信息系统、信息资源及信息项进行了全面的梳理，收集汇聚了大量数据，并实施了有效治理。此举实现了跨层级、跨部门、跨领域的数据共享，为"最多跑一次""工建审批"等行政审批和服务改革提供了坚实支撑。

按照"网格化管理＋信息化支撑"思路，西安市打造了一个集问题发现、流转交办、协调联动、研判预警与督查考核于一体的社会治理指挥平台。该平台以基层社会治理为

核心，统筹建设与分级部署，利用信息技术手段，实现了横向打通市内各类信息系统，纵向贯通街道—社区—网格五级架构。由此，平台确保了各类事件信息的顺畅流转和多部门的快速响应，构建起高效的应急处置与协同联动机制。此外，平台还通过移动 App、微信公众号等方式，为群众提供了上报身边事件、隐患和线索的便捷通道，进一步降低了多元主体的参与门槛，推动了多元共治体系的形成，有效提升了人民群众的参与感、获得感、安全感和幸福感。值得一提的是，2021 年，西安市的综治平台在中国国际大数据博览会上荣获了"数字政府管理创新奖"，这进一步证明了其数字化转型的成效与影响力。

资料来源：经济日报—中国经济网，http://district.ce.cn/zg/201905/07/t20190507_32016673.shtml。

6.1 政府数字化治理的内涵

6.1.1 政府数字化治理的概念内涵

政府数字化治理是一个涵盖广泛内容与深度的概念，其本质在于秉持"以人民为中心"的原则，运用数字技术，将政府治理的各个环节进行数字化改造，以提升政府服务效率、优化公共资源配置，并推动政府治理体系的现代化。

政府数字化治理对构建政府治理体系具有重大意义，是实现治理能力现代化的重要变革路径，其概念蕴含丰富的内涵。具体来说，这一变革主要体现在以下三个方面。

第一，政府数字化治理的核心在于数据价值的发挥。在传统政府治理中，信息流通不畅、决策过程烦琐是常见问题。引入数字技术后，政府能够实时采集、处理和分析各领域的大量数据，从而更精准地把握市场、社会及民众需求动态，更准确地洞察社会经济发展的脉络，为政策制定与公共服务提供科学、精准的决策支持。

第二，政府数字化治理强调政府服务的优化和升级。通过构建线上线下政务服务体系，政府可以更加便捷地为民众提供各类公共服务，如在线办理证照、查询信息、缴纳税费等。这些数字化服务的推出，不仅极大地提高了政府服务的效率和质量，更在很大程度上为民众带来了更为便捷、高效的服务体验，提升了民众的满意度和获得感。

第三，政府数字化治理强调业务与组织的连接、赋能、协同与重构，推动政府治理结构的扁平化和协同化。传统的政府层级结构在信息传递和决策执行上存在一定的滞后性。在数字技术的推动下，政府各部门之间的信息壁垒被打破，业务流程得以优化。通过构建跨部门、跨层级的协同机制，政府能够实现对资源的统筹配置，提升治理效能。同时，数字技术也为政府组织带来了全新的工作模式，推动了政府内部的变革与创新。

政府数字化治理不仅是当代社会发展的重要趋势，更是推动政府治理体系和治理能力现代化的关键所在。它应当以建立新的政务协同方式和构建全新的治理模式为理念和目标。总体上，政府数字化治理具有一系列显著特征，这些特征共同构成了数字化政府治理的核心要义。

第一，政府数字化治理具有开放链接的特征。数字化治理要求政府打破传统的管理壁垒，实现不同部门、不同层级之间的信息互通和资源共享。通过构建开放式的数字平台，政府能够将各类参与主体广泛连接起来，形成紧密的协作网络。这种开放链接不仅能够显著扩大政府服务的覆盖范围、提升服务质量，更能促进政府与社会各界的深入互动交流，使政府部门更好地了解民众需求，精准施策，形成共建共治共享的社会治理格局。

第二，政府数字化治理强调平行角色的重要性。在数字化治理中，政府不再是单一的管理者，而是转变为与其他参与主体共同协作的伙伴。政府通过数字技术为公众、企业等提供便捷的服务，同时也积极吸纳社会力量参与治理过程。这种平行角色的转变使得政府能够更好地了解公众需求，更加精准地制定政策，从而提升政府治理的针对性和有效性。

第三，政府数字化治理具备敏捷反应的能力。面对复杂多变的社会环境和突发事件，政府需要具备快速响应和灵活应对的能力。数字化治理通过实时数据监测、智能分析等手段，能够及时发现和处理各种问题，确保政府治理的高效运转。同时，数字化治理还能够根据实际需求快速调整政策和措施，以适应不断变化的社会环境。

第四，政府数字化治理注重穿透场景的实现。政府治理涉及众多领域和场景，如何打破不同场景之间的壁垒，实现信息的互联互通，是政府数字化治理面临的重要挑战。通过构建统一的数字平台，政府能够将不同场景下的数据资源进行整合和共享，实现跨部门的协同治理。这种穿透场景的实现有助于提升政府治理的精准度和效率，为公众提供更加优质的服务。

第五，政府数字化治理追求迭代升级的目标。随着技术的不断进步和社会环境的不断变化，政府数字化治理需要不断进行迭代升级，以适应新的发展需求。政府需要积极引进新技术、新应用，不断优化数字平台的功能和性能，提升政府治理的智能化水平。同时，政府还需要加强对数字化治理人才的培养和引进，为政府数字化治理的持续发展提供有力保障。

6.1.2　政府数字化治理的原则

政府数字化治理的目的是借助数字技术推动政府治理体系和治理能力现代化。在数字化进程中，需要"以人民为中心"，遵循一系列原则，以确保变革的高效、公平和安全。

第一，政府数字化治理应遵循"以人民为中心"的原则。这一原则强调政府数字化治理应始终以满足人民群众的需求为出发点和落脚点。在数字化进程中，政府应充分了解民众的需求和期望，从公众的角度出发设计政务服务，提高服务效率和水平，进而提升公众的使用体验和便利性感知，创造价值共享。同时，政府还应积极回应公众关切，及时解决数字化进程中出现的问题，确保数字化成果惠及广大人民群众。

第二，政府数字化治理应遵循效率原则。数字技术的运用能够极大地提高政府治理的效率。通过数据分析、云计算等技术手段，政府可以更加精准地掌握市场、社会以及自身的治理需求，实现资源分配、决策和效用分析的科学化。此外，数字化还可以推动政府内部流程的优化和协同，减少不必要的环节和程序，提高行政效率。在追求效率的同时，政府还需关注公平问题，确保数字化成果惠及各个社会群体，避免"数字鸿沟"的扩大。

第三，政府数字化治理应遵循公平原则。在数字化进程中，政府应关注社会各阶层的利益平衡，确保不同群体能够平等地享受数字化带来的便利。政府应积极推动数字技术的普及和应用，提高公众对数字技术的认知，加强对公众数字素养和技能的培训，通过组织各类培训活动和提供学习资源，帮助公众掌握数字技术的基本操作和应用能力，使更多人能够参与到数字化进程中来。同时，政府还应关注弱势群体的需求，为他们提供必要的支持和帮助，确保他们能够享受到数字化带来的福祉。

第四，政府数字化治理应遵循安全原则。在数字化进程中，数据安全、网络安全等问题日益凸显。政府应加强对数据的管理和保护，确保数据的完整性和保密性。同时，政府还应加强网络安全防护，防范网络攻击和信息泄露等风险。在推进数字化进程的同时，政府应建立完善的安全监管机制，确保数字化治理的安全可控。

总之，政府数字化治理应遵循"以人民为中心"的原则，实现高效、公平与安全的数字化变革。在数字化进程中，政府应充分了解民众需求，提高服务效率和水平；关注社会各阶层的利益平衡，推动数字技术的普及和应用；加强数据管理和网络安全防护，确保数字化治理的安全可控。通过这些原则的贯彻实施，政府数字化治理将更好地服务于人民群众的需求，推动政府治理体系和治理能力现代化。

6.1.3　政府数字化治理实现路径

政府数字化治理是当代政府改革与创新的重要方向，其旨在通过运用现代信息技术手段，实现政府治理流程的优化、效率的提升以及服务质量的改善。然而，实现政府数字化治理并非一蹴而就，需要遵循一定的路径和策略。

1. 构建数字化治理体系，明确目标与方向

政府数字化治理的首要任务是构建数字化治理体系，明确目标与方向。在这一过程中，政府需要制定数字化治理的战略规划，明确数字化治理的总体目标、具体任务和实施步骤。同时，政府还应建立健全的数字化治理组织架构，明确各部门在数字化治理中的职责和角色，形成协同推进的工作机制。

在构建数字化治理体系的过程中，政府还需注重与社会的互动与合作。通过引入社会力量参与数字化治理的规划与实施，政府可以更好地了解民众需求，提升治理的针对性和有效性。同时，社会力量还可以为政府提供技术支持和创新方案，推动数字化治理的不断优化与升级。

2. 加强基础设施建设，提升数字化治理能力

政府数字化治理的实现离不开基础设施的支持。因此，加强基础设施建设是实现政府数字化治理的关键环节。具体而言，政府应加大对信息化建设的投入力度，推动电子政务、大数据平台等数字化设施的建设与升级。同时，政府还应注重网络安全建设，提高信息系统的安全防护和应急响应能力，确保数字化治理的安全稳定。

除了硬件设施的建设外，政府还应注重数字化治理人才的培养和引进。通过加强培

训和教育，使其掌握数字化治理技能，提升数字化素养水平，更好地适应政府数字化工作。同时，政府还可以引入专业人才和团队，为数字化治理提供智力支持和技术保障。

3. 推动数据共享与开放，实现治理资源的高效利用

数据是数字化治理的核心要素。推动数据共享与开放，实现治理资源的高效利用，是政府数字化治理的重要路径之一。政府应建立健全的数据共享机制，打破部门之间的数据壁垒，推动政务数据的互通互用。通过数据的共享和交换，政府可以更加精准地收集社会和民众的需求变化，制定更加科学和精准的政策。

同时，政府还应积极推动数据的开放利用。通过向社会开放政务数据，鼓励企业和社会组织利用数据进行创新应用，政府可以激发社会创新活力，推动数字经济的发展。此外，数据的开放还可以增强政府的透明度和公信力，提升民众对政府的信任和支持。

4. 优化政务服务流程，提升民众满意度

政府数字化治理的最终目标是提升政务服务的质量和效率，满足民众的需求。因此，优化政务服务流程是政府数字化治理的重要任务之一。政府应利用数字技术简化办事流程，减少不必要的环节和程序，提高办事效率。同时，政府还应加强在线服务平台的建设和管理，提供便捷、高效的在线政务服务，方便民众随时随地办理各类事务。

在优化政务服务流程的过程中，政府还应注重提升民众满意度。通过建立完善的反馈机制，政府能够及时收集民众对政务服务的评价、建议和诉求，持续优化服务流程，提高服务质量。此外，借助满意度调查等方式，政府可深入了解公众需求与期望，为制定更加精准、有效的政策提供坚实依据。

5. 加强监管与评估，确保数字化治理的可持续发展

政府数字化治理的实现需要长期的努力和持续的改进。因此，强化监管评估工作是保障数字化治理发展的关键。政府需构建完善的数字化治理监管闭环机制，通过全流程动态监督与智能预警系统，确保政策部署到执行环节的精准落地。同步打造科学化的评估指标体系，建立周期性的成效评价机制与动态反馈路径，及时针对运行阻滞点进行优化。

通过加强监管与评估，政府可以不断推动数字化治理的优化和升级，确保其与时俱进，适应时代发展的需求。同时，监管与评估还可以提升政府的透明度和公信力，增强民众对数字化治理的信心和支持。

6.2 公共服务数字化

6.2.1 公共服务数字化的概念内涵

公共服务数字化是基于数字技术，对公共服务运行架构、业务流程及服务模式实现再造的过程，旨在构建"政-企-民"协同互动的创新型关系，形成可持续的服务质量优化机制,进而实现公共服务效能提升。它实现了从传统的、以纸质和人工为主的服务方式向数字化、智能化、网络化的服务模式的转变。公共服务数字化的内涵丰富而深刻,可以从以下三个方面进行阐述。

第一,服务模式的创新。公共服务数字化通过引入数字技术,打破了传统服务模式的时空限制,实现了服务的全天候、无界化。公众可以通过互联网、移动应用等渠道随时随地获取所需的服务信息,进行在线办事、查询、咨询等操作。这种服务模式不仅提高了服务的便捷性和可及性,还降低了服务成本,提升了服务效率。同时,公共服务数字化还推动了服务的个性化和精准化。通过大数据分析、人工智能等技术手段,政府及相关部门可以更加精准地了解公众的需求和偏好,为公众提供定制化的服务内容和方式。这种个性化的服务模式能够更好地满足公众的差异化需求,提升公众的满意度和获得感。

第二,治理理念的转变。公共服务数字化要求政府及相关部门转变传统的治理理念,从以管理为中心向以服务为中心转变。数字技术使政府能够更加高效地收集、分析和利用各类数据资源,为制定政策和进行决策提供科学依据。同时,数字技术还促进了政府与社会、企业之间的信息共享和协同合作,推动了治理体系的现代化和民主化。

第三,制度体系的完善。公共服务数字化需要建立完善的制度体系来保障其顺利实施和长效运行。这包括制定相关的法律法规和政策措施,明确数字化服务的标准、规范和流程;建立数字化服务的监管机制和评估体系,确保服务的质量和安全;加强数字化服务的宣传推广和普及教育,提高公众对数字化服务的认知度和使用率等。

6.2.2 公共服务数字化的原则

公共服务数字化的原则是指导数字化进程的基本准则,不仅关乎技术层面的实施,更涉及政策制定、服务提供以及社会参与等多个方面。

1. 数字包容性与普惠性原则

数字包容性与普惠性原则强调,公共服务数字化应面向社会全体成员,无论其年龄、性别、地域、经济状况以及数字技能水平如何,都应能够平等地获取和使用数字化公共服务。这一原则的实现,需要政府及相关部门在推进公共服务数字化的过程中,注重服务的普及性和可及性,消除"数字鸿沟",确保每个社会成员都能享受到数字化带来的红利。

为实现数字包容性与普惠性,政府应加大投入,建设覆盖城乡的数字化基础设施,提升网络服务的覆盖范围和质量。同时,还需要开展数字技能培训,提高公众的数字素养和技能水平,使其能够更好地利用数字化公共服务。此外,对于老年人、残疾人等特殊群体,应提供定制化的服务内容和方式,以满足他们的特殊需求。

2. 数据安全与隐私保护原则

数据安全与隐私保护原则是公共服务数字化的重要基石。在数字化进程中,涉及大量的个人信息和敏感数据,如果这些数据得不到有效保护,将会对公民的个人隐私和权益造成威胁。因此，公共服务数字化必须坚持数据安全与隐私保护原则，确保数据的完整性、保密性和可用性。

为实现数据安全与隐私保护，政府应建立完善的数据管理制度和监管机制，加强对公共服务数字化过程中数据的收集、存储、使用和共享等环节的监管。同时，还需要采用先进的技术手段，如数据加密、访问控制等，来保障数据的安全。此外，对于涉及个人隐私的数据，应严格限制其使用范围，并在使用前征得用户的明确同意。

3. 开放共享与协作创新原则

开放共享与协作创新原则强调公共服务数字化应打破部门壁垒，实现数据的互联互通和共享利用。通过开放数据接口和共享平台，政府可以吸引更多的社会力量参与公共服务的提供和创新，形成政府主导、市场运作、社会参与的公共服务供给格局。

为实现开放共享与协作创新，政府应推动公共服务数字化平台的标准化和规范化建设，制定统一的数据交换和共享标准。同时，还需要建立健全的数据开放机制和政策体系，明确数据开放的范围、方式和程序。此外，政府还应积极与社会组织、企业等合作，共同开发数字化公共服务产品和应用，推动公共服务的创新和发展。

4. 智能化与高效便捷原则

智能化与高效便捷原则是公共服务数字化的重要目标之一。通过运用人工智能、大数据等先进技术，政府可以实现对公共服务流程的智能化改造和优化，提高服务效率和质量，为公众提供更加便捷、高效的服务体验。

为实现智能化与高效便捷，政府应加大对公共服务数字化领域的科技创新投入，支持相关技术和产品的研发和应用。同时，还需要推动公共服务数字化与业务流程的深度融合，实现服务的智能化和自动化。此外，政府还应建立完善的服务评价和反馈机制，及时了解公众的需求和反馈，对服务进行持续改进和优化。

在公共服务数字化的实践中，这四个原则相互关联、相互促进。数字包容性与普惠性原则确保了服务的普及性和可及性；数据安全与隐私保护原则保障了数据的安全和公众的隐私权益；开放共享与协作创新原则推动了服务的创新和发展；智能化与高效便捷原则提升了服务的效率和质量。只有坚持这四个原则，才能推动公共服务数字化健康、可持续发展，为公众提供更加优质、高效的公共服务。

此外，随着技术的不断发展和社会的不断进步，公共服务数字化的原则也需要不断地适应和调整。政府及相关部门要密切关注新技术的发展和应用趋势，及时调整和完善公共服务数字化的原则和政策体系，以适应社会的变化、满足公众的需求。同时，还要加强对公共服务数字化实践的总结和评估，及时发现问题和不足，为未来的发展提供有益的参考和借鉴。

6.2.3 公共服务数字化水平提升路径

公共服务数字化的提升是一个多层次、多维度的过程，涉及技术创新、流程优化、数据治理以及社会参与等多个方面。

1. 加强技术创新与应用，提升服务效率与质量

技术创新是公共服务数字化的核心驱动力。引入云计算、大数据、人工智能等先进技术，可以有效提升公共服务的效率和质量。以智慧城市建设为例，我国多个城市正在积极推进智慧政务、智慧交通、智慧医疗等项目的建设。

上海市推出的"随申办"移动政务服务平台将各类政务服务事项汇集至同一平台，让市民可以通过手机随时随地办理业务，大大提升了政务服务的便捷性。同时，该平台还利用大数据分析，精准推送个性化服务，提高了服务的针对性和有效性。此外，在医疗领域，电子社保卡、远程医疗、电子病历等数字化服务的应用也越来越广泛。例如，电子社会保障卡作为社保卡在线上环境的权威电子代表，与其实体版本形成精准对应与唯一性关联，广泛渗透于社会服务的多个维度，展现出其功能的全面性与多样性。借助先进的生物识别技术，该电子凭证实现了用户线上福利资格验证的便捷化，彻底省去了传统模式下参保者需亲自前往办理认证的烦琐流程。进一步地，它为用户开启了一扇通往个人数据宝库的大门，允许在线轻松查阅包括社会保险参保详情、就业与人才服务资讯、个人职业履历、职业培训记录、职业资格认证状态及职业技能等级评价等在内的多元化信息，极大地提升了信息获取的时效性与便利性。不仅如此，电子社保卡还作为线上业务办理的桥梁，覆盖了从参保缴费、医疗费用即时结算到就业创业支持、全方位社保服务、劳动用工管理、高端人才服务以及劳动争议调解仲裁等广泛领域的业务申请与办理流程，全面实现了"数据多跑路，群众少跑腿"的服务宗旨，让民众能够足不出户，通过互联网平台高效完成各类业务申办，享受更加智能化、人性化的社会保障服务体验。借助互联网诊疗系统，患者可以进行视频问诊，减少就诊所需的时间和交通支出；电子健康档案可实现诊疗数据的云端整合，优化服务流程并提升质量。

2. 优化服务流程，提升群众满意度

公共服务数字化的另一个重要方面是优化服务流程，减少不必要的环节和程序，提高服务效率。这需要对传统的服务流程进行深入的剖析和改造，利用数字技术简化流程、提高效率。以我国税务系统的数字化改革为例，通过推广电子税务局、手机 App 等渠道，纳税人可以实现在线申报、缴税、查询等功能，大大简化了办税流程。同时，税务部门还利用大数据分析，对纳税人的纳税行为进行监测和预警，提高了税收征管的效率和准确性。在公共服务领域，类似的优化流程案例还有很多。比如，一些地方政府推出"一网通办"服务，通过整合各部门的服务资源，实现了"一站式"在线办理，让民众办事更加方便快捷。

3. 加强数据治理，保障信息安全与隐私

在公共服务数字化的过程中，数据治理是一个不可忽视的问题。随着数据的不断积累和共享，如何保障信息的安全和隐私成为一个重要的挑战。我国在这方面也进行了积极的探索和实践。例如，在政务数据共享方面，通过建立完善的数据共享机制和标准规

范，确保了各部门之间的数据互通互用。同时，在数据安全方面，政府加强了对政务数据的监管和保护，采用了先进的数据加密和访问控制技术，防止数据泄露和滥用。此外，在公共服务领域，一些机构还通过引入区块链技术等新兴技术，实现数据的可信共享和追溯。这不仅提高了数据的安全性和可信度，也为公共服务提供了更加可靠的数据支持。

4. 推动社会参与，构建共建共治共享的服务体系

公共服务数字化的提升还需要注重社会参与的力量。通过引入市场机制和社会力量，可以推动公共服务的多元化供给和创新发展。我国一些地方政府正在积极探索与社会资本合作，共同推进公共服务数字化建设。例如，在智慧城市建设中，政府与企业合作建设智慧城市基础设施和运营平台，共同提供智慧化的公共服务，充分发挥市场在资源配置中的决定性作用，提高了公共服务的效率和质量。同时，社会组织和公众也可以通过参与公共服务数字化建设，发挥其积极作用。例如，一些公益组织利用数字技术开展公益服务活动，为弱势群体提供更加便捷和高效的服务；公众可以通过在线平台参与政策讨论和服务体验反馈，推动公共服务的持续改进和优化。

5. 持续完善法律法规，为公共服务数字化提供有力保障

政府需要制定和完善相关的法律法规和政策措施，为公共服务数字化提供有力的法律保障和政策支持。我国政府已经出台了一系列与公共服务数字化相关的法律法规和政策文件。例如，《中华人民共和国网络安全法》为公共服务数字化中的数据安全和隐私保护提供了法律保障；《关于促进平台经济规范健康发展的指导意见》等文件则为公共服务数字化的创新发展提供了政策支持。同时，政府还需要加强对公共服务数字化建设的监管和评估，确保其符合法律法规和政策要求。通过建立健全的监管机制和评估体系，及时发现和纠正公共服务数字化建设中的问题和不足，推动其健康、可持续发展。

6.3 资源调配数字化

资源调配数字化能够通过资源要素的高效配置和精准对接等优势，实现一定的治理效应。例如，以数字化创新服务或授权管理城市公共资源及非公共资源，诸如有形的自然资源、无形的土地使用权、企业资本、产权等的匹配、交易、投资与流通过程，进而带来资产溢价增值，政府的有效治理，推动城市经济发展，提升城市治理水平。

6.3.1 资源调配数字化的概念内涵

资源调配数字化是运用大数据技术对资源配置进行优化处理，进而提升生产效率的一种重要方式。在大数据时代，资源配置的概念得到了全新的解读和扩展，如图 6-1 所展示的那样，它涵盖多维空间中的个体单元、具体化的场景以及广泛的全域范围。在这个框架下，个体被视作多维数字化世界的基本构成元素，这些元素在多样化的空间和场景中展现出极大的活跃度。场景，作为一个重要的捕捉工具，专注于获取微观空间内

图 6-1 大数据时代的资源配置：个体、活动场景化和全域平台链接

各元素间的紧密联系数据，其精髓在于建立起基于消费群体习惯的数字化表征模型。全域指的是涵盖众多网站、多样化应用程序以及终端设备的网络环境，这些元素共同形成了一个庞大且复杂的数据交换网络。在这个多元化的网络空间中，个体不仅能够广泛利用全媒体资源，还能逐渐积累具备专业素养和场景适应性的微观反馈信息。这些信息的集中与共享，催生了新的经济模式，推动了这种融合趋势向产业链的更深层次发展，从而产生了大量的数字化流量接入点。

多维空间的个体和不断增强的场景汇聚将个体、组织乃至整个社会逐步引入数字时代，构建出一个数字化的社会运行副本，即数字孪生。经过进一步的演变，数字孪生将呈现出多样化的形态，如基于云计算的数据存储中心（数据银行）、多功能集成的场景平台、聚焦特定群体的粉丝社群以及面向专业领域的交流社区等。这些新形式将激发基于数据的创新产品和服务不断涌现，进而催生新型组织和运营模式。与此同时，随着数字孪生的深入发展，实体空间也将得到相应的优化和改进。传统的单一功能将逐步被综合性的场景所取代，原有的强弱关系格局将发生深刻变化，而传统的静态供应链也将逐渐让位于更加灵活高效的动态供应网络。这一系列的变革将有力地推动资源配置进入一个崭新的数字经济时代。

6.3.2 资源调配数字化的特征与作用

1. 特征

数据已成为政府数字化治理流程中的核心要素。这一要素的引入过程，具有高昂的初期固定投入、零边际成本以及累积的溢出效应三大显著特征。随着数字技术不断发展，其集成应用的网络化和平台化趋势日益明显，这种进步有效地打破了不同行政部门间的壁垒，展现了整体性治理的显著效果，进一步推动了社会资源的重新分配和管理效率的大幅提升。

　　数据，这一新兴的生产要素，作为现代信息社会的重要支撑，在推动经济发展、提升社会治理效率以及促进科技创新等方面发挥着越来越重要的作用。其重要性在近年来得到了中央文件的明确认可，不仅凸显了其在当前经济社会发展中的重要地位，也表明其将成为未来发展的重要引擎之一。通过深入挖掘和利用，数据资源有望为我国的可持续发展注入新的动力。与传统生产要素不同的是，数据要素聚集的领域正迅速成为吸引新增资源配置的热点，从而催生出更加多元化和广泛的资源组织与管理模式。得益于信息的普遍连接，政府管理工作能够轻松地触及并掌握各类主体的详细特征、偏好及需求。随着数据产品和服务的产业化，数据的积累量、积累效率及其应用水平正逐渐成为决定数字化治理模式效果的关键因素。

2. 作用

1）提高信息沟通、协作效率

　　数字要素的配置在政府治理过程中占据极其重要的地位。优化要素配置能力，旨在通过提升经济效用和增进各要素之间的协同合作，减少治理流程中的无效损耗，进而实现治理模式的整体效率提升和结构优化。随着数字技术的不断进步和应用，政府治理的传统信息机制得到了明显改善，显著提升了信息的流通和处理速度。借助数字平台的强大支持，政府的数字化治理流程得以实现广泛、顺畅且高效的信息交流。此外，大数据技术的运用不仅推动了要素配置能力的增强，还促进了要素间的协同合作，从而有效缩短了治理所需的时间和成本。数字化和网络化拓宽了数字化治理模式的辐射范围，促进了数字经济与传统政府治理的融合创新发展，将数字化治理模式寓于流通的各个阶段，并推动各个过程的快速响应与高质量协作。

2）跨部门、跨层级的一体化整体服务新阶段

　　在数据浪潮的强力驱动下，一个横跨全国所有区域、深度渗透至各级部门与层级的无缝衔接信息服务平台架构正逐步趋于成熟与完善。此体系不仅构筑了信用社会建设的稳固基础，为其提供了强有力的底层支撑与保障，还通过信息的全面整合与高效流通，促进了社会信用体系的深度发展与广泛覆盖。它不仅促进了数据资源的优化配置与共享利用，还增强了政府服务效能，提升了社会治理水平，为构建一个更加透明、公正、高效的信用社会环境奠定了坚实的基础。随着在线服务覆盖面的不断扩大，政府服务的效率得到了显著提升，公开性、透明度和包容性也进一步加强。当前，全球在线政务服务领域的发展已显著超越传统网站服务的范畴，正稳步迈向一个深度跨部门、跨行政层级的全面系统整合与高效集成的新纪元。这一转型不仅标志着政务服务模式的深刻变革，还体现了技术赋能下政府服务能力的显著提升。通过打破部门壁垒与层级限制，实现数据资源的互联互通与共享利用，全球在线政务服务正致力于构建一个更加协同、高效、便捷的公共服务体系，以满足公众日益增长的多元化、个性化需求，推动社会治理现代化进程不断向前迈进。

3）增强行政资源配置能力及国家治理效能

　　数据作为一种新兴的生产要素，正推动着政府治理职能的深刻转变，并为政府治理

注入了新的创新活力。随着数字政府建设的不断推进，政府行政资源的分配将变得更为科学和精确，从而促使国家行政体系愈发完善，行政效率及政府公信力得到显著增强。这一进程还将进一步提升政府配置行政资源的能力，优化国家治理效能。然而，数字化转型的浪潮给政府内部的组织架构重塑与资源配置策略带来了前所未有的艰巨挑战。与以往的政府管理模式不同，数字政府所倡导的是从组织框架的深层结构到治理机制的根本性革新，力求以此为引领，推动政府治理模式跃升至一个全新的发展阶段。这一转变不仅要求政府部门拥抱技术创新，还要深化治理理念的变革，以适应数据驱动决策、高效协同作业等新时代的要求，从而构建出更加灵活、透明、高效的数字政府生态体系。

4）信息安全成为生命线

随着数字政府建设的深入推进，一系列关联紧密且至关重要的议题，如数据安全防护、个人隐私权益保障、数据伦理框架构建、公众数据素养强化以及"数字鸿沟"的弥合等，正逐步成为社会各界关注的焦点，并将迎来更为系统性与前瞻性的解决策略。在此过程中，构建数字政府的安全屏障，要求我们具备全方位、多层次的考量视角，这涵盖维护国家整体安全稳定的宏观层面、确保社会公共安全的中观维度，以及强化信息防护与个人数据安全的微观细节，三者相辅相成，共同作为数字政府安全稳固的基石。为了有效应对当前错综复杂的安全形势，我们亟须构建一个更加健全、符合国家整体安全战略需求的数字政府安全保障体系。这一体系不仅要能够全面覆盖政府数字化转型过程中的各类安全风险，还要具备前瞻性和灵活性，以应对未来可能出现的新型安全威胁。通过完善这一体系，我们将能够提升数字政府的安全防护能力，确保政府信息化建设的稳健发展，从而为国家总体安全提供坚实保障。

6.3.3 资源调配数字化实践

数字技术，特别是以互联网、大数据和云计算为代表的前沿科技，已经深度融入传统经济体系，进而构建了一种新型的数字化治理机制。该机制更加公开、透明，匹配更精准，运作高效且成本较低。数据作为一种关键要素，其在不同产业、城乡之间以及国家间的自由流动，对产业结构优化、城乡区域均衡发展以及对外交流合作产生了深远的推动作用。值得一提的是，"互联网+"在精准扶贫方面的显著成效，为数字化治理的实效性提供了有力证明。举例来说，2017 年全国淘宝村的数量已突破 2000 个，特别是在广西、贵州、重庆、山西、陕西和新疆等地区，农村淘宝已扎根并蓬勃发展，这六个省区的电商发展取得了重大突破。正是得益于政府数字化治理的推动，各类要素得以自由流通，从而在经济发展中实现了效率与公平的双重保障。

基于国家对生态文明建设战略的高度重视与自然资源精细化管理的不断深化推进，政府在自然资源配置领域的数字化治理策略正经历着显著的演变与创新发展。这一趋势不仅体现了国家治理体系与治理能力现代化的内在要求，也标志着自然资源管理正步入一个以数据为驱动、以科技为支撑的智能化、精细化新阶段。通过运用先进的数字技术与信息化管理手段，政府旨在实现自然资源的高效配置、合理开发与严格保护，进而促进经济社会可持续发展与生态环境保护的和谐统一。自然资源管理部门依据"数字化、智能化、智慧化"的核心理念,对自然资源治理的业务运作流程、数据管理方式和应用实践进行了深度研究。该部门的愿景是打造一种全方位、全链条、全要素贯穿的自然资源管理体系,该体系深度融合了数字化、网络化与智能化的前沿特性,旨在实现对自然资源管理全生命周期的精准把控与高效运作。为达成此宏伟目标,自然资源管理部门正积极拥抱数字技术浪潮,致力于推动业务流程的深度重构、数据资源的全面整合与系统平台的创新融合,力求在数字化治理的框架下,探索并实践协同治理与智慧治理的新模式、新路径。这一转型不仅将极大提升自然资源管理的精细化与智能化水平,还将为构建生态文明、促进经济社会可持续发展奠定坚实的基础。在水利、电力、煤炭等自然资源的分配过程中,这种新模式的效果得到了充分展现。

6.4 应急管理数字化

6.4.1 应急管理数字化的内涵与意义

1. 内涵

应急管理数字化的覆盖范围相当广泛,囊括诸多治理对象,如自然灾害,包括森林草原火灾、地质灾害以及气象灾害等;生产安全领域则涉及危险化学品管理、矿山安全以及化工园区的安全保障等。同时,它还关注疫情防控以及城市安全的多个层面,例如,基础设施的稳固性、城市建设的施工安全、关键生命线系统的稳定性、火灾防控的安全性,以及社区环境的安全保障等。

经过对应急管理数字化的深入探索,可以明确其核心理念主要聚焦于自然灾害应对、生产安全保障、疫情防控以及城市安全防护等多个紧急状况场景。这一理念涵盖应急管理的各个环节,从预防与准备到监测与预警,再到应急处置与救援,直至灾后恢复与重建,形成了一个完整且系统的管理流程。在这一理念的指导下,各个环节之间形成了紧密衔接的链条,确保在遭遇突发事件时能够迅速响应、科学处置,最大限度地减轻灾害带来的损失。其中,智能感知技术和数字化应急响应系统等尖端科技的集成运用扮演了至关重要的角色。这些先进技术与应急管理活动的紧密结合,极大地推动了业务、流程及决策层面的创新,并为应急管理向数字化转型、协同化运作和智能化提升迈进提供了强大的推动力。这种变革有助于解决传统应急管理方式中的多种难题,从而对国家的繁荣和社会的进步产生深远影响。

2. 意义

应急管理体系,作为一个由政府引领并携手多元化社会组织紧密协作构筑的复杂而精细的网络架构,其核心目标在于确保对各类突发事件能够实施高效、协同且有序的应对举措。这一体系通过整合政府权威、社会资源与专业知识,形成了一个既灵活又稳固的应急响应机制,旨在最大限度地减少灾害损失、保障公众安全,并促进社会的快速恢复与稳定。应急管理体系不仅涵盖法律法规的制定与执行、体制机构的建立与完善(包括公共与私人部门），还涉及机制与规则的设定、能力与技术的提升、环境与文化的塑造等多个层面，共同构成了一个精细且协同运作的网络结构。简而言之，应急管理体系是在处理突发公共事件时，集组织建设、制度安排、行为规范和资源整合于一体的综合性系统。这些要素在体系中相互关联、相互支撑，共同构成了一个有机的整体。

根据《中共中央关于坚持和完善中国特色社会主义制度、推进国家治理体系和治理能力现代化若干重大问题的决定》提出的指导原则，我国正在积极构建一个统一指挥、专常兼备、反应灵敏、上下联动的应急管理体制。这一体制的构建旨在全面提升国家的应急管理能力，以更加高效、精准地应对各类突发事件。这一体系的构建，能够有效提升我国应对突发事件的效率和质量，是推进国家治理体系和治理能力现代化的关键一环，为国家的长治久安提供坚实保障。

应急管理体系的数字化转型被视作一场旨在显著提升其全面效能与运行效率的深层次革新运动。这一过程的核心驱动力源自数字技术（如互联网、大数据和人工智能等）与应急管理体系的深度融合与无缝对接，旨在通过科技赋能，重塑应急响应的每一个环节，实现资源调配的最优化、决策制定的精准化以及执行效率的飞跃式提升。这一转型不仅是对传统应急管理模式的一次全面升级，更是迈向智能化、精准化应急治理新时代的关键一步。应急管理体系的数字化转型涵盖三个关键维度的转变：在技术层面，数字技术正被广泛引入应急管理体系中，以此推动应急产业的创新发展。在管理决策领域，传统的经验导向、被动响应和常规模式的决策体系正逐步演进为以数字技术为支撑的知识导向、主动预判和敏捷响应的决策机制。这一转变显著增强了决策的科学性和响应的时效性，使组织能更迅速、更精准地应对复杂多变的挑战。在制度与文化层面，以往垂直化、行政主导和中心集权的应急管理制度与文化正在逐步向数字技术支持下的互联互通、协同共享的新型模式转变。这种转变通过构建一个更加网络化、专业化和现代化的应急管理体系，提升整个组织的应急响应能力和水平，以更好地适应数字时代的发展需求。通过这些转变，我们能够更好地应对突发事件，提升应急管理的效能和水平。

鉴于当前形势，应急管理的数字化转型已成为刻不容缓的任务。在这一过程中，还需要不断完善数字化转型的体制机制，加强技术研发和应用创新，培养一支具备数字化素养的应急管理队伍，以确保数字化转型的顺利推进和取得实效。同时，还应加强与国际社会的交流与合作，借鉴先进经验和技术，共同应对全球性的灾害挑战，推动构建人类命运共同体。

6.4.2　应急管理数字化的特征

1. 融合性和整体性

在应急管理的广阔领域中，通过实现海量信息与数据的广泛共享，我们能够充分释放数据分析平台的强大潜能，进而对突发紧急事件进行全方位、多维度的刻画及详尽记录、深刻剖析与灵活重构。这一过程不仅加深了我们对事件本质的理解，还促进了应急响应策略的快速制定与精准实施，为有效应对各类突发事件提供了坚实的数据支撑与决策依据。以疫情的数字化应对策略为例，从整体性治理的角度出发，先进的数字技术如大数据行程卡、健康码等得到了广泛应用。这些技术的运用使通信、医疗、交通、疾控等多个关键领域得以有效整合，从而摒弃了以往公共卫生管理中存在的碎片化弊端，建立起以大数据为基础的新型疫情风险防范与应急处置模式。此外，数字技术平台化的显著特性，在深层次上极大促进了数据信息与资源的广泛流通与共享，进而成为驱动应急管理模式持续革新的核心动力。这一变革浪潮不仅颠覆了传统的层级分明的垂直管理体系，还为构建一个更加协同、集成且高效运作的应急管理一体化架构奠定了坚实的基础。在此框架下，各类应急资源得以优化配置，响应速度显著提升，为有效应对复杂多变的突发事件提供了强有力的支撑与保障。

2. 高效率和敏捷性

应急管理数字化的推进，离不开深入集成的传感装置以及出色的边缘计算能力。借助跨域直接连接的信息传输体系，该技术已有效地超越了传统的以人为核心的监控方式，对应急信息的交流与反馈机制进行了深刻的改革。这一创新不仅体现在信息传递的速度和准确性上，更在应急响应的及时性和有效性方面展现了显著的优势。此类技术的革新性应用，有效瓦解了各部门、各层级间长期存在的信息壁垒与沟通障碍，实现了数据资源的高效汇聚与无缝整合。这一转变显著增强了应急响应主体的敏捷性、行动的精准度以及实时反应能力。尤为值得一提的是，数字孪生技术通过对物理世界的高精度模拟与虚实交互的深度融合，使我们能够在线上对物理系统的潜在风险进行即时、深入的分析与预判。这一技术飞跃不仅规避了应急响应过程中的冗余与低效环节，还确保了应急策略从制定之初便处于最优状态，从而极大提升了应急反应的整体效能与效率。

3. 安全性和韧性

应急管理数字化利用先进的数字技术，精简了信息传递的流程，确保了信息的准确传输。通过增强边缘计算能力和推动去中心化的信息处理，进一步提升了应急管理体系的现代化水平，增强了系统的整体性和可靠性。此外，分布式、小规模且高度多元化的创新策略在显著提升应急管理体系遭受突发事件冲击后的恢复与重建速度方面展现出了卓越成效。当我们深入探讨应急管理体系的韧性特质时，需要聚焦于其主动强化自身稳定性、提升自我适应与调整能力的重要性，以此确保该体系能在面对外部剧烈冲击与破坏时，依然保持高效运作，并迅速恢复至最佳状态，从而更有效地抵御未来潜在的危机与挑战，同时在遭受损害后也能快速进行自我修复。

扩展阅读

数字化预案的构建，是借助先进的计算机技术与网络架构，将传统的文本形态应急预案进行深度转化，遵循突发事件的应对逻辑，重塑为数字化的动态模型。此类预案独具智能分析事故态势的能力，能够精确评估预警信号，判定响应级别，并清晰界定灾后恢复与重建等核心应急环节，实现了应急决策辅助的智能化升级。在预案的研发周期内，至关重要的是要对潜在事故风险进行全面而细致的评估，深度挖掘应急资源布局，广泛覆盖风险源识别、事故概率分析、后果评估、影响范围界定以及应急资源调配等多个维度，确保预案内容既全面覆盖又紧贴实际，同时强调信息的动态更新机制，为预案的编制、生成与持续优化提供坚实可靠的科学依据，进而提升应急管理体系的整体效能与适应性。

在部分公共危机应对及高危作业领域，数字化预案体系的建设已取得显著进展并付诸实践。以2008年北京奥运会为例，为了全面保障奥运场馆的安全无虞，北京市消防局匠心独运，量身打造了一套先进的数字化消防应急响应预案系统。该系统巧妙融合仿真技术，构建起高精度的三维立体模拟环境，实现了对真实应急场景的无缝对接与实时呈现，极大地促进了应急预案的日常管理与实战演练效率，为快速、精准的应急响应提供了强有力的技术支撑与保障。同时，该系统还具备预案管理、应急演练等多重功能，极大地提升了应急响应的准确性和速度，为奥运会的成功举办提供了有力的保障。系统内还整合了火灾风险评估、模拟、消防设施布局、人员疏散方案及现场处置策略等信息，为火灾应急提供决策支持。同时，该系统不仅具备展示消防人员行进轨迹与定位站点的功能，还借助三维仿真技术的强大能力，助力救援人员深入了解建筑结构的复杂布局与关键区域的精确位置，实现现场信息的即时捕获与共享。这一定制化设计的系统，紧密贴合北京奥运场馆的实际环境特征，展现了高度的场景适应性与操作实用性，有效促进了应急响应速度的飞跃提升，并显著降低了应急管理与实施的成本支出，为大型活动及复杂环境的安全保障树立了新的标杆。

上海世博会召开之际，一些学术研究者提议，将地理信息系统（GIS）、数据库管理、专家系统决策支持、数学模型优化与案例推理（CBR）等多元技术有机融合，可以构建一个针对上海世博会期间潜在突发事件的智能化、高效能应急响应体系。这一体系的建立，能够通过技术集成与协同创新，提升应急管理的精准度与响应速度，确保世博会期间的安全与稳定。该体系通过提供一套综合性的开发解决方案，有效地解决了关键技术难题，从而提高了应急响应的效率和准确性。这一创新性的构想通过技术融合，为世博会的安全保障工作提供有力支撑，确保各项活动的顺利进行。

针对中国石油的实际情况，有学者也提出了相应的数字化预案系统建设步骤，并从业务流程、系统部署及系统功能三个方面详细规划了系统的构建方法，为数字化预案系统的设计与开发提供了有价值的指导。

资料来源：张伟东，高智杰，王超贤. 应急管理体系数字化转型的技术框架和政策路径[J]. 中国工程科学，2021，23(4)：107-116.

中国经济网：http://www.ce.cn/cysc/ztpd/08/aykjzzcx/changguan/200808/05/t20080805_16393449.shtml.

6.4.3　应急管理数字化的应用

1. 应用情境

1）自然灾害

自然灾害，如森林草原火灾、恶劣气象、洪涝与干旱、地质灾害等，常常源于错综复杂的诱因，并带有强烈的突发性，有时甚至超出了人力防范的能力范围。与目前存在的自然灾害应急指挥系统相比，数字化应急管理展现出其独特的优势。它通过数字应急大脑的全面赋能，以及全方位、全体系、全部门的紧密配合，打造出一个高效、精准的自然灾害数字化应对与管理场景。这一创新模式不仅提升了灾害应对的效率和准确性，更标志着应急管理迈向了数字化、智能化的新时代。

2）生产安全

在生产安全领域中，危险化学品安全、矿山安全以及化工园区安全无疑是其中备受关注的核心要素。这些领域的事故常常由一系列复杂的因素所引发，具有极强的突发性和巨大的破坏性。由于每个生产场景都有其独特的特点和潜在风险，因此，应急管理工作的重点也应随之做出相应的调整。例如，在危险化学品安全领域，应重点关注危化品的储存、运输和使用环节，确保各环节的安全可控；在矿山安全领域，则需加强对矿山开采过程的监管，预防瓦斯爆炸、矿顶塌落等事故的发生。通过针对不同生产场景的特定风险进行精准施策，才能更有效地提升生产安全水平，保障人民群众的生命财产安全。在矿山安全领域，预防和准备工作显得尤为重要。为此，需要完善数字化的应急预案，提升应对突发事件的能力和效率。在化工园区安全方面，需要聚焦园区的动态监管，实行从原料进厂到产品出厂的全流程闭环管理，以确保整个生产过程的顺畅与安全。这种差异化的应急管理策略，正是基于对不同生产场景特性的深入理解和分析而制定出更为精准、有效的安全措施。这些措施的实施可以全方位提升生产安全水平，确保人员和财产的安全。

3）城市安全

城市安全涵盖多个层面，包括基础设施、生命线系统、施工进程、火灾防护以及社区治安等各个维度。这些潜在的安全隐患通常具有隐匿性和不确定性，并可能以偶然或突发的形式出现。与现有的城市安全应急响应体系相比，数字化应急管理展现了一种更为周全且尖端的管理模式。依托数字应急大脑的深度赋能，数字化应急管理不仅能有效解决城市安全基础不牢固的难题，还能应对安全管理能力与现代城市发展需求之间的不匹配问题。这一创新模式有助于构建一个更为高效、智能的城市安全保障环境，进而全方位增强城市对各种潜在安全风险的预防和反应能力。此举对于保护市民的生命与财产安全至关重要，同时为城市的长期稳定发展提供了牢固的安全基石。

4）疫情防控

疫情等公共卫生事件，具有预见性低、突发性强、成因复杂、传播速度快、影响广泛和危害严重等特点。这些特性使传统的应急响应措施显得捉襟见肘。因此，数字化转型在应急管理中显得尤为重要，其中，全方位、全体系、全部门的紧密配合以及多层面、多体系的联动指挥成为提升疫情防控能力的关键。

为了更有效地应对公共卫生事件，可依托数字应急大脑，构建涉及疫情防控的联动机制、响应流程、预警系统、沟通渠道以及物资调配等数字化场景，这样可以全面实现疫情防控的安全目标。为实现既定目标，可采取的具体措施包括：整合大数据、人工智能以及区块链等尖端技术，构建一套具备高度智能化的疫情防控决策辅助与指挥调度系统。通过与公共卫生应急事件的知识图谱相融合，该系统能够快速地进行风险预警与识别工作，进而大幅提升基层单位在疫情防控方面的执行效率和决策精准度。此外，在应急管理体系中，数据资源的整合以及防控物资保障流程的优化显得尤为重要。这不仅有助于确保应急物资的充足与及时调配，更能提升整个体系的响应效率。同时，借助无感核验、健康码以及面部识别等先进技术，可以实现非接触式、迅速便捷的体温检测和身份核实，从而摒弃传统的被动核验方式。这种转变不仅有效减轻了防控人员的工作负担，还显著提升了用户体验，特别是对老年人群体的友好性得到了显著提升。此外，这些举措的实施还为后续的信息追溯提供了坚实的基础，有助于进一步加强防控工作的针对性和有效性。

2. 安全监管与预警数字化实践

通过数字化手段加强监管风险控制体系和开放监管应用体系的构建，可以实现监管系统之间的全面互联互通以及数据资源的广泛共享。这将进一步推动规范化、精准化和联合式的监管实施，确保监管无死角。此举不仅能提升城市各职能部门的监管效能，还能在食品安全监管、公共安全监管等重要领域中发挥显著作用，提高监管的精确度、效率和智能化水平，为城市监管模式的创新变革开辟新的道路。

1）安全生产基础平台

在安全生产基础平台的搭建上，以企业为核心，构建详尽的企业档案体系，即"一企一档"，通过深度融合行为主体、车辆及企业的多元信息，实现以企业为视角的执法流程全覆盖。这样的平台不仅支持隐患的系统性排查，更能保障处置流程的条理性和高效性。

2）智能动态感知

智能动态感知技术融合了视觉智能技术与传感监测功能，针对动火作业、人员和车辆的核实记录、场所内人数管理、可燃和有毒气体的检测，以及危险品储量是否超标等特定情境，进行实时监控和预警。此技术能迅速捕捉异常事件并即刻生成相关证据，从而有效提升了安全管理效率和响应速度。

3）风险和隐患警示

风险和隐患的警示机制是基于感知预警系统所触发的事件来运作的。这一机制通过自动化流程，对这些事件进行分类和深度分析。在处理不同级别的事件时，系统遵循企业自查自纠的原则，智能地为管理部门和相关企业分配相应的处理规则和职责。

在数据分析的实践环节中，对已发生的安全事故进行深入剖析至关重要。特别需要关注事故高发环节，以预防类似事故再次发生。此外，通过比对分析工伤数据与工人的社保、医疗数据，可以有效降低瞒报漏报事件的发生率，提高安全管理的效率和准确性。

扩展阅读

智慧安监全天候作业，促进预见性治理

在杭州余杭区，智慧安监系统已成功落地并投入运行，这一系统以24小时不间断的在线监控模式彻底替代了以往传统的上门抽查方式。目前，该系统已经整合了超过5800

家企业的关键信息。利用工伤事故的大数据预警分析功能，系统已经完成了对涉及企业的 1765 次详尽检查，并将 24 家企业列入重点执法检查名单，对 3 家企业实施了相应的处罚措施。此外，系统还敏锐地捕捉到了 8 起传感报警事件和 9 起危险场所人数超过限制的情况。得益于人工智能领域中的"深度学习"算法，这一智慧安监系统能够精准地识别视频中的关键元素，如行驶的车辆和行走的行人，从而实现对危险区域内人数的有效控制和个体识别。这样的技术进步不仅显著减少了安全监管的盲区，而且有效解决了以往难以实施的动态监管难题。通过注入数字技术，危化企业的管理模式得到了革新，实现了基于人工智能的精确和动态监管。监管部门利用这些智慧工具，能够实时了解各生产经营单位的安全生产状况，及时评估安全风险，并消除潜在隐患。这不仅提高了相关单位的安全生产管理水平，还显著提升了监管效率和能力。通过大数据的关联计算，系统能够及时预警可能发生的事故，并迅速通知相关部门进行预防和监管，从而将问题扼杀在摇篮中。

杭州余杭消防大队的资深消防员深信，数字化治理将为杭州的未来带来更安全的环境（见图 6-2）。在火灾发生时，"城市大脑"系统能够迅速且精确地将火灾的地理位置以及燃烧物质的具体信息传达至消防站点。火灾情况一经确认无误，"城市大脑"便会即刻向医院、水务部门和警方发出联动通知，以确保各方能在火灾发生后最短时间内做出响应，并积极参与到灭火行动中。这种数字化治理方式有效解决了过去依赖人力监控的问题，大大提高了工作效率，并消除了城市中的监控盲区，使火灾频发的角落得到了有效的管理。

图 6-2　余杭消防智慧安监系统
图片来源：新杭州故事，https://www.sohu.com/a/254952549_587311.

资料来源：浙江省应急管理厅新闻动态，https://yjt.zj.gov.cn/art/2021/4/21/art_1228985952_59047175.html.

6.5　数字时代的国家安全

随着数字时代的来临，大数据不仅深刻影响着民众生活的方方面面，还与国家安全建立起不可分割的紧密联系。数据资源已成为继自然资源、能源动力及信息之后的第四大资源；同时，在地理空间范畴内，它开辟了继领土、领空、领海之外的第四维空间。随着信息技术的发展，国家安全面临的威胁日益多元化、复杂化，技术与安全交叉渗透，内部安全挑战与外部安全威胁交织缠绕，共同编织了一幅错综复杂的国家安全图景，其整体性特征愈发显著。展望未来发展趋势，数字时代背景下的国家安全风险正显现出一系列鲜明特征，这不仅考验国家的治理能力，也对国家安全的全面保障体系提出了更为严峻的挑战。

6.5.1　数字时代国家安全的环境变化和特征

21世纪是全球数字技术迅猛发展的时代。云计算、大数据、人工智能、区块链、工业电脑、量子通信等技术正在快速发展，这些技术正在相互渗透、交叉融合，推动着人类社会的快速迭代与更新。数字时代国家安全的环境变化体现在对数据的利用上。

海湾战争及伊拉克战争前夕，美国军队凭借其先进的数据化思维与强大的数据处理能力，在作战实验室中完成了对战术的精心策划与多次模拟验证，在作战实验室这一现代战争的"预演场"中，将战术规划提升至前所未有的精细化水平，为战争的胜利奠定了基础。现代信息化战争综合了海、陆、空多维度军兵种，武器装备种类多，作战方式多样，需要大范围的协调作战。这就需要对人员、时间、区域、装备、距离等方面的资料进行定量的分析和准确的计量。

在国家安全领域，数据安全的作用不仅限于军事层面，还包括经济安全、政治安全和文化安全，成为国家安全体系中不可或缺的组成部分。从2020年年初疫情暴发开始，大数据技术在政府治理、互联网生态、工业制造、电信通信、金融服务及医疗健康等多个领域发挥了关键性的作用。在疫情期间，政府特别强调了应急指挥平台和疫情防控大数据平台的建设，这些平台在大数据的支撑下，为政府的决策和资源调配提供了强有力的数据支持。电信行业的大数据服务成为疫情态势研判、防控措施部署及人员流动监控的关键力量，通过深度挖掘与分析，为相关部门提供了科学、精准的决策参考。同时，工业领域的大数据在解决疫情期间供应链受阻、物资调配难题，以及加速企业复工复产进程等方面也起到了至关重要的作用。大数据技术的有效运用，不仅是中国抗击新冠疫情、守护人民生命健康安全的坚实后盾，也是维护社会稳定、促进经济快速复苏、保障国家各领域安全稳定的重要推手。

在当今社会，数据作为一种新兴的生产要素和生产资料，其地位愈发凸显。2020年，全球数据泄露事件频发，总量已超过过去15年的总和。尤为值得关注的是，医疗、政务及生物识别信息等高价值且极具敏感性的数据领域，正面临前所未有的泄露风险加剧态势。同时，随着云计算与终端设备的广泛应用，云、端数据的安全隐患日益浮出水面，成为亟待解决的全球性难题。经济情报窃取、基因数据安全隐患、个人隐私泄露以及技术机密外泄等事件屡见不鲜，成为数字时代的新常态。这些数据的非法获取，不仅会给经济带来损失，还会给社会带来很大的危害，甚至可能危及国家安全。

数字时代国家安全呈现出以下几个显著特征。

（1）在网络安全领域，实现绝对安全被视为一个理想化的目标，本质上难以企及。从技术维度深入剖析，网络空间内的安全漏洞是不可能被完全消除的，因而不可能实现网络空间的绝对安全。

（2）无意安全风险与有意安全风险相互交织，极大地增加了国家安全的维护难度。就无意安全风险而言，互联网所固有的去中心化特性、自下而上的组织结构和共识驱动的运作模式，虽然有利于创新的推进，但同时也导致了安全风险的分散，使整体的安全管理和应对变得复杂和困难。有意安全风险是指互联网与颠覆性技术的结合，不仅为不法分子提供了新的作案工具，也为国家在实现战略目标时开辟了新的领域和策略。这两种风险的交织，使安全风险治理变得更加艰难。维护国家安全不仅需要关注技术层面的解决方案，还需要深入考虑行为主体之间的相互博弈。特别是在数字技术革命和国际秩序变革的双重影响下，国家间的竞争和对抗性加剧，无疑会进一步加大构建网络空间安全共同体的复杂性与挑战性。

（3）安全风险是伴随着创新发展而产生的，这使得在追求发展与保障安全之间找到平衡变得更加困难。由于数字化治理的目标在于管理技术进步可能带来的安全外部性，这些问题往往同时涉及经济和安全的层面。在治理过程中，必须兼顾安全利益和发展利益，力求实现高质量发展和高水平安全之间的平衡。因此，在制定相关法律法规和政策措施的同时，在战略层面上，需要综合运用多种政策手段进行统筹规划和协调。

扩展阅读

1. 国家级黑客

近几年来，网络攻击的威胁已跨越虚拟与现实的界限，渗透至社会经济的各个领域。昔日那些小规模、零散的黑客活动已逐渐淡出舞台，取而代之的是国家级黑客组织的介入。它们以高度专业化的手段，将攻击矛头直指国家关键基础设施、核心城市以及大型企业集团。在这场没有硝烟的战争中，数据已成为新的战略资源，也是黑客们竞相争夺的目标。

360 公司曾监测到某大国国家安全局对中国进行的持续十余年的高级网络攻击，攻击范围广泛，涉及政府、通信运营商、金融、航空航天、军工、教育机构、科研院所以及医疗等重要行业，对我国的国家安全构成了严重威胁。周鸿祎表示，像华为这样的大型企业也曾遭受过某大国的网络攻击，这表明，当面对一个国家力量的网络进攻时，我们的企业、高校和科研机构缺乏足够的防御能力，甚至难以察觉到攻击的发生。因此，面对数字时代的安全挑战，中国必须加强顶层设计，构建全面的网络安全防护体系。

不久前，西北工业大学正式对外发布声明，指出该校的电子邮件系统遭受网络攻击，此次事件对学校的日常教学活动与师生生活产生了负面影响。校方对此高度重视，并立即向当地公安机关报案。经过公安机关的初步侦查与分析，此次网络攻击事件被认定为境外非法组织与不法分子所为，旨在针对该校进行恶意破坏与渗透。

进入数字时代，国家安全的环境发生了很大变化，如何对数字时代的国家安全问题进行有效治理？这是我们需要关注的问题。

资料来源：孙冰.全国政协委员、360创始人周鸿祎：国家级黑客正在入场，数字安全需要顶层设计[J].中国经济周刊，2022(5)：80-81.

2. 深度伪造

深度伪造，这一融合了"深度学习"与"伪造"概念的新兴技术，其核心在于利用先进的人工智能算法与庞大的数据资源，生成高度逼真的视频、图像及文本内容，其仿真度之高，以致不仅非专业人士，甚至专业人士也难以区分真伪。

深度伪造技术的恶意应用及其泛滥，构成了对传统及非传统安全领域的严峻威胁，它不仅动摇了国家与国际间的和平基石，还深刻影响了安全与稳定的格局。随着深度伪造技术的获取门槛日益降低，各类行为体——无论是国家还是非国家组织，都能轻易地利用这一工具参与到错综复杂的虚假信息传播网络中。这种趋势不仅深刻影响国际政治生态，还可能通过操纵舆论、误导公众认知，进而干预他国内政，重塑政治版图，甚至引导政治走向的剧变。此外，深度伪造还成为一种潜在的信息战武器，被某些势力用于破坏他国的信息生态系统，在已经紧张的政治和军事局势中诱发危机或加剧紧张关系。

资料来源：刘国柱.深度伪造与国家安全：基于总体国家安全观的视角[J]. 国际安全研究，2022，40(3)：3-31，157.

6.5.2　国家安全的核心问题

国家安全作为一国生存与发展的基石，其核心在于确保国家政权稳固、主权独立、领土完整不受侵犯，同时保障人民福祉与经济社会持续健康发展，以及所有关乎国家根本的重大利益免受内外威胁，并具备持续维护并保障这种安全态势的能力。

2018年4月18日，在十九届中央国家安全委员会第一次会议上，习近平总书记阐述的总体国家安全观，是一个涵盖广泛、层次清晰、逻辑严密的战略思想体系。它以人民安全为宗旨，以政治安全为根本，以经济安全为基础，通过军事、文化、社会安全的全方位保障，以及促进国际安全的国际视野，共同构筑起国家安全的坚固长城，探索并践行一条具有中国特色的国家安全发展道路。

总体国家安全观体现了一种全面且均衡的安全思维，它要求我们在应对安全挑战时，既要关注外部环境的稳定与和平，也要重视内部治理的和谐与有序；既要确保国土的安宁与完整，也要关注国民的安全与福祉；既要防范传统安全领域的风险与威胁，也要警惕非传统安全因素的滋生与蔓延；既要追求国家的繁荣与发展，也要将安全置于同等重要的位置。同时，还要积极促进共同安全，为世界的和平与稳定贡献力量。这种多维度的安全观念，对于维护中国国家安全、推动社会全面进步乃至促进全球和平与发展，都具有重大而深远的意义。

6.5.3 数字技术的作用与影响

数字技术催生了新的国家安全形态。在深入探讨数字化的发展历程及其深远影响时，我们不难发现，数字化作为数字技术的直接产物，其影响力已远远超越了技术本身的范畴。数字化作为先进生产力的杰出代表，深刻改变着世界的面貌，成为推动社会发展与文明进步的关键驱动力。在数字化浪潮的推动下，一个崭新的、内涵丰富多样的世界正在被逐步构建。数字技术作为这一变革的基石，其底层性、基础性的特质为全面而深刻的社会转型提供了可能。与工业革命相比，数字化所引领的经济社会变革更为彻底。然而，值得注意的是，科技本身具有价值中立性，但数字化在积极重塑人类社会物质与精神世界的同时，也不可避免地在现代社会的解构与重构过程中产生了一定的反作用力，这些反作用力可能对社会发展和人类文明的进步构成潜在的威胁。因此，数字化可以被视为人类社会发展中的安全议题。随着数字化进程的不断深入，由其引发的社会生态与社会环境正经历着快速而剧烈的变化。在这一背景下，数字社会与数字安全问题日益成为社会各界关注的焦点。

6.5.4 数字时代国家安全的几个重要相关议题

近年来，以数字技术为引擎的新一轮科技变革与产业升级快速发展，不仅推动了数字经济的快速崛起，也标志着人类社会迈入数字时代。2020 年《中共中央关于制定国民经济和社会发展第十四个五年规划和 2035 年远景目标的建议》中，一个尤为引人瞩目的亮点便是明确提出了推进数字中国建设和加速数字化发展的战略部署，彰显了数字化在国家未来发展规划中的核心地位。目前，我国正处于从现代化过渡到后现代化的阶段，后现代社会的虚拟化、去中心化、网络化、数字化、信息化和智能化特征，正在深刻改变社会的组织结构、生活方式、生产模式、分配机制和消费方式（燕继荣，2019）。这些变革要求政府管理模式进行适应性调整，创新治理方式，提升治理能力，以应对后现代化的复杂挑战。因此，深入研究数字技术在推动国家治理体系建设与治理能力现代化转型中的作用，已成为理论界关注与实践层面改革探索的关键议题。

当今中国，在数字经济浪潮的深刻影响下，生产关系与经济基础正经历着前所未有的变革。国家治理体系作为上层建筑的重要组成部分，其部分环节已显露出与数字经济高速发展不相匹配的滞后性，主要体现在以下四个方面。

一是国家治理理念的适时更新与转型需求日益凸显。正如党的十九大报告所强调的，中国特色社会主义已步入新时代，社会主要矛盾的根本性转化，要求我们重新审视国家治理的核心理念。在数字技术飞速发展的当下，民众对于美好生活的向往不再局限于传统的物质文化层面，而是拓展到了更为广泛且多元的领域，涵盖个人获得感、幸福感、安全感、归属感、尊重感及权利保障等深层次的精神追求。因此，国家治理的现代化建设，在数字经济的新时代背景下，必须超越单纯制度规则的构建，将福利价值的实现纳入考量；不仅要重视治理的最终成效，还需关注治理过程中的公平正义。更重要的是，政策制定与执行需紧密贴合民众的真实感受与需求，确保国家治理的每一环节都能真正惠及人民。

二是关于治理体系的硬件支持和人才储备问题。数字手段在提升政府现代化管理水平中具有重要作用，主要利用智能手机、PDA以及其他移动智能设备，依托无线接入技术构建全新的政务服务模式——移动政务，或更形象地称为"云政务"。这一创新平台以其技术含量高为特点，持续催生出一系列亟待探索与研发的技术挑战与课题。鉴于数字技术与数字经济所固有的特性，对于投身于此领域的专业人才而言，不仅需要精通计算机编程、数理统计等知识，更需掌握数据分析、自然语言处理及语义识别等高级技能（尹振涛和徐秀军，2021）。然而，当前我国公共管理部门在数字技术基础设施和人才培养方面，力量仍显不足。

三是政务数据管理领域正面临严峻的安全与隐私挑战。数字技术的普及加剧了数据泄露风险，数据面临着泄露、不当使用、信息盗窃交易以及网络攻击等安全威胁。根据《2019年中国网民信息安全状况研究报告》，有高达77.7%的受访网民遭遇过信息安全事件。从政府管理的视角来看，为提升决策效率与服务质量，相关部门倾向于广泛收集数据。海量数据涵盖了国家安全机密、政府运作详情及公民个人隐私等高度敏感的内容。这些数据一旦遭遇泄露，可能会带来严重的后果。

近年来，尽管我国已构建起以《中华人民共和国网络安全法》《中华人民共和国个人信息保护法》及《中华人民共和国数据安全法》为基石的法律框架，以加强数据安全管理和个人隐私保护，但这些法规的覆盖范围和实施效果仍有待加强。因此，如何在充分发挥数据价值的同时，解决国家安全与个人隐私问题，已成为当前社会亟待破解的难题。

四是网络舆情管理的策略，可细化为"被动响应"与"主动引导"。从国家治理的高度来看，被动响应侧重于对舆情动态的即时监控与有效调控，旨在实现治理的精准性与高效性。主动引导则需要构建网络舆情的传播机制，加强对舆论的引导和管理工作。习近平总书记2016年在新闻舆论工作座谈会上发表重要讲话，要求"提升党的新闻舆论传播力、引导力、影响力、公信力"，表明党在新时期新闻舆论思想的核心已由传统宣传向现代引导转变，标志着新闻舆论引导已成为国家治理现代化进程中的重要组成部分。

随着全球数字化的进程持续加快，全球性数字风险与危机日益凸显，对国际社会的治理体系构成了严峻挑战。与工业化时代相比，数字时代的风险展现出更显著的全球性特征，具体表现为弥漫性、穿透性与隐匿性三大特性。一方面，数字风险能够跨越国界，以惊人的速度在全球范围内蔓延，对各国经济、政治、社会等领域造成深远影响；另一方面，这些风险无孔不入，渗透至人们的生产和生活各个方面，影响范围广泛。数字风险往往具有隐蔽性，不易被普通公众所察觉。因此，明确数字全球化的含义和特点，对于更准确地理解和把握当前全球化的转型和发展趋势至关重要。

在当今全球化的数字时代，全球范围内数字资源的非均衡分配状况显著，构成了一道道难以逾越的"数字鸿沟"。同时，数字安全威胁成为各国共同面临的严峻挑战，对社会稳定与国家安全构成潜在风险。国家间在数字领域的互动日益复杂，其中不乏数字霸权的阴影以及数字冷战的隐忧。此外，数字空间作为新兴的社会活动场域，个人权益的保护问题日益凸显，特别是数字自由与数字隐私权的平衡成为关注焦点。数字公司和数字媒体的崛起，虽极大地丰富了信息传播渠道和内容生态，但也引发了诸如数字极化加剧、数字垄断形成以及数字内容政治化等异化现象。

鉴于上述诸多数字风险与挑战，全球数字化治理体系的构建显得尤为迫切与重要。其核心任务应聚焦于构建高效透明的数字政府、促进包容可持续的数字经济、维护健康有序的数字舆论环境、制定科学合理的数字规则体系、强化数字伦理的引导与约束，以及加强跨境数据流动的安全与监管等方面。

（1）数字政府。信息化和通信技术是构建数字政府的重要基石，特别是互联网技术的应用，能够增强政府的公信力，提高治理效能和可预测性，促进政府与社会的良性互动。在国外，英国政府致力于实现数字政府的转型，新加坡政府正在推动"智慧国"建设，马来西亚政府采取了"马来西亚数字"战略。在我国，从中央到地方各级政府都在积极推进数字政府的建设，借助人工智能、大数据等前沿科技力量，致力于打造一个集成化网络服务平台。该平台旨在实现政务与便民服务的"一站式"高效对接，通过链接各类信息数据节点，极大地促进信息的流通与共享。在此基础上，进一步强化政务微博等新型媒介的建设，构建与公众紧密互动的桥梁。同时，加大对市场的监管力度，特别是对存在异常经营行为的企业实施精准监测，提升国家治理、社会管理和公共服务的整体水平，推动"数字中国"建设。目前，数字空间日趋复杂，给国家安全带来了诸多挑战，数字政府的建设被赋予了前所未有的重要性。它不仅能够有效增强国家应对数字时代治理难题的能力，还将成为国际间沟通协作、共同应对全球性挑战的重要基石。各国政府能够建立起更加紧密的沟通与合作机制，共同探索数字化治理的新路径。

（2）数字经济。数字经济作为现代经济体系的重要组成部分，其核心聚焦于数字产品和数字服务，在全球范围内展现出巨大的发展潜力和影响力。其在发达国家的经济总量中占比已超过一半，在发展中国家的经济总量中也占据了约四成的份额。在全球遭遇新冠疫情严重冲击、传统经济受到重创的背景下，数字经济凭借其独特的灵活性和韧性，成为全球经济恢复与增长的关键力量和国家发展模式转型升级的重要支撑。发展数字经济是缩小发展中国家与发达国家之间数字化差距的有效路径。通过积极参与和融入数字化的经贸活动，可以促进发展中国家数字基础设施建设，提升数字化的普及程度和应用水平（薛晓源和刘兴华，2022）。

（3）数字舆论。数字全球化与数字舆论之间存在着一种固有的紧密联系，这一联系在社交媒体与数字技术的双重驱动下愈发显著。随着数字内容的爆炸性增长、数字媒介的多样化、数字传播方式的革新，数字舆论及其背后的意识形态均经历了前所未有的深刻转型。数字舆论已跃升为国家生活面貌与综合实力评估中的关键因素。在网络空间的广阔舞台上，虚假信息的泛滥与极端言论的滋生，随时可能引发舆情危机，威胁社会稳定。网络民族主义的兴起往往加剧网络舆论的波动与分化，而网络宗教仇恨的煽动则可能进一步激化舆论对立，这些现象不仅源自国内复杂的社会环境，也可能跨越国界，产生深远的国际影响。因此，数字舆论管理成为一项紧迫而重大的任务，要求我们采取审慎而周密的策略，从经济社会发展的全局视角出发，结合体制机制的创新与文化建构的深化，进行多维度、综合性的预防和应对，避免复杂舆论问题演变成社会危机的风险。

（4）数字伦理。数字伦理作为数字时代治理的新兴领域，其全球治理框架尚显薄弱，缺乏统一且具约束力的国际制度与法律支撑，目前多停留于探讨与倡议阶段。在网络世界中，如何保护人们的网络自由、数据安全和隐私，关系到权力划分、道德标准甚至国家主权等复杂问题。推进数字治理时，必须不断改进相关的伦理规则。针对人工智能的伦理考量，关键在于明确界定人机关系的新边界，厘清深度学习与人类智慧的共生逻辑，以及智能应用与数字安全之间的关系。这要求我们在推动人工智能发展的同时，为其设定清晰的伦理框架，确保其发展方向始终服务于人类福祉的增进，避免对人类的自由、价值观及行为规范构成侵害。对大数据伦理的探讨，则聚焦于数据分析与个人权益之间的微妙关系，强调在保障公民知情权、隐私权与数据处理权的前提下，合理有序地进行数据收集与处理。同时，还需关注数据全球化趋势下数据收集、使用与数据主权、所有权之间的关系。

（5）数字规则。当前，数字霸权、数字博弈和数字冷战凸显了国家间权力结构、利益诉求及战略野心的深刻碰撞，这些现象往往以牺牲他国合法权益为代价。鉴于此，构建一个普遍认可的全球性数字化治理框架显得尤为迫切，这旨在预防数字空间陷入混乱失序的境地，确保全球数字生态的和谐与可持续发展。尽管目前尚未有全面的全球性数字规则体系，但区域层面及国家内部的规则体系建设正在加速推进。例如，欧盟正致力于塑造统一的数字市场，通过确立一致的数字化标准和共通规范，来巩固并优化其内部数字生态的秩序与效率。中国以一系列的法律法规如《中华人民共和国网络安全法》《中华人民共和国数据安全法》及《中华人民共和国个人信息保护法》为基石，构建起一套契合本国发展需求的数字化治理体系。这些区域性与国家层面的规制努力，不仅为各国有效抵御数字时代的风险与挑战提供了坚实屏障，更为在全球范围内构建基于规则的数字合作共同体奠定了坚实的基础。

（6）跨境数据流动。随着跨境数据传输量的激增，特别是涉及敏感个人信息时，其潜在风险已不容忽视，可能对国家安全乃至全球稳定构成严峻挑战。欧盟的《一般数据保护条例》不仅在欧洲大陆树立了数据保护的高标准，更在全球范围内激发了广泛的借鉴与效仿，成为数据保护领域的典范。中国面对日益复杂的国际数据流动环境，已正式出台《网络数据安全管理条例》。该条例聚焦于跨境数据流动中的国家安全风险，为"数据出海"设立了明确的法律边界。具体而言，规定了当掌握核心数据的互联网平台拟进行重组、合并、分立等重大变动，且这些活动可能触及国家安全敏感领域时，必须严格遵循国家网络安全审查制度。此外，条例还进一步强化了数据处理者的责任与义务，当数据处理者持有的用户信息超过百万级别，并计划在海外或中国香港上市，涉及国家安全问题时，同样需要经过相应的审查程序。

6.5.5 数字时代国家安全治理措施

（1）积极参与全球数据安全治理。数据安全的治理成效，已跃升为衡量大国间竞争数字经济主导权的关键指标。目前，全球数据安全治理领域正遭遇多重挑战，包括"多元数据主体间利益诉求的多样化""数据霸权主义"，以及"数据安全治理碎片化"。鉴于我国数据治理起步较晚，我们面临着治理能力待提升、国际合作不足、法律体系尚待完善等多重挑战。因此，亟须构建一套综合、深入的评估体系，以全面剖析影响数据安全的各类潜在风险，精准把握全球数据安全治理的演变趋势，进而优化并调整中国在这一领域的全球战略布局和政策选择。

（2）加快完善数据安全的法律保护。《中华人民共和国数据安全法》在法律层面首次明确了"数据"的定义，将数据与信息进行了区分，这体现了对数据流动自由的高度重视，也凸显了对个人信息权益保护的迫切需求。尤为值得一提的是，该法特别增设了"政务数据安全与开放"专章，这要求我们在既有"公共数据开放共享"制度基础上，进一步辨析两者关系，深入探究数据开放的具体实施路径，特别是在保障个人隐私权益不受侵犯的前提下，探讨如何实现数据价值的最大化利用。

（3）加强跨境数据的流动监管。数据的流通性是其价值的重要体现，但在流通过程中，确保数据的合法交易同样至关重要，这需要对数据的收集、处理、传输和使用等环节进行合理的规范和监管。要根据数据的不同类型、使用主体和应用范围，制定差异化的审查机制，密切关注国际上与数据流动和安全审查相关的规则变化，以及立法方面的最新动态。随着数据存储和使用越来越不受地域限制，当前我国数据保护领域的核心议题已聚焦于如何有效抵御外国对我国经济安全、数据安全乃至国家安全构成的潜在威胁。

（4）持续优化企业数据合规管理。政府监管机构应展现前瞻性与主动性，率先构建多元化、互动性强的学习交流平台，积极邀请企业界、立法部门、监管机构以及学术界等各方力量参与，以促进对网络安全和数据安全法律法规立法宗旨、实施策略及细则的精准理解与掌握。同时，需要深化数据分类和分级保护的方案，并强化对重要数据跨境传输的安全管理制度；在此基础上，需要清晰界定数据安全法的实施主体及其职权范围，为数据活动划定明确的法律边界，以保障数据活动在法律框架内高效、有序运行，进而提升国家数据安全的整体防护能力和数字经济领域的综合治理效能。

附录

一、公共服务数字化的政府实践案例

（一）贵阳——政府数据开放平台

于2017年1月8日投入运行的贵阳市政府数据开放平台是数字治理的创新典范。该平台由贵阳市大数据发展管理委员会统筹设立，贵阳市信息产业发展中心执行落实，目前主要承担总体规划、平台建设及运营保障等工作。该平台发展历程可清晰地划分为三大标志性阶段。

第一阶段，平台展现出开放共享的坚定决心，无偿向公众开放了超过600项数据集资源及约百项API接口，为数据应用探索奠定了坚实基础。第二阶段（自2017年4月起），

平台聚焦于数据标准化进程的深化与数据价值挖掘的加速,成功构建了开放数据的标准体系与监管框架。此外,通过精细化分类,拓宽了数据应用边界,丰富了数据格式和服务产品形态,进一步激活了数据价值。第三阶段(自 2018 年 4 月起),平台创新推出多元化数据开放模式——包括主动发布、按需获取、协议共享和孵化支持,灵活应对不同用户多样化需求。该平台在开放模式与技术体系上的深度融合,标志着国内首个在架构和服务层面实现高度统一的政府数据开放平台进入成熟阶段。截至 2019 年年底,该平台的数据开放规模显著扩张,已累计释放数据集超过 3000 项,API 资源近 500 个,涉及数据量近千万条,实现了对贵阳市 52 个市级机关与 14 个行政区域的全面覆盖。相关公共数据平台的下载量已突破 60 万次,并在此基础上催生出多项面向民生的应用服务。这些成果有效促进了公共数据的共享使用,显著提高了数据资源的使用效率与社会效益。

(二)广州——微信城市服务

2012 年,"广州应急服务"微信公众号在微信平台上亮相,标志着微信公共服务类账号开始成为政府提供公共服务与管理的重要媒介。2014 年,微信继续选择广州作为城市公共服务创新试点城市,此后,该模式迅速扩展至全国范围,覆盖约 370 座城市,其中,广东省凭借约 1.8 亿的用户基数,在全国范围内独占鳌头。

为进一步优化市民体验,打造"永不掉线"的政务服务窗口,广州市将各级政府部门及相关办事机构的政务微信公众号资源统一整合至"城市服务"板块。该板块充分依托微信强大的生态开放能力,构建了标准化、高速化的服务接入体系,支持第三方政务和公共服务机构通过统一接口扩展服务范围和深度。平台还集成身份核验、定位、移动支付等基础模块,打通用户与各类政务服务之间的"最后一公里",全面实现高频民生事项"掌上办、一次办"。

随着城市服务应用的持续深化与微信功能的模块化发展,城市服务的架构日益开放。2015 年 7 月,"城市服务开放平台"应运而生,标志着从初期的"定向合作"迈向了全面的开放接入。这一转变不仅丰富了公共服务的种类,简化了服务流程,还提高了公共服务的效率。

此外,微信与广东省政府及三大运营商紧密合作,于 2017 年共同催生了数字广东网络建设有限公司,进一步推动了数字政府建设的深入。以微信为核心平台成功构建的一个涵盖企业、政府各部门及广大公众的协同服务生态体系,是广州微信城市服务试点成功的基础。广州市公共服务领域与微信平台的深度合作与嵌入式发展,也离不开这个生态体系,该体系为城市服务的持续优化与创新提供了源源不断的动力。

二、资源调配与应急管理数字化实践案例

(一)西安市——城市管理、环境保护、公共安全

城市管理:为进一步提升城市管理科学化、精细化水平,高标准迎接第十四届全运会的召开,西安市围绕"干净、整洁、有序、安全、群众满意"的城市管理目标要求,

完成全市一体化数字城管业务平台的升级工作。该平台遵循"两级监督、两级指挥、三级管理"的运行架构，融合移动互联网、云平台架构、大数据分析等技术，打造了集成事件监测、巡检调度、任务分派、案件办理、绩效评估等功能的数字化城管系统。平台为市、区县、街镇的全方位城市精细化治理提供了智能化支撑，全面提升了城市综合治理的统筹效能。平台采用自动智能派遣模式，极大地提高了案件处置效率，业务流转更加顺畅，运行机制更加适应城市现代化管理的需求，城市精细化管理水平得到了进一步提升。

环境保护：西安市遵循"物联网技术赋能环保"的发展路径，依据"强化环境感知能力、标准化体系引导、平台化技术支撑、智慧化应用实践"的顶层设计思路，构建了一个综合性的"智慧环保物联网"系统。该系统深度融合了智能感知技术，实现了环保资源的全面整合与共享，并促进了环保业务间的协同作业。目前，系统已接入 222 个符合国家标准的空气质量三参数监测站点、38 组地表水自动监测设施、8 套有机废气在线监控设备，以及出租车移动监测网络、空气质量预测预警系统和精细化的网格化环境监管体系。这一系列举措初步构建了一个"空—天—地"全方位融合、多层次布局、广泛覆盖的"环境感知物联网"，为环境保护工作提供了强有力的数据支撑与智能化管理手段，显著提升了环境监管的效率和精准度。

公共安全：西安市深化建设"雪亮工程"，强化公共视频资源的深度共享与应用，系统集成市级机构与社会单元的监控资源，构建完成"全域覆盖、全网共享、全时可用、全程可控"的视频监控联网系统。该系统已在城市治理、山林火情、联防联控、安保任务、交通管控、刑侦技术支撑等场景实现了应用。目前，西安城市公共安防摄像头共约 8.4 万路，已完成重点区域视频资源统一管理与核心城区全景式覆盖，切实筑牢了城市安全治理的基础防护网。

（二）浙江嘉善——应急管理数字化建设

嘉善县应急管理局围绕避灾安置场所等应急管理重点工作，创新"智控"管理，提高避灾安置有效性，加强应急管理"数字化"建设。嘉善县避灾安置场所数字化管理平台利用数字驾驶舱，可实时掌握 163 个避灾安置场所 12 876 件物资的情况，具有资源管理数字化图形化、灾时保障实时化动态化等特点。一旦物资仓库发生异常情况，可视化设备通过 AI 图像分析识别，及时发出预警，从而常态化保障避灾安置场所存放的应急物资得到妥善管理。该平台能够动态显示灾时每个场所开放情况和安置人员情况，推荐最优开放安置场所，能综合灾害发生点的距离、场所规模、就医条件等智能推荐安置约 2 万人转移。平台可积极对接上海青浦、江苏吴江两省一市交界处的避灾安置场所资源，实现灾时人员就近转移安排，真正实现避灾安置一体化协同救灾。

三、数字时代国家安全治理案例

国家电网作为维系国家能源安全与国民经济核心命脉的大型国有支柱企业，肩负着确保国家及广大民众获得安全、经济、绿色环保及可持续电力供应的崇高职责。近年来，随着互联网、大数据等技术的快速发展与广泛应用，电力数据的价值和作用日益彰显，诸多安全风险与新的挑战也随之而来。

由于电网企业数字化程度较高，伴随近年来数据通信技术与各类电网业务应用的深度融合，电网企业积累了海量的数据资产。电网公司针对实际情况，采用专业的数据安全产品、技术手段与解决方案，提升其数据资产管理水平，发现全量活动数据资产，清理"僵尸"数据库系统。

（一）厘清海量数据资产，实时掌握数据状态

建立全面的数据资产梳理系统，通过高效且精确的资产梳理过程，能够迅速在大量信息中识别出关键数据，明确其存储位置和分布状况，计算关键数据的规模，监测其使用动态，并依据设定的安全规范，构建系统全面的数据概览图，协助电网公司实时、准确地把握其数据资产的安全状况。

（二）解析数据分布格局，完善负面清单的构建

构建高效的敏感数据识别体系，通过分类统计敏感数据、实施特征数据模型的构建与管理、精确统计敏感数据的规模，实施严格的业务系统与部门归属备案核实流程，全面把握敏感数据的综合属性，为负面清单的完善提供坚实的数据支持。

（三）完整记录数据活动，精准定位追踪风险

设立覆盖全过程的数据操作监控体系，对数据访问和传输过程进行全方位监控。利用数据安全工具的精确协议分析、参数化匹配、完全 SQL 解析、多语句解析、长语句解析和应用关联技术，定期对数据库行为进行比较，协助用户迅速发现异常行为。借助工具强大的检索与多层关联分析功能，深入剖析风险事件，精准追溯风险源头，为数据安全策略的制定与调整提供科学依据。

（四）融合审计与梳理，直观展现数据价值

在完成数据梳理后，结合数据审计分析和大屏可视化技术，以大屏展示的形式呈现统计和分析结果，使数据安全状况清晰可见，实现数据资产管理的自动化、统一化和集中化。

资料来源：国家电网某省数据安全治理实践，https://baijiahao.baidu.com/s?id=1710204393651086203&wfr=spider&for=pc.

扩展阅读

1.《中华人民共和国数据安全法》：奠定数字经济稳健基石，重塑国家安全防护网

《中华人民共和国数据安全法》的正式出台，标志着我国在数字经济时代对数据安全保护的坚定决心与前瞻布局，它不仅是数字经济发展的稳固压舱石，更是国家安全保障体系中不可或缺的新维度。此法于 2021 年 6 月 10 日在全国人民代表大会常务委员会第二十九次会议上审议通过，并于同年 9 月 1 日起生效实施。其诞生意义深远，填补了我

国在数据安全立法领域的空白，确立了该领域的基础性法律框架。

《中华人民共和国数据安全法》共计七章五十五条，结构严谨，内容全面，从总则到附则，每一章都紧密围绕数据安全的核心议题展开。它明确了数据安全与发展的双重目标，既强调数据作为数字经济核心生产要素的促进作用，又突出了数据安全在维护国家利益、社会公共利益和个人合法权益中的极端重要性。

在该法律体系中，平衡数据"发展"与"安全"的关系被置于至关重要的位置，成为贯穿全文的主旋律。为实现这一目标，该法创造性地构建了一个由国家顶层规划引领、横跨多个行业领域、鼓励社会各界广泛参与的数据安全协同治理体系。这一体系不仅体现了国家对数据安全问题的深刻理解和战略考量，也为实际操作层面提供了清晰的方向和路径。

具体而言，该法通过确立数据安全制度、明确数据安全保护义务、规范政务数据安全与开放等方面，为数据的安全流动与合理利用提供了坚实的法律保障。同时，对违反数据安全规定的行为设定了严格的法律责任，确保了法律的有效实施和权威性。

数据安全治理体系结构图如图 6-3 所示。

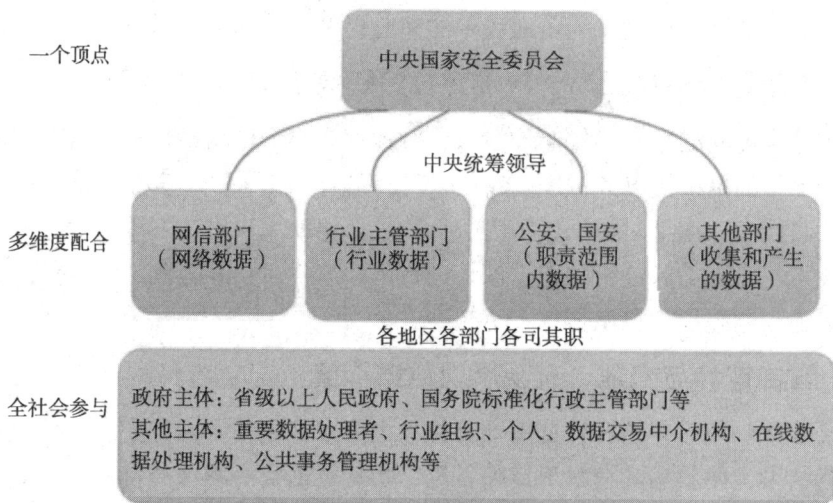

图 6-3　数据安全治理体系结构图

资料来源：数字经济的压舱石、国家安全的新维度——《数据安全法》解读，http://www.chinaaet.com/article/3000133639.

2. 重要会议与讲话

习近平总书记在第二十五次中央全面深化改革委员会会议上指出，加速数字政府建设是革新政府治理哲学与实践路径的关键步骤，对于促进政府职能的深刻转型，构建廉洁高效、法治严明、服务导向的政府体系具有不可估量的价值。

自党的十八大以来，党中央高瞻远瞩，围绕大数据发展战略、网络强国战略等核心议题，出台了一系列重大战略规划，并在多个领域取得了显著进展。在数字政府建设的

124

全过程和各个领域中，始终坚持党的全面领导，并保持正确的政治方向。数字政府建设的核心在于积极响应人民对高品质生活的热切期盼，致力于构建一个智慧化、便捷化且公平普惠的数字化服务体系，减少民众办事的奔波之苦，促进数据资源的自由流动与高效利用。数字化改革应成为推动政务应用系统的无缝对接、集约整合与协同作业，从而充分发挥数字化手段在宏观调控、社会治理、公共服务、市场监管及生态环境保护等政府职能履行中的核心支撑作用，进而构建起一个高效协同、响应迅速的政府数字化运行体系。此外，还要强化系统观念，建立健全一套科学严谨、规范有序的数字政府建设制度体系，确保数据资源在法律法规的框架内实现安全、高效、合理的共享与开发。通过促进业务、技术、数据的深度融合，提升跨地域、跨层级、跨部门、跨系统、跨业务的综合管理与服务能力。始终保持对数据安全的高度警觉，加速建立全方位的数字政府安全保障体系，并全面加强数字政府的安全管理工作。

资料来源：习近平主持召开中央全面深化改革委员会第二十五次会议强调，加强数字政府建设 推进省以下财政体制改革，https://www.ccps.gov.cn/xtt/202204/t20220419_153644.shtml.

3.《中国城市资源数字化配置指数研究报告》

《中国城市资源数字化配置指数研究报告》的问世，标志着我国在数字经济与城市治理融合领域迈出了坚实的一步。报告通过科学的方法论和详尽的数据分析，全面而深入地剖析了当前我国各城市在数字化资源配置方面的进展与成效。尽管数字化趋势显著，但当前全国范围内城市资源数字化配置的发展尚处于萌芽期，仅北京、上海、广州、深圳、成都、重庆、杭州、宁波等 8 座城市在综合评估中突破 60 分大关，整体提升潜力巨大。

报告筛选了 4 个直辖市、27 个省会及副省级城市，以及 28 个其他地级市共计 59 个城市作为研究样本，地域上覆盖东部、中部、西部及东北地区，分别包含 36 个、8 个、11 个和 4 个城市，确保样本的代表性与全面性。在数据收集方面，报告选择了政府年度报告、统计年鉴、政务服务网络数据、中央党校蓝皮书、交易机构一手资料、第三方调研数据以及阿里拍卖平台上的实际服务案例，构建了多维度、多层次的数据体系。研究框架上，报告深度剖析了环境基础、配置对象、配置流程、配置成效四大维度，通过全面而细致的评估，最终聚焦并深入分析了整体排名及各维度前 30 名的城市案例（见表 6-1）。

基于研究成果，报告提出了一系列策略建议：一是深化政策法规创新，为城市资源数字化配置提供坚实的制度保障；二是鼓励并扶持城市积极探索和实践资源数字化配置的新模式，如"在线拍卖""网络竞价"等，同时，促进第三方数字服务提供商的技术与流量支持服务；三是拓宽行业合作边界，加速传统城市公共资源交易中心和平台的数字化转型步伐，不仅要在基础设施、配置对象、配置流程上持续优化，更要通过配置效果的反馈机制，精准识别并解决数字化转型中的短板，针对地方政府的具体需求，提供定制化的数字化解决方案，从而全面提升城市资源的数字化配置效能，最大限度地激发城市资源的内在价值。

表 6-1 城市资源数字化配置水平

排名	城市	数字化水平	排名	城市	数字化水平
1	杭州	70.2	16	厦门	50.2
2	北京	69.5	17	青岛	50.0
3	上海	66.7	18	嘉兴	48.8
4	广州	66.1	19	金华	48.3
5	深圳	66.0	20	沈阳	47.8
6	宁波	64.0	21	绍兴	47.7
7	成都	62.9	22	泸州	47.2
8	重庆	60.3	23	大连	47.1
9	昆明	57.8	24	佛山	47.0
10	合肥	56.1	25	台州	47.0
11	滁州	54.3	26	温州	46.6
12	天津	54.3	27	扬州	45.9
13	南京	52.3	28	中山	45.4
14	济南	51.4	29	南通	45.3
15	郑州	50.7	30	盐城	45.0

数据来源：清华大学互联网治理研究中心、伏羲智库。

即测即练

自学自测

扫描此码

第 7 章

企业数字化治理

在本章中，我们将要学习、理解和掌握：

- 企业数字化治理相关概念及内涵
- 企业数字化治理模式与体系
- 数字化基础设施建设内容
- 企业数字化人力资本配置
- 企业数字化治理过程中的风险管控问题
- 企业数字化治理应用发展现状

导入案例

宝洁数字化治理秘诀

宝洁公司是快速消费品行业的世界领导者，其总部坐落于美国俄亥俄州的辛辛那提，业务遍布大约 70 个国家，雇用了 12 万名职员，每年的营收额达 700 亿美元。宝洁深知数字科技在推动传统公司变革上的巨大优势，所以设定了清晰的愿景："成为全球最具数字化能力的公司。"为了达成这个目标，公司决定所有员工都应该关注数字科技。宝洁做出了决策："我们要把公司的所有业务数字化。"从分子结构到工厂运作，再到零售商的销售数据，宝洁公司已经开始执行一个长达几年的数字变革项目。

为了实现跨多个品牌和地区的数字化愿景，宝洁公司需要强有力的数字化治理。通过建立正确的治理机制，宝洁可以实现资金的合理分配，促进跨部门的分享与协作，提供一致的工具与技能来支持业务创新。这样一来，宝洁便能够将数字化愿景转化为现实，并逐步建立起数字化的企业文化。

1. 数字化治理基础

宝洁公司无须重新建立数字化管理机制。尽管集中管理可能与多元化企业文化存在潜在冲突，但宝洁已经建立了 GBS（全球业务服务部），作为公司的四大业务支柱之一，它为整个企业提供横向服务。GBS 最初起源于公司的信息技术部门，如今已经发展成为一个拥有六个核心枢纽的组织，为宝洁的300多个品牌提供超过170项共享服务和解决方案。

2. 打造数字化领导力

GBS的总裁同时担任宝洁的首席信息官，这一独特的角色设置对科技与业务融合产生了深远影响。宝洁公司并非将科技视作唯一驱动力，而是将其视为赋能业务发展的重要工具。事实上，在推动业务转型的过程中，单纯地依赖技术是不够的。更为关键的是要优化工作流程、改进业务流程、塑造企业文化，并引导员工转变工作方式。这样的综合变革才能真正实现科技与业务的深度融合，推动企业的持续发展和创新。

GBS的出现不仅提升了部门的绩效，扩展了其职责范围，还提高了在企业中的地位。GBS的理念是以使企业与众不同的愿景为目标，这种愿景远远超越了传统的商品生产概念。它要求企业必须深入思考业务的真正价值，并采取相应的行动，以实现这一愿景。

作为宝洁数字化战略的关键赋能部门，IT部门在企业中扮演着至关重要的角色。在CIO兼任GBS总裁的背景下，IT部门能够充分利用GBS的能力和资源来迎接数字化挑战。这使IT部门自然地成为宝洁数字化战略的关键执行者，也为其首席数字官的角色奠定了基础。

3. 建立数字服务部门

GBS承担指导宝洁公司数字化进程的职责，为实现数字化愿景提供管理、技术、流程和工具等支持，旨在简化、直观、快速和灵活化企业运作。数字化转型的核心目标是建立实时运营环境。数字化治理基于三个关键原则：

（1）标准化的制度、流程和信息；

（2）自动减少非增值活动；

（3）通过实时信息加快决策。

宝洁公司从核心运营流程确认开始，建立了约100个数字治理流程。数字团队与业务部门合作，共同确定改进机会，融合科技与流程实施。这种紧密的合作模式确保了数字化举措与业务目标的对齐，为公司的数字化转型提供了坚实的基础。在宝洁数字治理模式中，中心数字化小组扮演着关键角色，提供全方位服务，以满足运营和品牌需求。特别是，GBS数字服务专注于用户互动、价值链创新、商业智能和组织成长四个方面，为公司的数字化战略提供了重要支持。

实际上，GBS的功能与打造全新品牌和产品的过程有着异曲同工之妙。宝洁的品牌文化被巧妙地融入数字化团队的组织架构中，通过服务经理这一角色，明确界定了如内部定价、质量把控和创新驱动等关键职能。这种深度的结合，使数字化团队能更精准地领悟和传递宝洁的品牌文化，进而更高效地支持公司的整体战略部署。为了锻造数字化领域的领军人物，宝洁还采取了将IT人员嵌入各业务部门的策略，让他们肩负起传递业务成效的重任，如降低成本、加速产品上市等。这种跨部门的协同合作方式，不仅促进了信息的畅通与知识的交流，还进一步推动了数字化转型的深化发展。

4. 科技创新的治理

宝洁公司积极采取多样化策略，确保与日新月异的数字科技市场保持同步。新兴的数字科技无疑是推动创新、提升企业绩效的重要动力，但关键在于找准应用领域，并进行科学合理的投资。宝洁公司定期审视全球大趋势，精准提炼出对业务产生深远影响的趋势。

为应对市场发展的浪潮，公司精心制定了战略规划，旨在解决当前面临的多重挑战，并选用了与策略相契合的技术手段。这种策略与 GBS 的管理文化紧密相连，该文化不仅深入洞察数字科技的精髓，更强调与业务部门的协同合作。它运用多层次的策略来应对数字科技市场的快速变化，确保公司能够紧跟时代步伐。

新兴数字科技对于推动创新和提升业绩的作用显著，但关键在于如何精准部署并合理投资。它通过运用虚拟现实技术，成功缩短了多个部门的创新周期。该技术使宝洁能够迅速创建产品原型，并模拟产品在商店货架上的展示效果，从而大大提高了用户反馈的质量。零售商对这种数字建模技术表示了初步认可，并认为其具有巨大潜力。

宝洁公司的数字团队不仅提供虚拟现实技术支持，还负责提供实验所需的端到端服务，并建立了涵盖宝洁及竞品产品图片的数据库。这一举措为宝洁带来了巨大的业务价值，不仅提升了质量反馈的精准度，还加速了产品上市进程。通过这种方式，宝洁成功地将数字科技与业务实践相融合，实现了业务价值的最大化。

宝洁采用多元化方法，与迅速变化的数字科技市场保持同步。新的数字科技能够推动创新并提升公司绩效，但前提是必须在合适的领域应用，并进行适当的投资。

宝洁每隔几年就研究全球大趋势，并提炼出对其业务有影响的趋势。这种定期的趋势研究有助于宝洁公司把握时代脉搏，及时调整战略方向。通过不断地与市场和技术的发展保持同步，宝洁公司能够保持在行业中的领先地位，并为未来的发展做好准备。

5. 建立数字化治理文化

GBS 还推进了宝洁的企业文化改革，促进了数字化治理文化的确立。在数字时代，数据透明度是竞争的关键手段。宝洁的高科技实体环境被称为"业务水晶球"，领导者可以利用大量数据做出即时的业务决策。该平台持续显示宝洁在全球的经营状况数据，尽管这些数据并非完美，但它们促进了变革。数字时代的关键竞争能力之一是领导者需要勇于面对数字化转型的不确定性。

这种方法一直是宝洁数字化治理计划的标志之一。例如，引入数字驾驶舱时存在一定的风险，它展示了易于阅读的图表，包含每个宝洁员工最相关的信息。尽管最初的版本失败了，但经过重新构建后，宝洁投入运营了数万个数字驾驶舱。鼓励冒险是推动变革的积极手段。

如今，宝洁已成为利用数字科技进行业务转型的领导者。CEO 提供了资金，让"成为全球数字化能力最强的公司"的数字化愿景成为现实。然而，仅有愿景、热情和资金还远远不够，必须通过数字化治理和能力建设来实现愿景。宝洁的 GBS 团队通过引入成功的最佳实践，并根据需要建立新的能力，成为宝洁数字化转型的重要力量，全方位涵盖产品开发、制造和市场营销等领域。

资料来源：
https://www.199it.com/archives/71608.html.
https://www.chnmc.com/GD/top500/2014-06-18/684.html.

7.1 企业数字化治理的概念内涵

企业治理与经济发展规律和资本市场实践息息相关，一直保持着不断更新的学术活力。近年来，数字经济的飞速发展不仅带动了经济增长，也重新塑造了企业治理的核心矛盾和发展方向。这促使企业必须更新治理理念，创新治理方式，进而催生了对企业数字化治理的需求。

7.1.1 企业治理的概念

企业治理又称企业管治，是一系列影响领导、经营和控制企业的程序、惯例、政策、法律和机构。它的实施方式涉及企业内部利益相关方和企业治理目标之间的各种关系。

在新古典经济学框架下，企业被视为由一系列契约关系组成的复杂组织。股东作为资本提供者，承担出资风险，以支持企业的成长，而管理层则受托负责企业的日常经营与资源配置。企业治理的核心在于建立一套完善的制度体系，既能保障股东获得公平、合理的投资回报，又能促进企业整体价值的提升。这套制度需要合理界定并配置控制权与收益权，形成清晰的责任体系与有效的利益制衡机制。然而，企业治理面临诸多挑战，关键问题是如何甄选出既专业又具备高度责任感的管理团队。

企业所有权和经营权分离催生了公司治理理论的经典命题——委托代理矛盾及其衍生的成本问题。这一核心议题驱动了学界将研究聚焦于如何解决投资者与经营者之间的利益分歧，如何完善治理架构与运行机制，缩小信息鸿沟引发的资源配置偏差，通过缓解契约不完备性所产生的隐性损耗，进而提高企业的经营效能，有效维护股东的合法权益。从发展的脉络来看，企业治理可分为狭义和广义两个层次，各自关注不同的治理焦点和策略，共同构成了现代企业治理的完整框架。

狭义的企业治理主要聚焦于股东的监督和制衡经营者权利的问题。通过明确股东与企业经营者之间的权利与责任，来最大化股东利益，并防范经营者与股东利益之间的潜在分歧。其核心部分包括股东大会、董事会、监事会以及经理层，这些机构共同构建了企业的内部治理结构，确保治理活动的有序进行。

相比之下，广义企业治理的范畴更为宽泛，它涵盖内部与外部、正式与非正式的各类制度机制。通过这些机制可以调节企业所有利益相关者之间的关系，如股东、债权人、潜在投资者等。广义企业治理的核心目标是确保企业决策的科学性与有效性，进而维护企业整体的利益，实现可持续发展。

7.1.2 数字化治理的概念

根据中国信通院 2021 年发布的《企业数字化治理应用发展报告》，企业数字化治理的核心在于将企业治理活动数字化并管理数字化对象。这两个概念关注治理方式和治理范围。随着数字化转型，企业数字化能力不断增强，新技术和模式对公司治理提出更高要求，直接影响治理方式和范围的调整。第一，治理范围扩大，涵盖信息技术、数字资产等领域，以应对数字化转型的深化；第二，数字化赋能传统治理方式，推动公司治理探索新路径。

1. 治理数字化

数字化治理是公司治理的一个分支，延续了公司治理的概念，旨在利用数字和智能技术优化治理手段和体系。它涉及对组织内资源、数据、技术和流程等治理领域的数字化管理，以提升治理能力。新一代数字技术，如大数据、人工智能、5G 和物联网，为企业治理提供了全方位的数字支持。它们重塑了传统治理结构，变革了治理理念，提升了治理技术，转变了治理方式，并完善了治理手段，数字化治理实现了治理与发展的同频共振。

数字化推动了企业商业模式和业务模式的创新和变革。数字化公司的组织结构更为复杂，股权结构也更多层次化，因此，数字化公司的治理难度更大。传统治理方式已经滞后于企业数字化转型的创新发展，需要建立与数字化转型相适应的数字化治理体系，以平衡各层级之间的利益关系。数字技术的进步使组织能够获得大量数据，为打破各部门间的治理信息壁垒、更合理地整合治理系统奠定了基础。随着数字化公司治理日趋复杂，管理者需要借助数据来实现治理结构、制衡机制、利益分配、股权激励等方面的优化，并满足利益相关者的不同诉求。

扩展阅读

香港交易所曾是全球主要交易所之一，坚定支持同股不同权制度。然而，数字化公司面临更为复杂的公司治理挑战，对同股不同权的 AB 股结构需求日益迫切。例如，阿里巴巴经历多轮融资后，马云及其联合行动人的持股比例降至约 10%，不再是最大股东。与此相反，日本软银和美国雅虎分别持有其 36.7% 和 24% 的股份。2013 年，阿里巴巴准备在香港上市时，根据当地上市规则，公司管理层将失去大部分决策权。鉴于阿里巴巴的"合伙人"计划与香港交易所坚持的"同股同权"原则存在分歧，阿里巴巴最终决定在美国上市。同样地，网易、新浪、搜狐、百度等一批科技公司，也出于各种考量，纷纷选择了海外上市的路径。这一趋势表明，在面对本地上市规则与自身治理架构之间的不兼容时，科技公司倾向于寻求更为灵活和适应其需求的国际资本市场。这样的选择不仅体现了企业的战略考量，也反映了资本市场全球化背景下企业寻求更广阔发展空间的趋势。

随着阿里巴巴选择在美国上市，香港交易所也相应调整了其制度以符合数字化治理的要求。2021 年 4 月 30 日，香港交易所针对"新兴及创新产业公司"实施了一项重要的上市制度改革，特别允许"同股不同权"架构的公司在此上市。这一改革举措有效地回应了投资者和创始人对于资本治理结构灵活性的期待，进而确保了众多中国数字化企业依然选择在香港上市。与此同时，中国内地的科创板也逐步开放，接纳了采用同股不同权结构的公司上市。资本市场的这些演变不仅契合了数字化治理的内在需求，更是时代进步与发展的必然产物。香港交易所和科创板的改革是数字化转型的一部分，旨在满足数字化治理的需要。

资料来源：https://news.sina.com.cn/c/zj/2018-05-21/doc-ihaturft5404406.shtml.

2. 数字化治理

随着技术的日新月异和数据生产要素属性的日益凸显，企业正面临来自新技术与数据领域的诸多挑战。在加速数字化转型的进程中，企业不可避免地会遭遇一系列新风险。举例来说，大数据业务的广泛应用引发了数据合规性和隐私保护方面的重大挑战，而人工智能自动化决策则可能带来一系列社会和伦理问题。这些挑战与问题不仅涉及技术应用的合法性，还关系到公众权益和社会责任的维护。因此，在推进大数据和人工智能等技术创新的同时，我们必须高度重视并妥善解决这些挑战和问题，以确保技术的健康发展与社会的和谐稳定。因此，实施数字化治理成为企业应对这些挑战的关键所在，确保数字化转型与治理之间的协调共进，进而激发生产潜能、提升经营效率，推动企业实现高质量发展。

数字化治理的精髓在于精准地管理和控制企业在数字化转型过程中所面临的核心风险。这既要求我们对组织的整体架构和运营管理模式进行优化和重构，又涉及对数字化转型过程中生产关系的重新塑造。数字化治理的目标是在强化风险防控的同时，全面提升整体运作效率。在数字化转型的时代背景下，企业应通过系统性的治理创新，采取具有可操作性的战略与管理举措，从而确保数字化转型的实施效果与价值实现最大化。

3. 数字化治理与传统治理的对比

数字化治理相较于传统企业治理方式，具有以下核心特点或优势。

（1）治理范围的拓展。数字化治理的范围不仅包括传统治理方式，还涵盖数字化转型过程中的数字资产、技术手段等，以及数字化带来的外部性。

（2）高效性。数字化治理凭借技术支持，实现了任务的自动化处理，从而显著提升了企业治理的效率，相较于传统方式，其高效性更为突出。

（3）全面性。数字化治理涵盖监管科技、法律科技、内控科技、合规科技以及数字化审计等多个维度，通过数字技术手段，实现了全流程的治理，从而达到了全方位、多角度的监控效果，有效预防和应对各环节的风险。

（4）可溯源性。企业借助数字化信息系统和管理工具，对治理工作过程中产生的数据进行记录和储存，满足后续数据溯源、分析、检查、验证及审计等治理需求。

（5）价值最大化。通过实施数字化治理，企业能够更好地平衡发展与风险，避免因安全与合规等问题造成的潜在损失。同时，通过对数字化治理的投入进行智能分析、衡量与决策，企业能够动态地反馈数字化的投入及产出价值，从而推动数字化转型的持续发展，实现价值的最大化。

7.2　企业数字化治理模式与体系

为了优化企业决策的科学性和精准度，治理模式需要与时俱进。传统治理模式已经滞后于企业数字化转型的创新需求。因此，应从信息技术赋能业务的视角出发，建立与企业数字化转型相匹配的数字化治理体系。这个体系应该涵盖人才、流程、研发等方面的支撑框架，全面支持数字化转型的实施。只有如此，企业才能更好地应对数字化转型过程中的挑战和机遇。

数字化治理体系的架构应该覆盖企业治理、管理、操作执行三个层面。在治理层面，应重点关注投入价值决策，确保数字化转型的投资能够产生最大的价值回报；在管理层面，应专注于风险可控，确保企业在数字化转型过程中能够有效管理和控制风险；而在操作执行层面，应注重全流程数字化支持，以提高运营效率和业务执行的精准度。

7.2.1　数字化治理目标

就治理目标而言，企业数字化治理的使命不仅在于维护当前数字化治理体系与模式，还要注重长远发展。这包括通过提出理念和战略规划，推动企业数字化转型的有序发展。

在设计企业数字化的治理机制时，应以大数据赋能为基础，以大数据驱动为动力，以大数据重构为路径，聚焦实现协作和共享这两个目标。

协作：确保数字化转型的优先级、同步机制和一致性。

共享：共享人员、技术和数据等公共能力和资源。

信息不对称理论强调了不同利益相关方持有的信息差异，这种"数字鸿沟"阻碍了公司治理的有效运作。打破这种"数据孤岛"可以缓解信息偏差，增强利益相关者相互监督和制衡的能力，促进企业内部协作与共享。

首先，企业在数字化转型过程中，需积极搜集各方大数据，以拓宽信息获取渠道，进而更有效地获取治理信息，从而缓解治理信息不对称的问题。在此基础上，为了满足利益相关方的治理需求，企业需要进一步优化权力结构。

其次，数字化转型具有融合性特征，这模糊了传统部门和利益相关者之间的界限，提高了公司治理信息的开放性。这一变革将促进内部成员间的协同合作，确保他们勤勉且高效地履行职责，从而保护投资者等各方合法权益。

最后，通过数字化转型过程中收集和挖掘的治理数据，企业可以吸引更多利益相关者参与治理网络，共同构建合作共治的新格局，从而更有效地发挥监督与制衡的作用。

大数据和数字技术的蓬勃发展不仅催生了新的商业模式和业态，也极大地推动了线上经济与线下场景的融合。这一变化吸引了投资机构、审计师、网络平台和监管部门等外部力量参与资本市场的治理，促使资本市场的监督范围更加广泛，主体更加多元。外部监督者借助数字工具可以更清楚地了解企业的真实情况，更严格地监督经营成果并表达意见。同时，大数据技术也改变了小股东、董事会和管理层的职责分工，这不仅提高了决策的科学性，提升了企业的生产效率，还帮助企业提升了应对市场环境变化的能力。

然而，在许多大型企业中，协作和共享并不是根深蒂固的做法。对部门或区域经理来说，协作意味着大量的会议和无尽的限制。利用共享资源可能需要依赖他人的意愿和能力，而这是不可控的。因此，在公司层面引入新的管理举措总是会遭到反对。

值得注意的是，数字化转型的最大好处来自跨部门的协作和共享。数字技术对企业的影响是全方位的，超越了传统的部门界限。这需要在决策和实施方面进行更多协作。这个问题并不局限于某个地区，而是全球性的，因此，决策的选择将影响公司内部各个地区和部门的情况。例如，耐克建立了一个强大的数字部门，在公司的主要业务部门之间进行协作，而雀巢则建立了一个数字加速团队。每个进行数字化转型的企业都需要建立治理机制，以获得更高的回报并解决公司结构的缺陷。

7.2.2　数字化治理机制

在制定数字化治理机制时，企业管理者应紧密围绕企业数字化战略的核心目标，敏锐洞察并前瞻性地布局企业在数字化转型中所需的治理能力。这一过程的推进，离不开企业高层领导团队的协同领导和协调机制，还需与生态合作伙伴共同协作。管理者应深刻认识到数字化治理的重要性，并积极促使所有相关方参与到数字化治理机制的制定和执行中，以确保数字化转型的顺利推进，并持续优化企业治理体系，实现企业的长期稳定发展。

1. 建立数字化治理机制的目的

建立数字化治理机制的目的在于响应社会发展和国家战略的推动，并满足当前各行业企业加速数字化转型的需求。企业决策者已深刻认识到数字化治理机制的重要性，通过科学运用技术手段，对组织内部的资源、数据、技术和流程等领域实施有效管控，确保数字化转型的顺利进行，进而推动企业实现可持续发展。

数字化治理机制在推动企业治理现代化进程中扮演着至关重要的角色。通过运用先进的数字技术手段，它能够高效地管理企业内部资源、数据、技术以及业务流程，进而加速数字化转型步伐，促进企业的长远发展。在构建这一机制时，需要特别关注四要素协同、创新管理以及动态优化等方面的规范与机制建设。数字化治理机制的核心内容包括 IT 治理、架构管控、业务变革、数据治理以及数字化组织优化等多个方面。企业组织应建立系统完善的数字化治理机制，通过多措并举稳步推进数字化转型。具体包括：加强培养管理层数字化决策能力，搭建高素质的数字化人才团队，科学规划与管理数字化资金，建立安全、稳定、可持续的技术防护体系等措施。

2. 数字化治理机制的内容

数字化治理机制的设计至关重要，它不仅是数字化转型的核心保障，还对企业有效应对变革与挑战具有重要意义。根据《企业数字化治理应用发展报告（2021年）》，数字化治理机制应当囊括四要素协同、创新管理和动态优化等多个维度的标准规范与治理机制。这要求我们在数字化治理过程中，需要全面整合技术、流程、人员及策略等关键要素，确保企业内外能够形成紧密的协同与协作关系。此外，华为数字化战略咨询报告进一步指出，数字化治理机制的核心内容涵盖IT治理、架构管控、业务变革、数据治理以及数字化组织优化等多个方面，这些内容的有机结合与高效运作，将为企业的数字化转型提供坚实的支撑。

在构建数字化治理机制时，组织需要注重多方面的工作。首先，要注重数字化领导力的培育，确保有合适的领导团队来推动数字化转型的战略方向和实施步骤。其次，需要着重培养数字化人才，以满足数字化转型对高技能人才的需求，从而提高组织的数字化能力。再次，数字化资金的统筹安排是至关重要的，必须合理规划和分配资金以支持数字化项目的开展和实施。最后，安全可控建设是数字化治理机制中不可或缺的一环，企业必须建立健全的数字安全体系，保障数据和信息的安全性。

综上所述，通过建立数字化治理机制，企业可以更好地应对数字化转型的挑战，提升管理效率和决策水平，从而实现可持续发展和长期竞争优势。具体包括以下几个方面。

（1）建立适宜的规范治理机制是确保数据、技术、流程和组织等四个要素及相关活动协调统一、协同创新管理和动态优化的关键。这一机制可以帮助组织有效地整合各项资源，推动数字化转型的顺利进行，并提升组织的整体效能和竞争力。

（2）高层领导者在数字化转型中的作用至关重要。他们应具备把握数字化变革趋势和制定远期战略的能力，建立高层管理人员、决策者、其他领导者和生态合作伙伴共同参与的协同领导机制。这样，才能有效推进数字化转型战略的实施，确保数字化治理机制的有效运行。

（3）培养全员的数字化理念和技能是组织内部数字化转型的关键步骤。完善数字化人才的绩效考核和成长激励机制，能够激发员工的积极参与和学习热情，推动数字化转型的全面实施。同时，也有助于促进组织间的人才共享与流动，进一步提升组织的整体数字化能力。

（4）建立适应性制度机制是数字化治理机制的重要组成部分。为有效支撑数字化转型项目的实施与运营，需要加强对数字化资金的统筹规划与利用，这涉及资金配置的全面优化、动态协同管理以及量化精准核算。这些措施有助于提升项目的效能与成果，确保数字化转型工作的顺利进行。

（5）积极开展自主可控技术研发、应用与平台化部署，并建立健全安全可控、信息安全等相关管理机制，是保障数字化转型顺利进行的关键措施。通过综合运用网络、系统和数据安全等多维手段，构建安全保障体系，健全风险防范机制，以提升整体安全可控水平，确保数字化转型的稳健发展。

7.3 企业数字化基础设施建设

数字化基础设施，即数字基建，作为数字经济发展的核心基石，涉及网络通信、云计算、大数据、人工智能、量子科技、区块链、物联网及工业互联网等前沿领域。这些基础设施的构筑不仅能够有效促进制造业技术的革新与设备的升级换代，更为新型服务业的蓬勃发展及新经济的崛起提供了强有力的支撑。通过不断优化和完善这些基础设施，我们能够进一步推动数字经济与实体经济的深度融合，为经济社会发展注入新的活力。在数据成为核心生产要素的新时代，数字化基础设施发挥着举足轻重的作用。它以软硬件一体化作为基石，将知识产权作为核心价值，通过数据这一媒介来展现新型生产关系和生产力结构，进而为数字中国建设提供了坚实的底层架构和技术支撑。

历史上的每一次产业革命或科技革命，都伴随着基础设施的深刻变革。随着中国经济发展模式由工业主导型向数字驱动型转变，传统的基础设施建设影响力逐渐减弱，而数字基础设施的建设却日益展现出强大的生命力。数字基础设施的建设不仅推动了社会经济各领域的数字化进程，使各项工作更加高效、灵活，而且催生了无限的创新可能，为未来的发展注入了强大的动力。

与传统的物理基础设施相比，数字化基础设施具有显著的区别。首先，在可见性上，传统的物理基础设施通常是有形可见的，而数字化基础设施主要由数据、软件、芯片、通信设备等构成，形成软硬件一体的基础设施，其核心在于软件部分。在空间位置上，数字化基础设施通常具有移动性和普及性，相较于传统基础设施更具灵活性。在经济活动上，数字化基础设施成为数字经济时代的新引擎和新动力，拉动社会经济的增长和创新。

其次，物理基础设施的稳定性体现在其设计和建造过程中，重点考虑使用寿命，如桥梁的稳固结构设计、道路的坚固路面施工等，这些都是为了保障长期的稳定性和安全性。而数字化基础设施的移动性和普及性则表现在它可以轻松跨越地域限制，实现全球范围内的覆盖。例如，卫星量子通信设施可以在外太空运行，而不受地球表面地理位置的限制，这使其可以与地面任何位置的物联网设备或通信网络连接，形成无缝的全球通信网络。

最后，在工业经济时代，物理基础设施支撑了经济活动的蓬勃发展。随着数字经济时代的到来，数字化基础设施已逐渐演变为驱动社会经济增长的新兴引擎。通过云计算、大数据、物联网和人工智能等前沿技术的融合应用，数字化基础设施正深刻重塑经济活动的形态，为经济增长注入源源不断的活力，推动社会迈向更加繁荣与进步的未来。

具体而言，数字化基础设施包括数字技术基础设施与数字管控基础设施。

7.3.1 数字技术基础

科帕勒等学者指出，企业应该在现有的数字技术相关传统技能基础上，包括软件、应用程序和管理信息系统等，来构建数字技术基础设施，并理解、学习和应用新型数字技能（Kopalle et al., 2020）。当前，数字技术基础设施涵盖 5G、数据中心、云计算、人工智能、物联网及区块链等一系列新一代信息通信技术，并广泛涉及各类数字平台。与此同时，传统的物理基础设施正在逐步完成数字化转型，融合为新型的基础设施体系。此外，新型应用科技如3D打印、智能机器人、AR眼镜及自动驾驶等，正将数字基础设施的影响力延伸至物理世界的每一个角落。

数字技术基础设施作为现代化的新型基础设施，正催生出一系列新的价值网络、服务体系、商业模式和产业生态。以工业互联网为例，通过创新的C2M（消费者到制造商）模式，消费者的需求能够实时反馈至生产端，这不仅为供给侧和需求侧提供了强大的技术支持，更促进了双方之间的深度互动，进而显著提升全要素的经济效率。

7.3.2　数字管控基础（组织）

企业内部数字系统的数据标准设立、接口设计和流程管控是构建数字管控基础的重要组成部分（Jafari-Sadeghi et al.，2021）。实现内部广义信息数字化是确保基础配置适应性的关键前提。具体来说，企业需要对内部现有信息、流程、业务、设备、资本、资源进行概念化和标准化，然后将其转化为数字化数据的信息流，以 0–1 数字编码的方式进行编码和存储（Loebbecke and Picot，2015；Yoo et al.，2010）。将客观信息转化为数字信息，是提升企业效能的基础工作。尽管这一步骤不能直接提高效能，却是必不可少的。因此，需要对这一过程进行流程优化，以最大化地发挥其作用（Verhoef et al.，2021）。

与传统商业生态下的结构化信息不同，数字化商业生态中的商业信息主要以非结构化数据形式存在（Margherita et al.，2021）。因此，需要利用相应的数据结构化体系，通过大数据技术和人工智能技术对内外部非结构化信息进行处理，以提高企业的信息搜集、编码和存储效率（Savastano et al.，2021）。对传统行业中的企业而言，建立和发展非结构化数据处理能力意味着内部监测和实时管控能力的全面提升。企业运营状况的非结构化数据可以通过上述过程转化为管理者可实时观察、分析和利用的可监测图景，从而提高他们掌控内部运营状态的能力。因此，企业可以实现从粗放式管理到实时灵活调整的数字化管理能力转型（肖静华等，2021）。

目前，许多企业已经采用了厂商协同、客户关系管理、培训考试、精益服务以及经销商管理等系统，实现了企业从厂家到经销商再到终端客户的全流程管理，实现了"端到端"的无缝连接。与此同时，通过数字孪生技术和决策分析算法的应用，企业已经成功将业务数据转化为数据驱动的业务运营模式，以提升成本管控、盈利能力、服务水平以及员工素质。在售前、售中、售后等环节，企业为客户提供了全价值链的数字化管控解决方案，实现了全方位的业务优化和服务提升。

7.4　企业数字化人力资本配置

7.4.1　数字化领导力

数字化领导力在当今时代扮演着举足轻重的角色。它不仅是高层领导者对数字化转型的深刻理解和前瞻性规划，更是一个涉及多方协作的复杂机制。随着数字化浪潮席卷各行各业，数字化领导力的价值愈发凸显。它不仅是组织从模拟向数字转型的引路人，更是数字经济环境下治理和创新的坚强后盾。

要成为一名卓越的数字化领导者，需集四种角色于一身：建设者、探索者、催化剂和连接者。作为建设者，他们应勇于实践，不断试验新方案，通过亲身参与数字业务的部署与扩展，深刻理解创新的挑战；作为探索者，他们应保持开放与好奇的心态，挑战传统，推动组织学习进步，引领变革；作为催化剂，他们应擅长引入多元观点，促进团队间的合作，确保数字化战略贯穿整个组织；而作为连接者，他们能将复杂的技术概念转化为通俗易懂的语言，搭建起人们参与数字战略的桥梁，消除对数字化的恐惧和误解。

数字化领导者不仅要有前瞻性的思维，更要有勇气和行动力。他们不仅要引领组织平稳过渡，更要开创新路，为企业在数字化浪潮中赢得先机。在这个充满变革的时代，只有不断适应、不断创新的数字化领导者，才能带领企业走向更加广阔的未来。

7.4.2　数字化人才

数字化人才是指那些具备数字化信息素养，能够将数字思维融入工作，并熟练运用数字工具进行敏感性分析的个人。可划分为数字化领导人才、数字化专业人才和数字化应用人才三类。在数字化人才培育方面，应系统强化全员数字意识与实践能力，并构建健全的人才考核评价与激励体系，打破信息壁垒，推动跨组织、跨行业的人才交流与共享机制。

企业的数字化转型是一项重要的挑战，而数字化人才则是推动这一转型的核心动力。随着传统行业包括小微企业积极投身数字化转型的探索，数字化人才的需求日益增长，凸显了培育数字经济人才的重要性。然而，我国数字化人才供给却面临严重的不足。现有的教育体系主要聚焦于培养专业化人才，这导致既了解传统行业技术、业务流程和发展需求，又能够掌握和应用数字技术的复合型人才严重匮乏，尤其缺乏具备融合实践经验的高素质人才。信息技术研究和顾问公司高德纳对全球 460 位高管的调查显示，人才短缺，特别是那些既懂技术又懂业务的融合型人才短缺，已成为实现数字化转型的最大障碍。

根据《中国 CT 人才生态白皮书》的数据，到 2020 年，我国数字化人才缺口已接近1100 万。随着全行业数字化进程的加速推进，对更广泛的数字化人才的需求也在不断增加，人才需求缺口仍在不断扩大。因此，我们需要加大对数字化人才的培养力度，以满足数字化转型对人才的需求，推动经济的持续发展。

为此，企业需要采取行动来加强数字化人才的培养。具体而言，可以从以下几个方面着手。首先，企业应该投资于那些具备学习能力和数字接受度的员工，以帮助他们更新自身的知识和技能体系。通过工作授权、跨部门工作和业务前置等方式，帮助员工将其掌握的数字化知识、技术和能力扩散至企业内更广泛的范围（单宇等，2021；肖静华等，2021）。其次，企业应重视拥有数字化专业知识和技能的人才的招聘和使用。通过合理的岗位配置、轮岗设计和转岗设置，充分发挥他们的数字化智力资本潜力（Vomberg et al.，2015）。最后，企业可以寻找高度数字化的企业作为潜在合作伙伴，与其建立业务或合作关系。通过参与研发、共同创造价值，以及在"竞争与合作"的过程中快速吸收和学习其数字化经验（如运营经验、管理经验、生态经验等），改善内部员工和管理者的数字化思维，提升数字技能（McIntyre et al., 2020; Muninger et al., 2019）。

7.5　企业数字风险治理

7.5.1　风险管控的要求与原则

在数字化浪潮席卷而来的今天，企业风险正逐步演变为更为复杂多变的数字风险。从传统的网络安全到现代的数字安全，这一转变不仅要求我们在技术上实现升级，更需要在风险管理的理念和模式上进行深刻的变革。

第一，风险协作化成为数字风险治理的核心要义。传统的"三道防线"已无法满足现代数字风险管理的需求，我们需要向"三线协同"演进，即各部门之间形成紧密的协作机制，共同应对数字风险。这种协作不仅限于内部部门，还需要与外部的监管机构、合作伙伴等建立紧密的合作关系，共同构建一个全方位、多层次的数字风险防护体系。

第二，管理一体化是数字风险治理的基石。我们构建的数字风险管理标准需要全面覆盖组织，并根据不同监管规范对数字安全的要求，搭建出集风险识别、预警、监测、保护及应急响应于一体的综合数字风险管控平台。该平台能够有效整合并分析各类数字风险信息，为管理层提供决策依据，为各部门提供统一的风险管理手段和工具。

第三，防御主动化是数字风险治理的核心策略。我们应积极运用云原生安全、可信计算、国产密码、业务反欺诈等先进技术，提升数字风险的防护能力。这些技术不仅有助于我们及时发现并应对潜在风险，更能构建主动免疫、主动防御、整体防控的数字风险防御体系，从根本上降低数字风险的发生概率。

第四，运营智能化是数字风险治理的重要发展方向。通过借助云计算、大数据和威胁情报技术，我们可以建立数字安全智慧大脑，以安全分析为主线，融合可视化手段和自动化响应技术，为企业提供高效、精准的数字安全服务。这种智能化运营模式不仅能够提升风险管理的效率，还能降低人力成本，为企业创造更多价值。

第五，操作实战化也是数字风险治理不可忽视的一环。我们需要从被动的威胁应对向不断完善的常态化攻防演练模式转变，增强对抗能力。同时，在规划新的数字业务时，我们也应将数字控制要求融入系统的开发和运维过程中，确保新业务在上线之初就具备较高的安全性能。

第六，恢复弹性化是数字风险治理的最终目标。在面临网络攻击、系统故障、业务中断、安全漏洞，甚至灾难事件时，我们必须能够快速、高效地恢复正常运营。这种数字韧性不仅体现了组织应对风险的能力，也是其在数字化环境中保持稳定与竞争力的关键因素。

综上所述，数字风险治理是一个复杂而系统的工程，需要我们在协作、管理、防御、运营和恢复等多个方面进行综合施策。只有这样，我们才能够有效应对数字化带来的各种风险挑战，确保企业的稳健发展。

7.5.2 数字风险治理的框架与方法

根据我国政企机构数字化发展的特点以及国家监管部门的要求，未来的数字风险治理框架将构建为一个四维度的综合体系，包括数字化高层控制、数字化转型控制、数字安全控制及数字风险控制四个核心模块。

首先，数字化高层将强化政企单位的高层治理机制，确保治理机制能够与时俱进，适应数字经济时代的发展需求。数字化转型不仅需要技术层面的支持，更需要高层的战略决策、政策协调和资源保障。因此，高层控制模块将致力于提升治理效能，为数字化转型提供坚实的组织保障。

其次，数字化转型将聚焦企业业务的深度变革，以技术为驱动、业务为核心，推动传统行业和企业实现转型升级。这一模块将强调数字技术在业务创新中的关键作用，促进技术与业务的深度融合，提升企业的竞争力和市场适应能力。

再次，数字安全控制将应对新技术广泛应用带来的数字安全和数字业务安全挑战。这包括新基础设施和新技术的安全保障、数字安全机制的完善、数字安全服务的提供以及数字业务安全的保障。通过构建多层次、全方位的数字安全防护体系，确保政企机构在数字化转型过程中的信息安全和业务连续性。

最后，数字风险控制将致力于建立健全的数字风险治理体系，确保数字化转型风险可控、可管理。这一模块将明确数字风险管控的责任主体，包括决策机构、业务部门、技术部门、风险管理部门和审计部门等。通过构建包括技术部门和业务部门在内的第一道防线、风险管理部门负责的第二道防线以及审计部门负责的第三道防线，实现数字风险的全面监控和有效应对。

这四个模块相互关联、相互支撑，共同构成未来数字风险治理框架的完整体系。通过这一框架的实施，我国政企机构将能够更好地应对数字化转型过程中的各种风险和挑战，推动数字经济健康发展。

7.6 企业数字化治理应用发展建议

为了建立健全的企业数字化治理机制，我们必须构建一个多元主体参与、多措并举、协同共治的框架，确保各方能够充分发挥其独特作用，共同推动数字化治理的深化和进步。

首先，政府应当发挥引导和监管的双重作用。通过明确发展方针和建设原则，政府能够为企业的数字化治理工作营造良好的政策氛围。同时，政府应支持法律法规和制度标准的制定，为企业提供明确的合规指引。此外，建设包含合规案例、实务以及产业信息在内的公共资讯服务平台，有助于企业迅速掌握合规要求，降低合规风险。

在产业和行业层面，行业协会、联盟以及科研机构等组织应扮演桥梁和纽带的角色。通过广泛的调研，这些组织能够深入了解行业内部的数字化治理需求和痛点，进而制定具有针对性的指南和标准，推动行业最佳实践和经验共享。此外，通过协同推广行业共享的解决方案和产品，可以减少企业在探索和实践中的成本投入，进一步促进数字化治理的普及和深化。

企业作为数字化治理的核心主体，应实现数字化转型与数字化治理的同步推进。在数字化转型过程中，企业应注重治理机制的建设和完善，确保转型过程的合规性和可持续性。同时，通过数字化治理，企业能够更有效地利用和共享数字化转型带来的资源，提升治理效率和效果，实现企业的整体战略目标。

此外，产业界还应积极投身数字化治理产品和解决方案的研发创新，以满足企业日益增长的需求。加强与需求方的交流合作，有助于精准把握市场需求和痛点，推动产品的优化和升级。同时，构建良性的发展生态，有助于数字化治理产业的持续健康发展。

综上所述，建立健全的企业数字化治理机制需要政府、产业、行业组织、企业以及公众等各方的共同努力和协作。通过充分发挥各自的作用和优势，共同推进数字化治理的发展，为企业的数字化转型和可持续发展提供坚实保障。

扩展阅读

1. "十四五"规划纲要：加快数字化发展，建设数字中国

随着《中华人民共和国国民经济和社会发展第十四个五年规划和2035年远景目标纲要》在十三届全国人大四次会议上的审议通过，中国正式确立将"加快数字化发展，建设数字中国"作为"十四五"时期的重要目标任务。这一决策不仅体现了国家对数字化转型的深刻洞察，更凸显了数字化发展在塑造经济新优势、推动高质量发展中的核心作用。

数字化转型不仅关乎企业竞争力的提升，更是国家层面构建竞争优势、掌握发展主动权的关键领域。在全球信息技术迅猛发展的背景下，数字化转型已成为推动企业高质量发展的核心引擎。国有企业作为国民经济的支柱和引领者，在数字化转型中肩负着特殊的责任和使命。

国务院国资委发布的《关于加快推进国有企业数字化转型工作的通知》明确指出，数字化转型是践行新发展理念、促进数字经济与实体经济深度融合的关键所在。这要求国有企业不仅要积极响应国家号召，更应成为数字化转型的引领者和标杆，带动整个行业乃至社会实现数字化转型。

国有企业凭借丰富的资源和广泛的覆盖面，其数字化转型的成功经验将对其他企业产生积极的示范效应。同时，国有企业具备强大的创新能力和技术研发实力，是推动新技术应用、探索数字化转型新模式的重要力量。因此，国有企业应充分利用自身资源和技术优势，加快布局量子计算、神经芯片等前沿技术，推动数据在全产业链的协同转型，实现科技自立自强。

在数字化转型过程中，国有企业还需要加强与政府、产业、行业组织以及科研机构等多方合作，形成协同治理机制。政府应提供政策支持和引导，为企业的数字化转型创造良好的发展环境；产业和行业组织应发挥协调作用，推动数字化治理标准和指南的制定；科研机构则应加强技术研发和创新，为企业的数字化转型提供技术支持和解决方案。

数字化转型不仅是技术层面的变革，更涉及企业治理机制、组织结构、业务流程等多方面的全面转型。因此，国有企业需要建立健全数字化治理机制，确保数字化转型的有效推进和可持续发展。同时，培养数字化人才、提升员工数字化素养和技能水平也是国有企业数字化转型的重要保障。

总体而言，中国加快数字化发展的战略决策为国有企业提供了广阔的发展空间和机遇。国有企业应充分发挥自身优势，积极引领数字化转型进程，为塑造数字经济新优势、推动高质量发展作出更大贡献。

2. 数字化的应用：助推垃圾分类治理创新

浙江虎哥环境有限公司及其旗下的"虎哥回收"品牌，在垃圾分类治理的数字化应用方面取得了显著的创新成果。该公司通过构建垃圾分类数字管理平台，成功建立了智慧化监管网络，实现了垃圾从产生到处理的全程闭环管理，从而有效推动了生活垃圾的减量化、资源化和无害化进程。

"虎哥回收"的数字化治理主要体现在以下四个方面。

首先，通过推广小程序应用，实现了居民垃圾分类投放的数字化管理。居民能够便捷地通过线上平台进行交互，参与垃圾分类回收，并对回收情况进行实时数据统计。这不仅激发了居民参与垃圾分类的积极性，还提高了回收数据的准确性和时效性。

其次，垃圾收运与处置环节强化了在线监管。"虎哥回收"利用先进的物流系统和监控平台，实现了对垃圾收运过程的实时监控，确保收运工作的高效性和安全性。

再次，垃圾分类处置的数字化管理取得了显著进展。通过对处理信息进行大数据分析和场景化展示，"虎哥回收"能够更精确地掌握各类垃圾的处理状况，为优化资源配置和提升处理效率提供了有力支撑。

最后，政府购买服务的量化考核也实现了数字化展示。通过数字化手段直观展示服务效果，不仅推动了市域社会治理现代化和数字城市建设，还为政府决策提供了更加科学和客观的依据。

值得一提的是，"虎哥回收"通过大数据分析和智慧化监管系统，构建了一体化循环机制。这种机制有效整合了不同的治理手段，促进了垃圾分类各阶段之间的协同配合，实现了垃圾分类治理的高效化和智能化。

综上所述，"虎哥回收"的垃圾分类数字管理平台成为垃圾分类数字化治理创新的典范。它不仅提升了垃圾分类治理的效率和水平，还为推动城市可持续发展和数字城市建设做出了积极贡献。展望未来，随着技术的不断进步和应用的深化，"虎哥回收"有望在垃圾分类治理领域发挥更加重要的作用，为构建更加美好的城市环境贡献更多力量。

即测即练

自学自测  扫描此码

第8章

个人、社区和城市数字化治理

在本章中，我们将要学习、理解和掌握：

- 个人、社区和城市数字化治理的概念内涵
- 个人、社区和城市数字化治理的目标与原则
- 个人、社区和城市数字化治理的国内外情况对比

导入案例

杭州——"城市大脑"

在当今数字时代，数据已成为社区治理改革的主要推动力。浙江省政府积极响应号召，将推进数字化改革作为全面深化改革开放的重要举措之一，旨在将浙江建设成为数字社会建设的典范省份以及数字政府建设的先行省份，致力于打造全球数字变革的领军地位。

为了实现高效协同、整体智治的治理目标，杭州市积极探索数字化拓展升级，并在多个领域诞生了许多独具特色的实践。例如，小河街道的"城市眼·云共治"平台以及湖滨街道的"数字驾驶舱"等项目，针对社区治理中的难点和痛点，因地制宜地打造了数字化治理体系，将智慧治理融入了城市发展的基本格局。这些举措不仅仅是对过去相关措施的简单复制，更是对数字化治理理念的创新探索。这种探索不仅为社区治理带来了新的活力，也为未来数字化治理提供了有益的借鉴和经验积累。

截至目前，杭州"城市大脑"建设已经取得了显著的成效，并在城市管理和智慧化建设方面发挥了重要作用。

在交通管理方面，杭州的交通问题一直备受关注，而"城市大脑"在这方面发挥了重要作用。通过对交通数据的实时监测和分析，杭州建设了智能交通信号灯调度系统。据统计，该系统使交通拥堵指数平均下降了20%，尤其使高峰时段的交通压力得到有效缓解。同时，智能公交调度系统也使公共交通运营更加高效，减少了乘客的等待时间。在环境保护领域，杭州"城市大脑"在环境监测方面也取得了重大进展。通过大规模的

环境监测网络，利用空气质量监测站和噪声传感器等设备，杭州能够实时监测并分析城市环境数据。这种实时监测使当局能够及时采取措施应对污染事件，保护市民健康。此外，"城市大脑"还通过优化城市规划和交通管理，减少了尾气排放和噪声污染，从根本上改善了城市环境质量。在城市安全方面，"城市大脑"实现了智能安防系统的部署。通过视频监控、人脸识别等技术手段，有关部门能够实时监测人员和车辆的活动，并及时发现异常情况。这种智能安防系统在预防和打击犯罪方面发挥了重要作用，使城市治安得到有效维护。同时，"城市大脑"还通过智能交通管理和紧急救援系统，提高了城市应急响应能力，确保了市民的安全。在公共服务方面，"城市大脑"也为杭州的公共服务提供了智能化支持。通过数据分析和人工智能技术，杭州能够实现智能公共交通调度、智能医疗服务等。例如，智能医疗系统可以根据患者的病情和就诊需求，智能安排医疗资源，提高了医疗服务的效率和质量。此外，"城市大脑"还支持智能城市规划和建设，使城市的基础设施更加智能化和便利化，提升了市民的生活品质。

资料来源：《杭州日报》，城市大脑，杭州智治——"八八战略"指引下的城市治理探索创新。

8.1　个人数字化治理

随着信息技术的迅猛发展，数字化已经成为社会经济发展的主要趋势。人们的生活、工作、娱乐等方方面面都已经深深地融入了数字化世界，大量的个人数据被产生、存储和流通。然而，随着个人数据的不断增多和数字技术的广泛应用，个人数据隐私问题日益突出。大规模数据泄露、个人信息被滥用等问题成为社会关注的焦点，人们对自己数字化权利的保护需求日益增长。各国纷纷出台了相关的法律法规，以规范数字时代个人数据的收集、存储、处理和传输，保护个人隐私和数字权利，如欧盟的《通用数据保护条例》（GDPR）和美国的《加州消费者隐私法案》（CCPA）等。

8.1.1　个人数字化治理的概念内涵

1. 个人生活数字化的现象

基于互联网和物联网，借助标准化互联协议，不同虚拟空间形成跨域连接，真正实现了万物的互联互通，包括人与人之间的连接、物与物之间的连接以及人与物之间的连接。"万物皆媒"构建了"万物话筒"，无论人、物还是事务都具备平台发声的能力，同时，普遍连接和跨域交换赋予万物可感知性和可交互性，将万物的行为空间叠加在数字空间之上。也就是说，现在人们的生活与互联网息息相关，也因此在互联网上产生了大量的数据信息。有了这些数据，再借助数字化设备，能够对万物进行高密度、细粒度的解析，并对万物的关系、行为甚至情感等在速度、广度和深度上赋予高感知能力，利用海量数据可以对社会各领域进行全方位感知和全样本分析。所以，对社会的高密度解析和全样本感知分析，使数据在生产生活、管理体系、资源配置和组织结构等方面，成为比矿产、粮食等更为重要的生产要素。

在数字时代，数据资源作为新的生产要素，具有非竞争性、共享性、时效性和动态性。因此，个体需要更好地掌握和应用数据资源，否则将导致不必要的损失和降低生产效率。人们的行为、思想和心态在互联网中得到反映，使每个个体的行为、心态和情绪都能在线上展现。人们可以通过互联网便捷地获取信息、表达诉求以及获得各种服务。智能感知服务厅为居民提供多种便利服务，包括智能导航、智能咨询、在线预约与服务及个性化服务等。通过对人才和就业进行大数据分析，能够满足居民在招聘匹配、职业规划与发展、技能培训、创业支持、积分落户、移民以及子女教育等方面的需求。在线咨询与远程医疗、在线预约与挂号及电子健康档案等，使患者可以更方便地获得医疗资源，改善了传统医疗模式中信息不对称、资源分配不均的问题。数字图书馆、文化馆、博物馆以及非物质文化遗产数字展厅使游客可以在线欣赏各种文化和艺术作品。智能物业平台则加强了社区管理，包括人员和车辆出入、社区安全、垃圾处理以及周边保护等方面的智能化管理。这些案例都反映了人们生活数字化的趋势。然而，尽管个人生活的数字化带来了诸多便利，也给社会秩序带来了一些挑战，如在线舆论和个人隐私泄露等问题。因此，有必要加强个人数字化治理，保护个人数字信息，以营造一个更加安全和健康的在线生活环境。

2. 个人数字化治理的定义

随着数字技术的迅猛发展，个人数字化治理成为现代社会中越来越重要的话题。借助社交媒体、电子商务、在线医疗等数字化服务的普及，个人数据的收集和使用变得日益广泛，而相应的隐私风险和安全威胁也随之增加。如何有效地保护个人隐私、防范数据滥用，并合理使用数字化工具，成为每个人需要面对的重要挑战。个人数字化治理不仅涉及技术层面的防护措施，还包括法律、伦理和教育层面的全面考量，旨在提升个人在数字化社会中的自主性和安全性。庞大的在线人口、各种服务和治理平台以及网上社区居民之间的互动形成了一种新的社会形态，每个人都参与其中，并在互联网上表达自己的思想。各种在线平台连接着社会的各个成员，形成了一个庞大的社会网络，在这个网络中人们的欲望、思想和观念得到充分表达。

关于个人数字化治理，学术界尚未有清晰的定义。根据徐晓林在《城市政府良好治理的数字化治理体系建设》中的观点，在公共管理的背景下，数字化治理应通过三个主体和两个层面加以理解。三个主体包括政府、民间社会以及以企业为代表的经济社会，两个层面则指政府与公民、政府与企业、政府与政府之间的互动，以及政府内部运作。

在数字时代，个人应增强数字素养，合理利用数字工具，并在从数字化中受益的同时为创造更好的生活环境做出贡献。黄建伟和陈玲玲（2019）指出，数字化治理是指公民和其他利益相关者通过信息技术进行参与、互动和合作，构建一个整合了信息技术和多方参与的开放多元的社会治理体系。

关于个人数字化治理的定义，一方面，无论是国家还是社区，个人作为最微观的运行主体，其治理代表着运用互联网、物联网、大数据、云计算等数字技术推动社区及城市乃至国家的智慧化及现代化；另一方面，面对数字时代的到来，个人数字化治理也指网络个人隐私信息的收集及处理的合法安全性。

3. 个人数字化治理的特征

（1）普遍连接及跨域交互。"万物皆媒"构建了"万物话筒"，人和物都具备了平台发声的能力，普遍连接和跨域交互使万物具备可感知力和可交互力，万物行为空间叠加在数字空间之上。

（2）高密度解析及全样本分析。数字化社会是微粒社会，借助数字化设备能够对万物进行高密度、细粒度解析，因此对万物的关系、行为甚至情感等在速度、广度和深度上具备了高感知能力，可以利用海量数据对社会各领域进行全方位感知和全样本分析。

（3）智能化的数据驾驭和策略驱动能力。基于大数据、人工智能、云计算和云存储等技术，人类驾驭数据的能力突破了自身的物理边界，不再局限于个体的大脑能力，对海量数据的获取和分析能力有了质的飞跃。

（4）去中心化信息共享和价值传递。随着区块链这一具有共享、透明、可追溯、防篡改、分布式的信息基础设施的规模化应用，在价值可信传递及"数据确权"等方面出现了颠覆性改变，打破了因技术垄断使数据信息趋于集中和以"中心节点"（第三方信任平台）为担保的局面。同时，垄断性企业掌握的数据不再处于"无主状态"，信息共享及信任价值传递呈现出去中心化的特征。

8.1.2 个人数字化治理的目标与原则

1. 个人数字化治理的问题

1）个人数据的泄露——隐私保护问题

随着信息科技的迅速发展，个人数据已成为数字生活的重要组成部分，涵盖了个人的身份、偏好、行为等各个方面。然而，随着数据的积累和利用，隐私泄露的风险与日俱增，给个人权益和社会稳定带来了巨大挑战。

（1）隐私泄露可能导致个人权益受损。在数字化环境中，个人数据被大规模收集、存储和分析，从而使个人的隐私受到了前所未有的威胁。例如，个人的敏感信息可能被用于精准定位、个性化广告甚至是身份盗窃等违法犯罪活动，严重侵犯了个人的合法权益。

（2）隐私泄露可能引发社会信任危机。在数字时代，个人数据具有巨大的商业价值，因而被视为数字经济的"石油"。然而，若个人数据被滥用或不当处理，将严重损害公众对企业、政府甚至整个数字生态系统的信任。一旦社会信任受损，会对经济发展和社会稳定造成严重影响，甚至可能引发社会动荡。

（3）隐私泄露也会加剧"数字鸿沟"问题。在数字化进程中，信息不对称问题日益突出：一方面，部分人群可能因技术能力、意识水平等因素而难以保护个人隐私；另一方面，数据寡头和技术巨头则可能通过掌握大量个人数据获取更多竞争优势，导致信息不对称，进一步加剧"数字鸿沟"问题。

对于个人数据泄露带来的隐私保护问题，需要综合运用法律、技术和制度手段进行治理。第一，加强相关法律法规的建设和完善，明确个人数据的收集、使用、存储和交换等规则，增强个人数据的合法性和规范性。第二，强化技术手段和安全保障措施，采用数据加密、安全认证等技术手段，确保个人数据的安全可控。同时，建立健全个人数据保护的制度机制，加强监管和执法力度，形成多方合力，共同维护个人隐私权益，促进数字化社会的健康发展。

2）网络舆情

网络舆情是指在互联网平台上，公众对某一事件、问题、话题等表达的意见、态度和情绪的综合体现。它包括网民在社交媒体、论坛、博客、新闻网站等平台上的讨论、评论、转发等互动行为，反映了大众对特定事物的关注度、情感倾向和观点分歧。随着互联网的发展，网络媒体被认为是反映社会舆情的主要渠道之一。传统的舆情存在于民间，但获取困难、效率低下。互联网的普及使大众更倾向于以信息化方式表达观点。网络舆情主要通过新闻评论、BBS论坛、博客、微博等表现形式。近年来，网络舆情对政治生活和社会稳定产生了显著的影响，重大网络舆情事件凸显了网络对社会监督的重要性。然而，对其处理不当可能引发不良情绪，对社会稳定构成威胁。

网络舆情具有以下特点。

（1）即时性和快速性。网络舆情的特点之一是信息传播的即时性和快速性。随着社交媒体和即时通信工具的普及，消息可以在瞬间传播到全球范围内。一条消息或事件在网络上引起关注后，舆情的形成和变化速度极快，往往在短时间内就会迅速扩散。

（2）广泛性和碎片化。网络舆情具有广泛性和碎片化的特点。信息在网络上传播的范围广泛，不受地域限制，可以涵盖全球各个地区和群体。同时，网络用户获取信息的途径多样化，内容丰富多样，容易导致信息的碎片化和分散化。

（3）交互性和参与性。网络舆情具有交互性和参与性的特点。与传统媒体不同，网络舆情是一种多向交流的形式，用户可以通过评论、转发、点赞等方式参与到舆情中，形成用户生成内容（UGC），从而对舆情产生影响。

（4）情绪化和个性化。网络舆情往往具有情绪化和个性化的特点。在网络上，人们更容易表达自己的情感和立场，信息传播往往伴随着情绪化的评论和观点。同时，由于信息的个性化推送算法，容易形成"信息茧房"，导致舆情极易呈现极端个性化的特点。

（5）信息的真实性和可信度难以确定。网络舆情的最大特点之一是信息的真实性和可信度难以确定。网络上存在大量的虚假信息、谣言和不实传言，给舆情的准确把握带来挑战。因此，需要对网络舆情进行及时的监测和分析，以确保获取准确可信的信息。

引发网络舆情的因素如下。

（1）社会突发公共事件。社会突发公共事件往往成为社会舆论关注的焦点。网民会根据对突发公共事件的理解发表意见，并通过网络论坛等渠道交流。根据事件的性质、危害程度和影响范围等因素，可以将其分为不同级别，这些事件的等级划分可作为网络舆情级别的参考。

（2）虚假信息和不良信息。在具有较强互动性的网络平台上，网络信息可能受到人为操控，导致信息走向不良方向。虚假信息和不良信息可能损害网络媒体的公信力，一旦被采信，将给社会造成不良影响。对于网络不良信息传播的认定和处理，目前尚缺乏明确规定，这给公平执法带来了一定的挑战。

扩展阅读

公安部于 2023 年 7 月 21 日召开了一场新闻发布会，详细通报了网络谣言打击整治专项行动的成果，并披露了 10 起典型案例。

据公安部通报，全国范围内的公安机关共侦办了 2300 余起涉及网络谣言的案件。此外，还对近 8000 家互联网平台企业进行了整治，并依法关闭了 2.1 万余个违法违规账号，同时清理了 70.5 万余条网络谣言信息。这些措施有效地整治了网络谣言问题，清理了网络生态，为创造一个清朗有序的网络环境积极努力。这次专项行动的成功开展不仅是对网络治理工作的重要探索，也是对公共利益和社会秩序的有力维护。公安部的这一举措为未来的网络治理提供了宝贵经验，并提醒我们在网络空间中共同维护公共利益的重要性。一个健康、清朗的网络环境需要社会各界共同努力，共同打造。

3）有害信息的传播

随着互联网的普及和社交媒体平台的发展，有害信息的传播变得更加广泛和迅速。这些有害信息包括虚假新闻、仇恨言论、极端主义内容、网络欺凌以及隐私泄露等。它们不仅扰乱了正常的信息传播秩序，还可能对个人、社区乃至整个社会造成严重的负面影响。

虚假信息的快速传播往往会引发公众恐慌，误导舆论，甚至影响公共政策的制定和执行。例如，在公共卫生事件或自然灾害期间，错误的信息可能导致资源分配不当或民众的不当行为。仇恨言论和极端主义内容的扩散则会加剧社会分裂，引发暴力事件，损害社会稳定。在这种背景下，个人数字化治理面临如何有效识别和防止有害信息传播的难题。尽管平台和政府已采取措施，如内容审查和信息核实，但这些措施可能与信息自由和隐私权保护产生冲突。此外，快速发展的技术如深度伪造也使识别有害信息更加困难。目前有害信息传播问题主要表现在以下几方面。

（1）法律法规和政策的完善度不足。尽管我国已经制定了一些法律法规，如《中华人民共和国网络安全法》和《中华人民共和国数据安全法》，以应对有害信息传播的问题，但在实施过程中仍然存在一些不足。一些法律条款相对模糊，执行标准不一，导致实际操作中存在理解和执行上的差异。此外，随着互联网技术的发展，新的有害信息形式不断出现，现有法律法规有时难以适应新形势的需求。

（2）执法力度与技术能力的提升空间较大。我国已经建立了一定的网络监控和信息治理机制，但由于互联网信息传播的迅速性和广泛性，执法部门在面对大量的有害信息时，仍然面临人力、技术和资源的不足，使某些有害信息在较长时间内得不到有效处理。此外，执法过程中有时还存在执法尺度不一的问题，可能导致过度干预或干预不足。

（3）平台责任与技术管控不足。作为信息传播的主要载体，互联网平台在治理有害信息方面负有重要责任。然而，一些平台在应对有害信息时，仍然存在反应不及时、措施不够有力的问题。此外，某些平台出于商业利益的考虑，对有害信息的治理力度不足，甚至可能默许某些不当信息的传播。

（4）用户网络意识与教育欠缺。许多网民缺乏对有害信息的辨别能力，容易受到虚假信息、谣言和不良内容的影响。公众的网络素养教育仍需加强，尤其是青少年和老年群体。此外，针对有害信息的举报渠道和机制虽然存在，但用户的参与度和参与意识仍需提升。

2. 个人数字化治理的目标与原则

1）培养国民的数字素养

在当今数字化快速发展的时代，数字素养已经成为每个人都必须具备的基本能力。

首先，数字素养不仅仅是简单地会使用电子设备和软件，更重要的是理解数字信息的来源、可靠性以及如何有效地利用数字工具进行信息搜索、筛选和评估。只有拥有这样的素养，国民才能在数字化治理中做出明智的决策，从而更好地参与到社会治理的各个方面中。

其次，培养国民的数字素养还能够提升其对数字风险的识别和防范能力。随着互联网的普及和信息技术的发展，个人信息安全面临越来越多的挑战，如网络诈骗、个人隐私泄露等。只有提高数字素养，国民才能更好地识别和防范这些数字风险，保护自己的合法权益。

最后，培养国民的数字素养还可以促进数字化治理的公平性和包容性。数字技术的应用使政府与民众之间的互动更加便捷，但同时也可能造成信息不对称，导致部分群体在数字化治理中被边缘化。因此，提升国民的数字素养，可以让更多的人参与到数字化治理中，促进治理的公正和包容。

总的来说，培养国民的数字素养是实现个人数字化治理目标的基础和关键。只有加强教育和培训，让更多的人掌握数字技术，提高数字素养，才能真正实现数字化治理的有效实施，推动社会的全面进步和发展。

2）营造良好的数字化环境

数字化环境不仅包括良好的网络环境平台，也包括各种数字化设施服务，如网络基建、政府服务平台、社区服务平台、医疗平台、数据监管中心等。通过构建这些平台和服务设施，来方便人们对各种生活需求进行线上操作，为人们的生活提供便利。然而，在通过平台方便人们生活的同时也要规范人们的网络行为，不要让网络平台成为胡作非为的地方。同时，还需要做好个人信息的保护，营造一个良好的数字化环境，让人们放心、正确地使用数字平台。

3. 个人数字化治理问题的可行性解决办法

1）加强网络法律法规的制定与监管，依法治理网络乱象

首先，针对个人数据的收集、使用和保护制定更为严格和明确的法律法规是当务之

急。这些法规应当涵盖个人信息的获取途径、使用目的、存储期限以及保护措施等方面，以确保个人数据不被滥用或泄露。同时，监管机构需要加强对企业和组织的监督，确保它们严格遵守相关法律法规，不得违规收集、使用或泄露个人数据。

其次，加强网络安全建设是保障个人数字化治理的重要举措。通过加强网络基础设施建设和提升安全防护能力，有效防范网络攻击和数据泄露事件的发生，从根本上保护个人数字化信息的安全。同时，加强网络安全意识教育，提升个人和组织对网络安全的认识和防范意识，也是促进个人数字化治理的重要举措。

再次，推动技术创新和发展是解决个人数字化治理问题的关键。利用先进的技术手段，如区块链、加密技术等，加强个人数据的安全性和隐私保护能力，为个人数字化治理提供更加可靠的技术支持。同时，积极推动数据共享与开放，促进个人数据的合理利用和共享，实现数据资源的最大化价值。

最后，加强国际合作与交流是解决个人数字化治理问题的重要途径。个人数字化治理是一个全球性的问题，需要各国共同努力、加强合作、共同应对。通过加强国际间的信息共享、经验交流和技术合作，可以更加有效地解决个人数字化治理中的各种挑战和问题，推动全球个人数字化治理事业的健康发展。

2）加强技术监管，用先进技术监管个人信息发布

首先，区块链技术的引入也可以为个人数字化治理提供新的思路。区块链的去中心化和不可篡改性可以确保发布内容的来源可追溯，从而减少虚假信息的传播。这种技术可以让用户对自己发布的内容负责，同时也为监管部门提供了透明的监管机制。通过建立一个公开透明的内容发布与审核机制，既保障了信息的真实性，又维护了用户的隐私和权益。其次，实时监控与自动化审查系统的部署可以提高监管效率。现代计算机视觉技术可以实时分析图像和视频内容，自动检测违规内容并立即采取行动。例如，视频直播平台可以利用这项技术，在内容发布的瞬间检测到敏感内容，避免不当内容的广泛传播。这种技术的应用，能够在不干扰用户体验的情况下，最大限度地减少有害信息的出现。最后，用户身份验证和行为追踪也是加强技术监管的重要措施。通过多因素认证和行为分析技术，可以有效防止虚假账号和恶意行为的发生。用户的行为数据可以被匿名化处理，在保护隐私的同时，对违规行为进行追踪和制裁。这种技术手段能够确保平台用户是真实的，同时也让每个用户对自己在数字空间的行为承担责任。

3）提高网民素质，从根源治理网络环境

第一，需要加强网络素质教育。通过开展网络素质教育活动，普及网络安全知识、数据隐私保护知识和网络行为规范，提高广大网民的网络素质水平。这包括教育公众如何辨别网络信息的真实性和可信度，如何正确使用网络工具和平台，以及如何文明规范地参与网络交流和互动。第二，需要建立健全网络文明规范。制定和推广网络文明公约、网络道德准则等规范性文件，引导网民树立正确的网络行为观念和道德标准，倡导文明、友善、理性的网络交流方式，共同营造和谐、文明的网络环境。第三，加强网络监督和舆论引导。建立健全网络舆论监督机制，加强网络舆论引导和舆论监督，引导网民积极

参与网络监督，共同监督网络环境中的不良现象和行为，推动网络空间的良性发展。第四，加强对网络言论的管理。要加强对网络言论的管理，严厉打击网络谣言、诽谤、侮辱等违法违规行为，维护网络空间的清朗环境，保障公民在网络空间的合法权益。第五，建立健全网络文化建设体系。推动网络文化产业的发展，加强网络文化产品的创作和传播，培育健康向上的网络文化氛围，为网民提供丰富多彩、积极向上的精神食粮，提升广大网民的文化素养和审美水平。

4）加强个人信息保护，完善个人数据泄露相关法律法规

在当今数字时代，个人信息已成为一种宝贵的资产，但同时也面临来自各方面的潜在威胁。因此，为了确保个人数字化治理的有效性和可持续性，我们必须采取切实有效的措施来加强个人信息保护。一方面，需要建立更加健全的个人信息管理体系，包括加强数据采集、存储、传输和处理的安全措施。这意味着企业和政府部门需要投入更多资源和技术来确保个人信息的安全性，防止未经授权的访问和泄露。另一方面，需要加强法律法规的制定和执行。当前的个人数据保护法律在某些方面可能存在漏洞或不足，需要及时修订和完善，以适应数字时代的发展需求。同时，对于个人数据泄露事件的惩罚和处罚也应该更加严厉，以起到震慑作用，有效减少违法行为的发生。

8.1.3　国内外个人数字化治理案例

1. 国内治理个人在线发布的案例

微博发布了一则公告，宣布对早前推出的"IP 属地"功能进行了升级。这一新功能的升级不仅提升了用户的地域定位精准度，还加强了用户隐私数据的保护措施。据悉，新版本的"IP 属地"功能将采用更先进的定位算法，能够更准确地识别用户所处的地理位置，为用户提供更加个性化和精准的服务体验。除此之外，微博还表示将进一步加强对用户隐私数据的保护，确保用户信息的安全性和私密性。新升级版本将采取更加严格的数据加密和访问权限控制措施，防止用户隐私信息被不法分子获取和滥用。同时，微博还承诺将积极响应用户的意见和建议，不断完善和优化"IP 属地"功能，为用户提供更加安全可靠的社交平台环境。这一新功能引发了网友不同的反应。有人认为即时公布 IP 地址有助于减少虚假信息的传播，微博此举也是为了减少冒充热点事件当事人、恶意造谣、蹭流量等不良行为，确保传播内容的真实和透明。然而，也有人对此表示担忧，担心新功能可能会暴露个人信息，并且质疑微博是否已经获得用户的同意。

微博相关政策指出，用户可以在微博设置中自主控制个性化内容推荐服务的开启与关闭，关闭后不会影响其他功能的正常使用。

2. 国外治理个人在线发布的案例

国际数字平台为应对信息失真的风险，强化数字内容生态的可靠性，构建了包含可信度分级标识、动态权重评估及智能验证算法的综合治理框架。

1）"标签 + AI"自动化检测

标签系统被广泛运用于识别虚假信息。平台会对已确认的虚假信息或者存在争议的内容进行标记，提醒用户谨慎阅读，同时提供相关的事实核查和来源证据。这样的标签系统能够帮助用户更好地识别虚假信息，减少其传播和影响范围，从而有效遏制虚假信息的传播。这种系统通过在用户生成的内容中添加标签来提供一些信息。两种常见的标签类型包括可信度标签和上下文标签。可信度标签明确指出信息真伪，而上下文标签提供更多相关信息，鼓励用户做出自己的判断。以 Facebook 在处理涉及美国大选的虚假信息为例，他们采用了可信度标签，在虚假信息帖子上添加了"False Information"警告标签，直接告知用户该信息经过事实核查确认为虚假，并提供详细内容的链接。另外，TikTok 也运用标签#COVID vaccine 来标记与 COVID-19 疫苗相关的视频，并在视频中添加横幅引导用户获取权威信息。

2）提高优先级与降权

平台通过调整信息的排名和优先级来抑制虚假信息的传播。推荐算法被用来过滤、排序和推送信息，以用户的个人社交关系、互动偏好等为依据进行个性化推荐。然而，平台也要为虚假信息、仇恨言论和其他有害内容的传播负责。为此，它们采取了降低虚假信息排名的策略，以减少其在平台中的可见度。Facebook 和 Google 等平台都公开了其内容推荐的运作方式，通过降低虚假信息的排名和提高权威信息的优先级来应对信息疫情。Instagram 则采取了将包含虚假信息的内容从"探索"和主题标签页面中删除，并通过降低其在动态和故事中的可见性来减少分发。

8.2 社区数字化治理

8.2.1 社区数字化治理的概念内涵

1. 定义

习近平总书记指出："社区是城市的基石，基础稳固则国家安稳。"社区作为城市最基础的单元和核心，其治理在国家治理体系和治理能力现代化中扮演着至关重要的角色。《国民经济和社会发展第十四个五年规划》提出了推进智慧社区建设的任务，强调依托数字化平台和线下服务机构，构建便民的智慧服务圈，为社区居民提供全方位的线上线下融合服务。

当前，基层社区正处于数字化治理转型的关键时期，为智慧城市建设注入了新动力。《中共中央国务院关于加强基层治理体系和治理能力现代化建设的意见》明确指出，基层治理是国家治理的基石。但当前基层社区面临诸多挑战，如行政事务繁多、压力大等问题。因此，亟须提升社区治理水平，其中数字技术的应用至关重要。数字化手段可以更有效地进行人员管理和信息传递，确保社区在应对突发情况时做到有效的管理和控制。同时，数字技术也能实现提升治理效率、优化网络、创新机制、预防风险等功能目标。

通过数字化转型，社区治理得以整体性转变、全方位赋能、革命性重塑，从而推动省域治理体系和治理能力现代化水平的提升。

社区数字化治理可以利用数字技术，如大数据、云计算、区块链和人工智能，推动社区治理的全面转变和提升。它涵盖技术、组织和制度等多个方面，能够提高治理效率、优化治理网络、创新治理机制以及预防治理风险。

扩展阅读

数字化社区

数字化社区是指利用数字技术和互联网平台构建起来的一种虚拟社交空间，其成员通过在线交流、共享信息和资源来进行互动和合作。这种社区可以是基于特定兴趣、行业、地理位置或其他共同点而形成的，为参与者提供了一个便捷的交流和合作平台。数字化社区的特点包括多样性、全球性和互动性，其成员可以跨越地域和时空的限制，实现即时的沟通和合作。数字化社区的发展推动了信息交流和知识分享的广泛传播，促进了社会各个领域的发展和进步。

2. 特征

社区数字化治理是一种利用信息技术和数字平台来提升社区管理效率、促进社区发展和改善居民生活的治理模式。其特征可以概括为以下四个方面。

第一，信息透明和公开。在社区数字化治理中，信息透明和公开是首要特征。通过建立数字平台和信息系统，将社区管理的各项信息，包括政策法规、项目计划、财务数据等公开透明化，使居民能够了解社区发展动态，参与决策和监督管理。例如，政府部门可以建立社区网站或者手机 App，及时发布政策文件、公告通知以及居民议事会的议题，提供在线投诉举报渠道，实现信息的即时更新和全面公开。

第二，民主参与和互动沟通。社区数字化治理强调民主参与和互动沟通，通过数字化平台为居民提供参与社区事务的渠道和机会。例如，建立在线论坛或者社交媒体平台，让居民可以发表意见、提出建议，参与社区议题的讨论和决策。同时，政府部门也可以利用数字化手段，通过网络投票、网络问卷调查等形式，收集居民意见和建议，加强政府与居民之间的互动和沟通。

第三，智能化管理和服务优化。社区数字化治理借助信息技术实现智能化管理和服务优化，提升社区管理的效率和质量。通过数据分析和人工智能技术，对社区资源、人口结构、交通流量等进行监测和分析，为决策提供科学依据。同时，利用物联网技术和智能设备，实现对社区基础设施、公共服务设施的远程监控和管理，提高服务的响应速度和质量。例如，智能化垃圾分类系统可以帮助居民准确分类垃圾，提高垃圾处理效率；智能交通管理系统可以优化交通流量，减少交通拥堵。

第四，数据安全和隐私保护。在社区数字化治理中，保护数据安全和隐私必不可少。

政府部门和社区平台在收集、存储和处理居民信息时，必须严格遵守相关法律法规，采取有效措施保护居民的个人隐私和数据安全。例如，加强数据加密技术应用，建立完善的数据访问权限控制机制，定期进行安全漏洞检测和风险评估，及时采取措施，防范和应对数据泄露和网络攻击等安全风险。

8.2.2 社区数字化治理的问题、目标与原则

1. 现存问题

（1）顶层设计尚待强化。目前，社区数字化建设缺乏统筹规划和顶层设计，导致各地区在平台建设、功能定位、资金安排等方面存在较大差异。这种局面给数字化治理带来了不少障碍，也影响了治理效果的发挥。因此，我们需要加强市域层面的统筹设计，确立统一的建设标准和规范，以推动数字化治理的整体提升。

（2）数据信息共享难。当前，由于平台系统众多、数据融合难度大、系统之间缺乏有效联通，导致信息共享存在诸多障碍。这不仅影响了信息的完整性和准确性，也制约了数字化治理的效率和效果。因此，我们需要加强对平台系统的整合管理，打破数据壁垒，构建畅通的信息交流渠道，以实现数据共享的目标。

扩展阅读

基于数字共享理念，可利用移动互联网信息技术搭建社区数字文化服务平台，重点关注文化娱乐、教育学习、居民关怀等方面。通过构建社区数字文化创新模式，以资讯播报、知识传播、志愿服务、线上线下相结合等不同形式，从居民的日常文化生活入手，延展到更多精神关怀，提供方便、快捷、全方位的文化服务，引导居民树立文明共建共享理念，将社区数字文化服务平台建设成为真正的文化成果惠民和文化发展共享的重要承载平台。此外，持续地在各社区间推广服务平台和理念，可以更好地促进社区之间的互动，打破社区壁垒，形成相互联动、共享和谐的社区环境。

（3）社会参与不充分。当前数字化治理过于依赖政府主导，缺乏广泛的社会参与和民意反馈。这种情况不利于形成共治共建的局面，也难以真正满足民众的需求和期待。因此，需要加强对社会力量的引导和组织，建立起多元主体参与治理的机制，让居民和社会各界更多地参与到数字化治理的过程中来。

（4）运行机制不完善。社区综合指挥中心的设置尚待明确，线上线下联动机制亟须加强，过度依赖外包建设也存在一定风险。因此，需要明确综合指挥中心的职能和定位，完善联动机制，增强自身的协调能力和权威性；同时，加强对数据安全的管理和监控，确保数字化治理的顺利运行。

（5）数据安全风险大。随着数字化治理的推进，数据安全问题日益突出，居民的个人隐私和信息安全受到了极大关注。因此，我们需要加强对数据的保护和管理，建立健全的信息安全体系，制定相关政策和规范，以应对潜在的风险和挑战。

2. 社区数字化治理的目标

在当今数字化飞速发展的时代，社区数字化治理已成为各国政府和社会组织关注的焦点。随着科技的不断进步，社区治理也迎来了新的机遇和挑战。传统的社区治理方式已经难以满足人们对更高效、更便捷、更透明的治理需求，因此，数字化治理被视为提升社区治理水平的重要途径之一。数字化治理的目标在于通过信息技术手段，提高社区治理的效率和质量，促进社区居民参与，实现社会治理的现代化和智能化。在这一背景下，各国政府和社会组织纷纷探索数字化治理的路径，努力构建基于信息技术的新型社区治理模式，以应对社会变革和治理挑战。社区数字化治理有以下几个目标。

（1）治理理念创新化。社区治理规划者需要自觉树立差异定位意识，防止治理思维僵化，因地制宜的治理模式需要建立在对本社区文化和基层治理体系充分掌握的基础上。一方面，规划时需要综合考虑服务对象的需求和社区长期治理的需要，实事求是、脚踏实地地在基层治理过程中逐步推进数字化进程；另一方面，社区治理需构建多维度战略发展框架，通过系统整合未来社区九大场景要素，建立动态演进的韧性发展机制。与此同时，治理体系构建应注重战略规划与阶段部署的协同：长期规划要遵循以人为本的原则，将可持续发展理念转化为可量化的指标体系；短期规划需结合不同治理阶段的特点，制定全周期管理模型，依据服务反馈及治理能力进行动态调整，进而实现治理效能阶梯式跃升。

（2）治理主体多元化。基层社区数字化治理需形成政府主导、社区协同、市场参与的共治格局。政府部门应发挥主导作用，通过服务外包、专项资金引导等方式有效激发基层治理主体的积极性与创造力，重点推进智慧养老、社区安防、便民服务等与民生密切相关的数字化项目。同时，要加速制定涵盖民生诉求、服务供给及市场赋能的政策体系，同步建立政策解读机制以规避执行偏差，并将治理经验形成标准化操作指南。社区层面需深化"受益主体即治理主体"的认识，借助数字化议事平台培育居民自治意识，压缩治理成本，提升治理效率。同时，还需完善服务型党组织运行机制、重构社区治理组织架构、强化网格管理队伍专业化建设。市场维度需发挥技术创新与资源供给优势，政府应建立企业参与治理的激励机制与数据安全监管框架，通过构建跨领域信息集成平台，在严守隐私保护红线的前提下促进政企数据交互。市场主体依托行业数据资源优势，为治理提供技术支撑与资本助力，社区则通过需求反馈与消费数据反哺市场发展。这种多元协同模式通过责任共担与资源共享机制，推动技术、资金、信息等要素在治理主体间形成良性循环，既破解了传统治理中资源错配难题，又构建起风险防控与利益共享的双重保障，最终实现基层治理现代化转型与区域经济社会的协同发展。

扩展阅读

社区数字文化需要党组织、居民、文化组织等多方参与共同搭建，其中，党组织主要承担引导、支持的职责；文化组织则通过提供无偿或者部分有偿服务，拓展社区公共文化服务范围，提升服务质量；居民是社区数字文化建设的主体，既是受益对象，又是参与者。社区居民在参与社区数字文化建设的过程中，应注重发挥党员的带头作用，将党建工作与社区数字文化建设结合起来，通过诚信积分、志愿服务、文化比赛等各种方式，激发社区家庭的参与意愿。同时，要注重加强社区老人和年轻人的联系，使老年人不再孤单，年轻人不再游离，共同凝聚社区集体意识，参与社区公共文化服务建设。

具体路径可以是：社区党组织和物业企业立足"互联网+"服务社区的理念，将数字技术运用到基层党建工作之中，加强对基层组织的管理，通过 App、微信、微博、抖音等多种方式，加强与社区居民的交流，及时了解居民需求并提供反馈，提高党建工作效率和服务群众水平，实现文化资源的社区共享。同时，社区党组织应重视宣传工作在社区文化构建过程中的作用，以微信公众号、抖音等平台创新宣传思想工作载体，优化宣传内容，弘扬社会主义核心价值观。此外，还应充分发挥平台优势，从 PC 端到移动端精准发力，搭建群众性数字文化阵地，开展各类数字文化活动。

（3）治理成果共享化。基层社区治理不可缺少大数据、人工智能等数字技术的支持。为防止治理缺乏人性的温度，治理主体需要始终秉持"以人为本"的治理理念。它尤其体现在治理过程中对弱势群体的关怀方面，这就要求治理主体重视对弱势群体的帮扶，缩小服务对象之间的"信息鸿沟"，精准地捕捉他们的需求并将其融合在治理实践之中。社区是人的社区，坚持营造未来社区共建共治共享的治理氛围，真正做到社区治理发展成果由居民共享，突出居民在治理和受益中的主体位置，不断提高居民的参与感、获得感、幸福感。此外，社区可实行网格化协同治理机制，疏通民意反映渠道，密切社区委员与居民的沟通，提高治理方案落实的效率。网格化管理制度向网格化治理制度转型能充分发挥基层社区居民的力量。从由下而上到实现共建共享，治理模式不再单一、模式化，打破了传统信息配置的资源模式。管理模式透明化有利于提高信息传递效率，不仅提升了政府传递信息、管理基层的效率，同时也使基层社区群众更有参与感，大大提高了基层社区治理的效率，更好地契合了基层群众共同治理、共享成果的治理理念。

3. 社区数字化治理的原则

（1）因地制宜——破解数字化转型中的推进难题。首先，区域数字鸿沟呈现加剧态势。东部沿海经济带依托经济基础和高额财政投入，形成了显著的虹吸效应，持续扩大其治理效能的先发优势；相较之下，中西部欠发达区域若盲目复制东部经验，极易陷入"数字负债陷阱"，不仅难以实现治理能力跃升，还可能加剧地方财政负担，带来可持续性风险。其次，城市内部的数字治理存在异质性特征。老龄化社区需构建适老化数字包容性设计，重点解决数字界面可达性与服务可及性问题；青年型社区则应建立需求响应机制，满足青少年文化娱乐方面的需求。破解这些结构性矛盾，须因地制宜，制定梯度化的推进策略。

补充阅读

在数字化建设的实践中，必须根据不同地区的情况采取灵活的措施。当前，各城市的信息化水平存在显著差异，因而需要应对不同的挑战。据新华集团首席数字官张鹏介绍，大城市已经进入了数字化发展的新阶段，面临的关键问题是如何将现有的大型信息化、数字化平台有效地融合，以满足"三融五跨"的要求，从而实现协同管理和服务。相比之下，小城市的数字化基础较为薄弱，存在数据匮乏、现有系统难以整合等问题，因此需要重新搭建以自身需求为主导、横向连接为主要目标的平台，并在此基础上制定长远规划，以便于未来更好地与纵向平台对接。这表明，不同城市所需考虑的重点存在差异。推动智慧城市和数字政府建设的相关人士也应不断总结数字化改革的通用规律和经验，为未来的实践积累经验。

（2）开放共享——打破基层社会治理的数字壁垒。政府在把部分行政权力下放给社区单位的同时，要求能够追踪整个权力执行过程，工作人员需要下载或应对种类繁杂、数量繁多的 App 和信息报送平台，客观上加重了社区负担。同时，各部门间的数据库并未实现互联共享，导致相同的数据库被重复建设，耗费人力、物力、财力，甚至陷入"数据锦标赛"和内卷化的误区。这就需要建立全面、准确、及时的数据采集机制，加强数据整合和共享，确保数据安全与隐私保护，并利用先进技术提升数据分析与应用能力，以支持决策制定、问题预警和资源优化配置，从而实现社会治理的精细化、智能化和高效化。

（3）多元协同——跨越主体权力限制的"治理鸿沟"。首先，各个主体之间的合作是必不可少的。政府、企业、社区组织以及个人都在数字化治理中扮演着重要角色，需要共同努力，协同推进治理工作。其次，跨越主体间的权力限制是实现多元协同的关键。传统治理模式下，不同主体之间存在明显的权力界限，导致信息共享受阻、协同效率低下。而在数字化治理中，通过建立开放、共享的数据平台，打破主体间的壁垒，实现信息的流通和共享，从而促进各方更加紧密地协同合作。最后，还需要建立起多元参与的机制和平台，鼓励更多的利益相关者参与到治理过程中，充分发挥各方的智慧和力量，共同解决社区治理中的难题。通过多元协同的方式，不仅可以更好地发挥各方的优势，提高治理效率，还可以增强社区治理的公正性和民主性，促进社区的可持续发展。因此，跨越主体权力限制的"治理鸿沟"，是推动社区数字化治理向前发展的重要一环。

（4）降低门槛——缩小数字技术运用的"数字鸿沟"。在推进数字化服务过程中，须高度重视"数字鸿沟"问题，切实保障老年人、低文化群体和残障人士等弱势群体在信息化时代中的基本权益，确保数字化成果普惠共享。智慧平台建设应以民生需求为出发点，坚持以人为本，注重系统操作的简便性与界面的清晰友好，杜绝因技术复杂、操作门槛过高而造成新的社会隔离和服务壁垒。一方面，需加快推进平台适老化改造，开发专门版本，配备语音导航、大字体显示、高对比度界面等辅助功能，提升老年用户的使用便利性；另一方面，可以依托社区组织志愿服务力量，定期开展"手机课堂"等公益培训活动，通过面对面指导、手把手教学的方式，帮助弱势群体掌握智能设备和基础应用的操作技能，缩小数字技能差距。此外，可加强基层工作人员的数字化素养培训，完善"帮办代办"服务机制，帮助他们顺利办理各类线上政务与公共服务事项。

（5）法治保障——防范数字化治理中的潜在风险。在数字时代，随着技术的飞速发展，社区治理也面临前所未有的挑战。因此，法治保障成为确保数字化治理顺利进行的重要基础。一方面，法治保障要求建立健全的法律法规体系，明确数字化治理的范围、原则和标准，为数字化治理提供清晰的法律依据；另一方面，法治保障要求加强对数字化治理过程中可能出现的风险进行预防和监管，确保数字化治理不会侵犯公民的合法权益和个人隐私。同时，法治保障还要求建立有效的法律责任追究机制，对违法违规行为及时进行惩处，维护社会秩序和公共利益。在实践中，我们可以借鉴国际上先进的经验和做法，不断完善法律法规，提升法治保障水平，为社区数字化治理提供坚实的法治保障，推动社会治理现代化进程。

8.2.3 国内外社区数字化服务的对比

1. 国内

在社区数字化改革日趋火热的今天，国内已有多座城市进行了如火如荼的尝试，并且已经有了许多成熟经验。

广州政务热线通过数据分析和人工智能技术提升了对公众诉求回应的效率和质量，提高了有关部门服务和政策制定的精准性。北京在"接诉即办"的改革中以政务热线为抓手，结合大数据分析发现诉求问题发生的根源，推动基层社会问题的源头治理。此外还提出了数字化物业管理模式，通过数据分析和实地考察为城市各区域制订多样化、个性化的管理方案，对决策调整和科学治理有重要意义。基于信息技术对南京"传统单位制""后单位制""复杂流动性""发展成熟型"社区治理作用的对比研究发现，在"复杂流动性"社区中技术强介入的治理方式在效率和效益上的效果是立竿见影的。上海市 T 街道应用大数据信息技术，通过设立微信公众号和 App 搭建"掌上"社区服务和学习平台，以及通过调研建立社区服务信息库并接入城市管理数据，整合多方职能、畅通电子政务渠道，开通"掌上议事厅"，构建智慧型网格化服务等智慧社区服务平台。该智慧社区治理方式增强了社区居民自治能力，提升了居民自治的热情和社区公共服务的效能，使社区服务更为精准、高效、优质。

扩展阅读

北京市——"数字化社区"助推北京打造全球数字经济标杆城市

带有测温和健康宝核验功能的电子门禁、能找车位的智能停车小程序、有专属"身份证"的井盖……在北京二环内，一个有着 20 年历史的老小区因为一些"高精尖"的新玩意儿变得富有科技感。在北京打造全球数字经济标杆城市目标的助推下，北京移动将位于东城区北新桥街道的民安小区列为首批"数字化社区"，从智能门禁、社区通知、"天眼"、智能井盖、智慧停车等多个方面对该小区进行数字化提升改造，给街道、物业、社区居民带来更多便利感和幸福感。

智能门禁一键开门 社区通知"码"上知晓

数字化升级从社区的第一道防线——智能门禁开始，与传统的刷卡开门方式相比，智能门禁支持人脸、手机、二维码、eSIM 卡等多种开门方式，同时集人脸比对、测温、健康宝核验于一体，为物业科技防疫提供了新的管理方式。

监控实现全面覆盖　安全隐患无处躲藏

在小区中心的活动区域，是北京移动联合小区物业打造的"数字微空间"。活动区域内做到了摄像全覆盖，增设了视频授权共享功能，可以让居民通过手机实时查看儿童玩耍区域。如发现孩子正在进行翻越围栏等危险动作时，物业工作人员可以及时喊话提醒。

……

社区作为城市的细胞，是城市发展水平和人民生活品质的承载者。2021 年 7 月，北京市发布《全球数字经济标杆城市实施方案》，旨在打造中国数字经济发展"北京样板"、全球数字经济发展"北京标杆"。方案中首次提出要打通市、区、乡镇（街道）三级通道，融合线上线下全链条，打通社区治理服务"最后一公里"并延伸到家庭。"数字化社区"的建设不仅方便了居民，更为建设数字经济标杆城市打下了坚实的基础。

资料来源：新京报。

2. 国外

1）政府主导模式——新加坡

新加坡一直以其政府主导的社区建设和管理模式闻名全球。其经验值得其他国家深入研究与探索。从早期的"居者有其屋"组屋计划，到更近的邻里中心和智慧社区计划，新加坡一直在不断探索并改进其社区发展模式。

邻里中心的概念源自 1964 年新加坡政府推行的组屋计划。这一概念意味着，在一个由 3000 至 6000 户居民组成的社区中，设立一个综合性的商业、服务和娱乐中心，以满足居民的生活需求，并促进城市环境的特色营造。新加坡大巴窑地区是早期邻里中心发展的一个范例。大巴窑地区曾经是一个杂乱的区域，包括工厂、村屋和郊区养殖场，但通过 6 年的规划和更新，成功地转变为 12 个邻里区块，为约 15.6 万居民提供了生活和工作的空间。

在大巴窑地区，交通布局采用了 TOD（Transit-Oriented Development）模式，结合了快速路和加利谷地铁站的出入口，以优化城市中心的公共设施布局，并为居民提供便利的出行条件。商业布局方面，大巴窑地区设计了三条商业街，相互连接，交通便利。该区域内设有多家购物中心和百货商店，涵盖水果、蔬菜、服装、百货、家电、首饰、眼镜、餐饮等多种业态。多年来，组屋区域不断进行翻新，社区容貌不断升级。政府还兴建了社区商业项目，促进了区域经济的发展。这些措施最终提高了居民的生活品质，打造出一个关爱居民、和谐宜居的社区空间，增加了绿色活动空间，增强了居民的归属感。

2）混合发展模式——日本

日本藤泽可持续智慧小镇是一个旨在实现可持续发展目标的项目。它位于日本神奈川县的藤泽市，项目的背景源自对当代城市挑战的认识，包括环境保护、资源利用和社会发展。该项目以创新技术、智能系统和社区参与为基础，旨在打造一个生态友好、资源高效利用、人居舒适的智慧型社区。其核心理念是通过可持续能源、智能交通、智慧建筑和数字化管理等手段，提高生活质量、降低碳排放并促进经济增长。同时，该项目还注重社区参与和公众参与，致力于建立一个共同治理的社区模式，鼓励居民参与决策和行动，从而建设一个可持续发展的生活和工作环境。该小镇正以"世界上最先进的智慧社区和生态城镇"的美誉，吸引着越来越多的关注。藤泽 SST 的特点是政府、公司和居民共同努力，提高城市服务质量。小镇上所有的设施都得到了五项智能服务的支持，这些服务是根据城镇居民的实际生活方式创建的，包括能源、安全、出行、健康、社区。该小镇的亮点主要体现在以下五个方面。

（1）智能基础设施建设。藤泽可持续智慧小镇利用物联网和人工智能等技术，建设智能化的基础设施。智能路灯、智能垃圾桶等设施实现了自动化管理，提高了城市运行效率，减少了资源浪费。

（2）数字化社区服务。通过建立数字平台，居民可以方便地获取各种社区服务。例如，居民可以通过手机应用程序报修故障、预约社区活动、查询交通信息等，极大地方便了生活。

（3）可持续能源利用。该小镇积极推广可持续能源的利用，包括太阳能、风能等。屋顶太阳能板的安装和能源储存系统的建设不仅减少了能源消耗，还为居民提供了更稳定、更环保的能源来源。

（4）数据驱动决策。将大数据和人工智能技术运用于城市管理和决策中。通过收集、分析各种数据，包括交通流量、环境污染等，政府能够更准确地评估问题，并制定相应的政策和措施，以提升城市的可持续发展水平。

（5）居民参与和社区互动。数字化治理不仅提高了城市的管理效率，也促进了居民参与和社区互动。居民可以通过数字平台表达自己的意见和建议，参与城市规划和决策，增强了社区凝聚力和自治意识。

8.3　智慧城市数字化治理

8.3.1　智慧城市数字化治理的概念内涵

1. 定义

智慧城市是指利用先进的信息和通信技术（ICT）以及数据分析来优化城市管理和提升居民生活质量的城市。在智慧城市中，各种城市基础设施和服务都被数字化、互联网化和智能化，从而实现城市运行的高效性、可持续性和创新性，主要包含数字化基础设施、数据驱动决策、智能化服务及可持续发展四个层面。

2. 特征

1）数据驱动

数据驱动是智慧城市数字化治理的核心特征之一。在数字化治理中，通过收集、分析和利用数据来实现对城市运行的深入理解和精准管理。这些数据涵盖各个领域，包括交通、能源、环境、安全等方面的信息。使用传感器、监控摄像头、智能设备等技术手段，可以实时获取大数据，对城市各方面的运行状态进行监测和分析。这种数据驱动的治理模式使城市管理者能够更加全面地了解城市运行的情况，及时发现问题并采取相应的措施，从而提升城市的运行效率和服务水平。

2）智能化决策

智能化决策是智慧城市数字化治理的另一个显著特征。在传统的城市治理中，决策往往依赖于经验和人工判断，容易受到主观因素的影响，难以做出科学和精准的决策。而在数字化治理中，借助人工智能、机器学习等先进技术，可以对大数据进行深度挖掘和分析，从中发现规律、预测趋势，为决策提供科学依据。同时，智能化决策还包括自动化和智能化的执行，使决策可以更加迅速和精准地得到贯彻。通过智能化的决策和执行，城市可以更好地应对各种挑战和问题，实现资源的优化配置和城市治理的高效运作。

扩展阅读

2022年7月28日，"i莞家"App迎来一周年生日。去年的这一天，东莞推出了全市统一的城市综合服务平台——"i莞家"，旨在服务千万市民和企业，致力于实现"一端服务、一屏智享、一码通城、一掌共治"的目标。

上线一年来，"i莞家"活跃于东莞众多政务大事和民生服务之中，承接来莞报备、核酸检测、防汛应急等多项重要任务。同时，"i莞家"为东莞赢得了"2021中国领军智慧城市"的称号，并在巴塞罗那全球智慧城市大会上展示了其建设成果。

在上线一周年之际，"i莞家"App已经成功对接了27个部门，上线了203个事项，涉及教育、医疗、文旅、交通、金融、防疫、社保、公积金等多个领域。其电子市民卡已实现12码融合，覆盖了政务办事、医院就医、防疫通行、校园生活、停车缴费等70余个高频服务场景，为市民提供了便捷的数字生活体验。

2022年是东莞市数字政府改革建设三年计划的收官之年。作为数字政府重点民生项目，"i莞家"的不断升级迭代不仅是东莞对数字政府和智慧城市建设的探索，更关乎市民数字生活的日常化和普惠化。

资料来源：《南方日报》，"i莞家"：服务千万市民 助力智慧城市建设。

3）跨部门协同

在传统的城市治理模式中，各部门往往是相对独立的，"信息孤岛"现象严重。而在智慧城市中，各个部门之间通过共享数据和信息、建立信息共享平台、开展跨部门协同合作，实现了信息的互通互联，提升了城市治理的整体效率和水平。例如，交通管理部门、环保部门、城市规划部门等可以通过共享数据和信息，共同制定综合交通规划，实现交通、环保和城市规划的协同发展。

补充阅读

西安智能地图囊括12类便民服务

西安智能地图囊括了交通、生活、餐饮、娱乐、旅游、教育、金融、医疗、住宿、购物、政务和便民共 12 类便民服务内容，为用户提供了全方位的生活服务支持，极大地提升了居民和游客的生活品质。

①智能地图提供了交通出行服务，包括实时交通信息、公交线路查询和地铁线路导航，帮助用户规划最优的出行路线，减少拥堵和等待时间。②该地图还涵盖生活服务，如周边商店、超市、医院、药店等的位置和信息，让用户能够轻松找到所需的服务场所。③餐饮服务是另一个重要的板块，智能地图提供了各种餐厅、美食街和特色小吃的推荐和导航，满足不同口味的需求。④娱乐休闲服务方面，用户可以在地图上找到影剧院、游乐场、健身房等休闲娱乐场所，安排自己的业余时间。⑤旅游景点是智能地图的一大亮点，它详细展示了西安著名的历史古迹、风景名胜和文化遗址，帮助游客更好地感受这座古城的魅力。⑥教育培训服务也是地图的一部分，用户可以查找到各类学校、培训机构和图书馆等教育资源，方便孩子就学和成人继续教育。⑦金融服务方面，地图提供了银行、ATM 机和金融机构的位置信息，方便用户办理各种金融业务。⑧医疗健康服务包括医院、诊所和医疗机构的位置及联系方式，帮助用户及时就医和寻找医疗资源。⑨住宿服务板块展示了各类酒店、旅馆和民宿的位置和价格信息，让用户可以根据自己的需求选择合适的住宿场所。⑩购物服务方面，智能地图列出了商场、购物中心和特色商店的位置和促销信息，方便用户购物消费。⑪政务服务是地图的一项重要内容，用户可以查找政府机构、邮政网点和社区服务中心的位置和联系方式，办理各种证件和业务。⑫生活便民服务方面，地图提供了一系列实用工具，如天气预报、快递查询、地图导航等，方便用户处理日常生活中的琐事。

资料来源：《西安日报》，智慧城市建设：让城市管理更精细 市民生活更便利。

8.3.2 智慧城市数字化治理的问题、目标与原则

1. 现存问题

1）数字理念亟待强化

城市的数字化转型需要各方主体树立新的数字理念，并以此为基础推动变革和创新。然而，数字理念薄弱成为当前阻碍城市数字化进程的一个挑战。这种薄弱主要体现在两个方面：一是对数字化认知存在偏差，二是数字化思维普及不足。

第一，数字化认知的偏差导致对数字化转型的误解。许多基层政府单位过于注重硬件设施和技术应用，而忽视了数字化转型背后的理念变革。他们可能简单地将数字化转型等同于互联网技术的应用或线上服务，忽视了数字化转型在推动城市全面发展中的更深层次作用。

第二，数字化思维普及不足也制约了城市数字化转型的进程。虽然政府层面有一定的数字化意识和思维，但在技术快速更新迭代和公众需求不断升级的情况下，仍然难以跟上发展的步伐。而一些公众则对新技术和新事物的接受度较低，缺乏前瞻性思维，固守于传统的生产、生活和工作方式，使数字化转型面临更大的挑战。因此，为了推动城市数字化转型，需要加强数字理念的宣传和普及，让各方主体深刻理解数字化转型的本

质和意义，及其对城市发展的重要性。同时，也需要积极培育数字化思维，促进全社会对数字化转型的理解和参与，从而共同推动城市向数字化转型迈进。

2）顶层设计仍需完善

城市数字化转型的顶层设计仍需进一步完善，以确保各领域、各层级的协同推进。当前存在以下两个方面的问题需要解决。

第一，在城市数字化转型的体制机制方面，需要进一步理顺各部门之间的协同关系。例如，上海在数字化治理和经济数字化方面由不同部门牵头，但缺乏充分的交流与协商，容易导致项目重复建设和"数据孤岛"的问题。此外，在区级层面，缺乏统一的数字化基础设施规划，导致各区在城运中心建设等方面各自为政，难以实现系统兼容和数据共享。

第二，在机构设置方面，需要合理化和完备化。虽然各地已成立城市数字化转型工作领导小组，城市运行管理中心也发挥着重要作用，但领导小组功能尚未充分发挥，各部门和各区域的工作机制尚待建立。因此，为了完善城市数字化转型的顶层设计，需要加强各部门之间的沟通与协作，确保信息共享和资源整合。同时，也需要建立统一的数字化基础设施规划，以及设置合理的机构，以提升城市数字化转型的效率和成效。

3）政策制度尚不健全

在智慧城市建设的过程中，数字化治理成为推动城市智能化、提升公共服务效率的重要手段。然而，当前智慧城市的快速发展面临政策制度尚未健全的挑战。由于智慧城市涉及跨部门、多领域的协调与管理，现有政策往往难以全面覆盖其复杂性和多样化需求。这种制度上的不完善，导致城市在数据共享、隐私保护、技术标准化等方面出现了监管盲区和执行难题。要实现智慧城市的可持续发展，必须加快完善数字化治理的政策框架，确保治理体系的科学性和适应性。

首先，智慧城市的数字化治理需要一个全面的法律框架来指导和规范。这包括制定数据采集、存储、共享、使用和保护相关的法律法规。我国可以参考国际上成功的智慧城市法律框架，结合实际情况，出台明确的法律条款，确保各级政府部门和相关企业有法可依。比如，数据安全法和个人信息保护法可以进一步细化，增加智慧城市相关的具体条款。其次，加强顶层设计与政策协调。在政策制度的制定过程中，加强顶层设计，确保各项政策的协调性和一致性。政府应设立专门的跨部门协调机构，负责智慧城市治理政策的制定和监督。这个机构应包括不同领域的专家，如城市规划、信息技术、法律和社会学等，确保政策制定过程的全面性和科学性。此外，在制定政策时应与城市的长期发展规划相协调，避免政策之间的冲突和重叠。最后，加强政策执行与监督机制。政策制度的有效性不仅取决于其制定的科学性，还取决于执行的严格性。因此，应建立健全的政策执行监督机制，确保政策能够有效落地。可以成立第三方独立机构，负责对智慧城市建设和运营中的政策执行情况进行评估和监督。此外，通过公众参与和透明化管理，提高政策执行的公开性和透明度，增强公众对政策的信任。

扩展阅读

海口市智慧城市指挥运营中心的"城市大脑"项目于2018年10月启动，2019年年底基本完成初验上线试运行。与其他城市的数字化平台项目相比，海口市"城市大脑"项目具有四个特点：一是围绕建设中国特色海南自由贸易港的要求进行设计；二是与智慧海南整体规划方向相结合；三是通过对各业务板块的实际现状进行流程再造、业务延伸、提质增效；四是有效推动了海口市政府数字化、智能化转型。

4）数据治理有待推进

虽然大量数据被收集，但其管理和利用却面临诸多挑战。第一，数据收集的方式和标准各异，导致数据之间难以互通互用，"信息孤岛"现象严重。第二，数据隐私和安全问题备受关注，个人隐私泄露和数据被滥用的风险日益加大，给公民带来了极大的困扰。数据的质量和准确性也成为制约数字化治理发展的瓶颈，数据质量不高会影响决策的准确性和有效性。另外，数据共享机制不完善，各部门之间缺乏有效的数据交换和共享平台，导致资源浪费和信息不对称现象严重。因此，要推进智慧城市数字化治理，一要建立统一的数据标准和规范，加强数据的采集、整合和管理，确保数据的质量和安全；二要加强数据治理的法律法规建设，保护个人隐私和数据安全，建立健全的数据管理制度和监督机制；三要推动数据共享和开放，促进各部门间数据的交流和共享，实现数据的互通互用，提升治理效率和服务水平。只有通过持续的努力和改革，才能解决智慧城市数字化治理中的数据问题，推动城市治理向更加智能化、高效化的方向发展。

5）数字包容需要拓展

尽管数字技术的发展为城市管理带来了巨大的便利和效率，但在数字包容方面仍存在诸多挑战。第一，"数字鸿沟"仍然存在，即使在发达国家的一些城市也存在数字技术使用不平衡的现象，一部分人群因为经济、教育或其他原因无法充分享受数字化带来的便利。第二，数字安全和隐私问题也是数字包容面临的重要障碍，人们对于个人数据的安全和隐私保护日益关注，如果不能有效解决这些问题，将会影响公众对数字化治理的信任度。此外，数字技术的普及和应用也需要考虑到老年人、残障人士等特殊群体的需求，他们可能面临数字技术使用的障碍。因此，要实现数字包容的目标，需要从多方面入手，包括加强数字技术的普及和教育、加强数据安全和隐私保护、提供针对特殊群体的定制化服务等。只有通过这些努力，才能让更多的人群分享到智慧城市发展带来的红利，真正实现数字化治理的包容性和可持续发展。

2. 智慧城市数字化治理目标与原则

1）"以人民为中心"的核心理念

智慧城市数字化治理的核心理念是"以人民为中心"。在新时代，城市治理数字化转型需要围绕人民的需求展开，努力将城市打造成百姓宜业宜居的美好家园。因此，城市治理数字化转型必须始终从人民立场出发，不断更新治理理念，以更好地践行"以人民为中心"的城市治理理念。

首先，"以人民为中心"的理念要求智慧城市的数字化治理应当注重人民的参与和反馈。城市治理者要倾听市民的声音，了解他们的需求和关切，将市民的意见和建议纳入决策过程。通过建立开放、透明的沟通渠道和参与机制，让市民参与到城市治理的各个环节中，共同打造更加和谐、宜居的城市环境。

其次，"以人民为中心"的理念要求智慧城市的数字化治理应当保障人民的权利和利益。在数字化建设过程中，需要严格遵守数据隐私和信息安全的原则，确保市民的个人信息不被滥用或泄露。同时，要保障市民在数字化环境中的公平权利，避免"数字鸿沟"的出现，确保每个人都能够平等地享受到数字化带来的便利和福利。

最后，"以人民为中心"的理念还要求智慧城市的数字化治理应当关注弱势群体和边缘人群的需求。在数字化服务的设计和提供过程中，需要特别关注老年人、残障人士、低收入群体等容易被边缘化的人群，确保他们能够平等地享受到数字化带来的便利和服务。通过差异化的服务设计和定制化的解决方案，让每个人都能够参与数字化进程，共同分享城市发展的成果。

2）以制度变革为主体的治理基石

在当今迅速发展的科技时代，城市治理已逐渐摆脱了传统的模式，转向了更加智能化、数字化的方向。这一转变不仅是技术的革新，更是对城市治理理念的深刻反思与升级。

第一，智慧城市数字化治理的核心在于以制度变革为主体。这意味着政府和相关部门不仅需要适应新的科技发展趋势，更需要在制度层面进行革新，以适应数字时代的治理需求。在这一过程中，政府需要建立起更加开放、灵活的治理机制，借助数据驱动的方式，实现治理过程的精准化、智能化。

第二，智慧城市数字化治理是建立在数据安全与隐私保护之上的。随着大数据、人工智能等技术的广泛应用，城市的各个领域都涌现出了大量数据。然而，这些数据的安全性和隐私保护问题也随之凸显。因此，在推进智慧城市建设的过程中，必须重视数据的安全性和隐私保护，建立起完善的数据安全管理机制，保障市民的合法权益。

第三，智慧城市数字化治理需要坚持"以人民为中心"的发展理念。技术的发展应当服务于人民的福祉，推动城市治理向更加民主、公平、便利的方向发展。在制定相关政策和规划时，应当充分听取市民的意见和建议，确保治理举措符合市民的期待和需求。

第四，智慧城市数字化治理还应当注重生态环境保护与可持续发展。数字技术的应用不仅可以提升城市治理的效率和质量，还可以帮助实现资源的合理利用和环境保护。因此，在推进智慧城市建设的过程中，应当注重生态环境保护，积极探索可持续发展的路径，实现经济、社会和环境的协调发展。

3）以技术创新为主导的重要驱动力

在当今迅猛发展的数字时代，技术的不断革新和应用已经深刻改变了城市的面貌和运行方式。随着人工智能、大数据、物联网等前沿技术的不断涌现，城市管理者面临前所未有的机遇与挑战。因此，将技术创新置于智慧城市治理的核心地位，不仅是追求城市管理效率和服务水平的需要，更是适应时代发展潮流、提升城市智慧化水平的迫切要求。

首先，技术创新作为智慧城市治理的重要驱动力，为城市管理者提供了更加精准、高效的手段和工具。以人工智能为例，通过智能算法和深度学习技术，城市管理者可以更加准确地预测交通拥堵、犯罪热点等问题，及时采取相应的管理措施，提升城市安全和运行效率。同时，大数据技术的应用也为城市管理者提供了更加全面、深入的数据支持，使其能够更好地了解城市运行的各个方面，有针对性地制定政策和规划，推动城市可持续发展。

其次，技术创新驱动智慧城市治理的另一个重要意义在于促进城市间的交流与合作。随着数字技术的普及和应用，城市之间信息的交流和资源的共享变得更加便捷高效。例如，通过建立统一的数据标准和平台，不同城市之间可以更好地共享交通、环境、能源等方面的数据，从而实现跨城市的资源优化配置和合作发展。这种基于技术创新的跨城市合作不仅有助于提升各城市的综合竞争力，还能够推动全球城市智慧化进程，共同应对全球性挑战。

最后，技术创新还为智慧城市治理提供了更加灵活和个性化的解决方案。随着数字技术的不断进步，城市管理者可以根据不同城市的特点和需求，定制化地选择和应用各种技术手段，实现最优的治理效果。例如，在解决交通拥堵问题时，一些城市可以采用智能交通信号灯和智能导航系统来优化交通流量；而另一些城市则可以通过发展共享出行和智能公共交通等方式，鼓励居民减少私家车使用，从而达到减少拥堵、减少尾气排放的目的。这种个性化的技术创新方案能够更好地满足城市治理的多样化需求，提升城市管理的精细化水平。

只有不断推进科技创新，不断探索数字技术在城市治理中的应用，才能更好地推动城市智慧化进程，提升城市管理效率和服务水平，为城市居民营造更加宜居、便捷、安全的生活环境。

扩展阅读

中新网北京7月22日电（记者 张素）第二届中国新型智慧城市创新应用大赛已经启动。报名参赛的单位可以在7月底之前通过线上系统进行报名，并提交他们的参赛作品。大赛组委会将对所有参赛项目和作品进行资格审查，并由评审专家进行评分，优秀者将被选入复赛。

比赛涵盖多个领域，包括但不限于智慧交通、智慧能源、智慧环保、智慧医疗等，旨在推动技术创新与城市治理的融合发展。参赛项目不仅展示了科技在城市管理中的应用，还凸显了中国在智慧城市建设领域的领先地位。

数据显示，本届大赛已收到来自全国各地的超过1000个项目报名，涉及的参赛机构超过500家，覆盖超过30个省市。评选过程严谨，由业界专家、学者和相关领域的权威人士组成评审团，对参赛项目进行全面评审和选拔。

8.3.3 智慧城市数字化治理国内外对比

1. 国外案例

1）美国

美国的城市数字化治理转型经历了三个关键阶段：技术试点阶段、整合发展阶段及全面推广阶段。

首先是技术试点阶段（2000年年初至2010年年初）。在这一阶段，许多美国城市开始意识到科技对城市发展的重要性，并启动了一些零星的智慧城市试点项目。例如，2009年，芝加哥市启动了"芝加哥数据统计项目"，通过收集和分析大量数据，帮助城市更好地理解和解决城市问题。纽约市也在此期间开始了一系列智慧交通试点项目，如智能交通信号灯和实时交通信息系统。

其次是整合发展阶段（2010年年中至2020年）。随着技术的不断进步和城市管理的需要，越来越多的城市开始将各种智能系统整合到城市规划和管理中。根据智慧城市理事会（Smart Cities Council）的数据，2015年至2020年间，美国城市在智慧城市建设上的投资额年均增长率达到了15%以上。智慧交通系统的应用范围不断扩大，例如，洛杉矶市在2018年推出了"交通流量优化计划"，通过智能交通信号灯和实时数据分析，成功降低了城市交通拥堵率。

最后是全面推广阶段（2020年至今）。随着智慧城市建设成效的逐渐显现，越来越多的城市开始全面推广智慧城市建设。根据美国智慧城市联盟（US Smart Cities Alliance）的数据，截至2022年，美国已有超过60%的城市实现了智慧城市建设的全面覆盖。智能能源管理系统在全国范围内得到广泛应用，据美国能源信息管理局（EIA）统计，截至2023年，美国智慧城市建设已帮助实现能源消耗年均降低8%。

2）日本

2020年，日本东京都政府制定了《智慧东京实施战略》，旨在利用先进科技和创新解决城市面临的各种挑战，提升城市的智慧化水平，应对城市面临的人口老龄化、交通拥堵、资源管理等问题，并以创新和科技为核心手段，提高城市的生活质量和可持续发展。其主要目标是建设一个具有高效能、安全性和便利性的城市。

该战略围绕几个关键领域展开工作，包括交通、环境、健康、能源等方面。在交通领域，致力于实现智能交通系统，提高交通效率，减少交通事故；在环境领域，重点推动城市的可持续发展，减少能源消耗和环境污染；在健康领域，注重利用科技手段提升医疗服务水平，改善居民健康状况；在能源领域，则致力于推动可再生能源的利用，减少对传统能源的依赖。

为实现上述目标，该战略采用了各种先进技术，包括物联网、人工智能、大数据分析等。通过这些技术的应用，可以实现城市各个领域的智能化管理和优化。比如，在交通管理方面，可以利用智能交通信号系统优化道路流量；在环境管理方面，可以通过大数据分析监测空气质量和水质等。

2. 国内案例

1）杭州模式

杭州智慧城市治理模式是一种基于先进科技和数据驱动的城市管理方式，旨在提高城市运行效率、提高市民生活品质，并促进可持续发展。从2009年杭州智慧城市建设启动，到2013年推出"城市大脑"项目，以数据驱动城市运行管理，再到2020年全面推进"数字政府"建设，实现政务服务的数字化、智能化。杭州的智慧城市建设不仅在技术上取得了巨大进步，更在城市管理与改善市民生活方面取得了显著成效。

首先，在城市管理方面，智慧城市的建设极大地提升了城市运行的效率和透明度。通过大数据分析，城市管理者能够更好地了解市民的需求和城市运行的状况，从而及时调整城市规划和资源配置，提高了城市的整体运行效率。例如，在交通管理方面，智慧交通系统实现了交通信号灯的智能调控，减少了交通拥堵现象；在城市环境管理方面，智慧垃圾分类系统让垃圾处理更加高效，有效减少了环境污染。这些举措不仅提升了城市管理水平，也使市民的生活更加便利和舒适。

其次，在市民生活方面，智慧城市建设给人们的生活带来了诸多改变。智能化的生活设施让人们的日常生活更加便捷。无论是智能家居系统，还是智能手机应用，都让市民可以通过手机远程控制家电、查看家里的状况，实现了生活的智能化管理。同时，智慧医疗系统的应用让医疗资源得到了更加合理的分配，医疗服务也更加普惠和便利。另外，智慧教育系统也为学生提供了更加个性化的学习体验，推动了教育的创新发展。

杭州的智慧城市建设不仅是一座城市的发展，更是一种城市治理理念的创新，为其他城市提供了宝贵的借鉴和参考。随着技术的不断发展和普及，相信杭州的智慧城市建设将会取得更加辉煌的成就，让城市更加宜居、宜业、宜游。

2）浦东模式：城市运行中心引领智能精细治理

上海浦东新区的智慧城市治理模式是一种以信息技术为支撑，通过数据整合和智能化应用提升城市管理效率和居民生活品质的综合性治理模式。该模式以"智慧城市"为目标，致力于构建数字化、智能化、可持续发展的城市管理系统。

首先，浦东新区通过建设智慧城市大脑，实现了数据的整合和共享。大脑汇聚了各类城市数据，包括人口、交通、环境等多个领域的信息。据统计，截至2023年，浦东新区大脑已覆盖全区70%以上的数据来源，数据总量超过100 PB，实现了跨部门数据的实时交互和共享。

其次，浦东新区利用人工智能技术，构建了智能化的城市管理系统。通过深度学习算法和大数据分析，实现了交通信号优化、智能路灯控制、智能环境监测等功能。统计数据显示，智能交通系统的实施使交通拥堵指数下降了20%，平均通行时间缩短了15%。

再次，浦东新区还推动了智慧社区建设，提升了居民的生活品质。通过智能化物业管理系统，实现了社区安防监控、智能停车管理等功能，为居民提供了更加便捷、安全的生活环境。据统计，智慧社区的覆盖率已达到80%，居民满意度提升了10个百分点以上。

最后，浦东新区还注重智慧城市建设与可持续发展的结合。通过推广绿色智慧能源系统、智能垃圾分类等举措，实现了资源的合理利用和环境的保护。统计数据显示，智能能源系统的应用，使能源利用效率提升了25%，碳排放量减少了15%。

3）海淀模式：规划先行，技术与机制同步建设、协调推进

海淀模式是中国智慧城市建设的一种典范，北京市海淀区通过规划先行、技术与机制同步建设、协调推进等措施，积极推动智慧城市建设的发展。海淀模式包括以下三个方面。

首先，规划先行。海淀模式将规划放在智慧城市建设的首位。海淀区以城市发展规

划为指导，将智慧城市建设融入整体城市规划。包括确定智慧城市建设的总体发展目标、规划布局、重点任务和时间节点等。据统计，截至目前，海淀区已投入数亿元用于智慧城市规划编制，形成了一系列系统完备的规划文件。

其次，技术与机制同步建设。海淀模式注重技术创新和机制建设的同步推进。在技术方面，海淀区大力推进新一代信息技术的应用，如人工智能、大数据、云计算等，不断完善城市基础设施和公共服务体系。统计数据显示，海淀区已建成数百个 5G 基站，实现了全区 5G 网络覆盖，大幅提升了网络速度和通信效率。在机制方面，海淀区积极构建智慧城市建设的管理体系和运行机制，推动政府部门、企业、社会组织等多方合作，形成了良好的协同发展局面。

最后，协调推进。海淀模式强调各方力量的协同推进。海淀区建立了智慧城市建设领导小组，由区委书记担任组长，区长、副区长等担任副组长，各相关部门负责人为成员，形成了高效的决策机制。此外，海淀还积极引导企业、高校、科研院所等各方参与智慧城市建设，共同推动项目的落地和实施。统计数据显示，海淀区与各方合作建设了多个智慧城市示范项目，涵盖城市交通、环境监测、智慧医疗等多个领域。

8.3.4　智慧城市数字化治理的实现路径

1. 明确数字化转型的目标和任务，全面展现数字化转型的进展

第一，明确目标意味着确定城市数字化转型的愿景和核心价值。这不仅仅是技术上的改变，更是对城市未来发展方向的深刻思考。例如，一座智慧城市可能将可持续发展、社会包容性和经济繁荣作为数字化转型的主要目标，以此来指导后续的政策制定和行动计划。

第二，明确任务意味着制订详细的行动计划和时间表，以确保数字化转型能够按照预期顺利进行。这包括基础设施建设、数据治理、人才培养等方面的任务。例如，城市管理者可能需要投入大量资源来建设智能交通系统、智能能源网络等基础设施，并制定数据采集、存储和共享的规范，同时培养和引进相关的数字化人才。

然而，仅仅明确目标和任务还不足以实现数字化治理的成功。全面展现数字化转型的进展同样至关重要。这不仅可以帮助各方了解数字化转型的实际成果，还可以激励更多的参与者积极投身这一进程。因此，城市管理者需要建立起有效的监测和评估机制，定期发布数字化转型的进展报告，并与公众和利益相关者进行沟通和互动，以确保数字化治理能够获得广泛的支持和认可。

总之，智慧城市数字化治理的实现路径不仅仅是一项技术工程，更是一个涉及全社会的复杂而长期的转型过程。只有通过明确目标和任务，并全面展现转型的进展，城市才能真正实现数字化治理的目标，为居民提供更加智慧、便捷和可持续的生活环境。

2. 优化数字化转型政策工具，精准高效推进数字化转型

第一，政策的制定应当紧密贴合城市的实际需求和发展阶段。不同的城市在数字化

转型的进程中面临各种不同的挑战和机遇,因此,政策工具应当根据城市的特点进行差异化制定。例如,对于人口密集型城市,政策重点可能更多地放在智能交通、人口管理等方面,而对于资源型城市,则可能更注重数字化的资源管理和环境监测。

第二,政策的制定需要充分考虑技术的快速更新和发展。随着科技的不断进步,新的数字技术和应用不断涌现,政策应当具有一定的灵活性和适应性,及时调整和更新,以确保最大限度地促进数字化转型。此外,政策制定者还应当加强与科研机构和技术企业的合作,借助它们的技术和专业知识,共同推动智慧城市的建设。

第三,政策的执行和监督也是至关重要的。优化数字化转型的政策工具不仅仅是为了制定好政策文件,更重要的是要确保政策的有效执行和监督。这需要建立健全的监督机制和评估体系,对政策的执行情况进行定期跟踪和评估,及时发现问题并采取相应的措施加以解决,以确保数字化转型的顺利推进。

第四,政策制定者还应当注重政策的宣传和推广工作。智慧城市的建设需要全社会的共同参与和支持,政策制定者应当通过各种途径,向市民和企业传达政策的意图和目的,引导他们积极参与数字化转型,共同推动城市的发展和进步。

案例讨论

韧性智慧社区

韧性智慧社区是指一种富有适应性和弹性的社区模式,其建设目标在于应对各种挑战和不确定性,包括自然灾害、经济波动、社会变革等。这种社区不仅致力于应对灾害和危机,还注重长期发展和居民生活质量的提升。

首先,韧性智慧社区注重建立强大的基础设施和紧急响应系统,以应对各种灾害和紧急情况。这包括建立健全的警报系统、应急物资储备、灾后重建计划等,以确保社区在灾难发生时能够快速、有效地响应。

其次,韧性智慧社区强调利用科技和创新来提升社区的运行效率和生活品质。通过智能城市技术、可再生能源、智能交通系统等,提高社区的能源利用效率、交通流畅度,增强社区对环境变化和资源短缺的适应能力。

最后,韧性智慧社区还注重社区参与和社会凝聚力的建设。通过社区活动、居民参与决策、邻里关系促进等方式,增强社区内部的联系和合作,形成共同抵御风险和挑战的力量。

即测即练

自学自测　　扫描此码

参 考 文 献

[1] Meyer H. Tips for safeguarding your digital assets[J]. Computers and Security，1996，15(7): 588.

[2] Niekerk A V. A methodological approach to modern digital asset management: an empirical study[C]. Arden: Jordan Whitney Enterprises，2006: 53.

[3] Toygar A，Rohm CET，Zhu J. A new asset type: Digital assets[J]. Journal of International Technology and Information Management，2013，22(4): 113-119.

[4] 徐晓林，刘勇. 数字治理对城市政府善治的影响研究[J]. 公共管理学报，2006(1): 13-20，107-108.

[5] 祝智庭，陈丹. 数字治理：智慧学习新素养[J].电化教育研究，2014，35(9): 9-17.

[6] 黄建伟，陈玲玲. 国内数字治理研究进展与未来展望[J]. 理论与改革，2019(1): 86-95.

[7] 王力. 关于数字资产的若干思考[J]. 银行家，2020(10): 4-5.

[8] 桑朝阳. 数字货币的内涵界定和本质分析——基于马克思的货币理论[J]. 征信，2022，40(5): 56-62.

[9] 吴心弘，裴平. 法定数字货币：理论基础、运行机制与政策效应[J]. 苏州大学学报(哲学社会科学版)，2022，43(2): 104-114.

[10] 郭玥蕊. 企业数字资产的形成与构建逻辑研究——基于马克思主义政治经济学的视角[J]. 经济学家，2021(8): 5-12.

[11] Holzer，Marc & Zheng，Yueping & Manoharan，Aroon. Digital Governance in Municipalities Worldwide (2013-14) Sixth Global E-Governance Survey: A Longitudinal Assessment of Municipal Websites Throughout the World[R]. National Center for Public Performance，2014.

[12] Almeida V A，Filgueiras F，Gaetani F. Digital governance and the tragedy of the commons[J]. IEEE Internet Computing，2020，24(4): 41-46.

[13] 颜佳华，王张华. 数字治理、数据治理、智能治理与智慧治理概念及其关系辨析[J]. 湘潭大学学报(哲学社会科学版)，2019，43(5): 25-30，88.

[14] 新华社. 当城市会"思考"——杭州聚力打造"数字治理第一城"观察[EB/OL]. http://www.gov.cn/xinwen/2020-10/23/content_5553649.htm.

[15] 孟天广，张小劲. 大数据驱动与政府治理能力提升——理论框架与模式创新[J]. 北京航空航天大学学报(社会科学版)，2018，31(1): 18-25.

[16] 郑跃平，王海贤. 移动政务的现状、问题及对策[J]. 公共管理与政策评论，2019，8(2): 74-84.

[17] 于浩. 大数据时代政府数据管理的机遇、挑战与对策[J]. 中国行政管理，2015(3): 127-130.

[18] 段盛华，于凤霞，关乐宁. 数据时代的政府治理创新——基于数据开放共享的视角[J]. 电子政务，2020(9): 74-83.

[19] 王晓东. 新时代地方政府数字治理：问题及政策选择[J]. 忻州师范学院学报，2022，38(2): 62-67.

[20] 陈振明. 政府治理变革的技术基础——大数据与智能化时代的政府改革述评[J]. 行政论坛，2015，22(6): 1-9.

[21] 罗彪. 重大行政决策的逻辑转换及其法治化策略：基于大数据思维[J]. 重庆科技学院学报(社会科学版)，2021(2): 38-43，59.

[22] 胡玉桃. 数字化转型视野下的地方政府数据协同治理[J]. 学习与实践，2021(6): 69-77.

[23] 黄新华，陈宝玲. 治理困境、数字赋能与制度供给——基层治理数字化转型的现实逻辑[J]. 理论学刊，2022(1): 144-151.

[24] 雷晓康，张田. 数字化治理：公众参与社会治理精细化的政策路径研究[J]. 理论学刊，2021(3):

31-39.

[25] 郑磊. 数字治理的效度、温度和尺度[J]. 治理研究，2021，37(2): 5-16，2.

[26] 陈水生. 数字时代平台治理的运作逻辑：以上海"一网统管"为例[J]. 电子政务，2021(8): 2-14.

[27] 习近平. 不断做强做优做大我国数字经济[J]. 先锋，2022(3): 5-7.

[28] 高阳，李晓宇，周卓琪. 数字技术支撑现代社会治理体系的底层逻辑与实现路径[J]. 行政管理改革，2022(4): 30-36.

[29] 颜昌武，马敏. 知识生产与社会治理的数字化转型[J]. 浙江学刊，2022(3): 4-13.

[30] 李韬，冯贺霞. 平台经济的市场逻辑、价值逻辑与治理逻辑研究[J]. 电子政务，2022(3): 66-76.

[31] 刘戒骄. 数字平台反垄断监管：前沿问题、理论难点及策略[J]. 财经问题研究，2022(7): 38-47.

[32] 唐要家. 数字平台反垄断的基本导向与体系创新[J]. 经济学家，2021(5): 83-92.

[33] 王世强. 平台化、平台反垄断与我国数字经济[J]. 经济学家，2022(3): 88-98.

[34] Ansell C，Gash A. Collaborative governance in theory and practice[J]. Journal of Public Administration Research and Theory，2008，18(4): 543-571.

[35] 张贤明，田玉麒. 论协同治理的内涵、价值及发展趋向[J]. 湖北社会科学，2016(1): 30-37.

[36] 敬乂嘉. 合作治理：历史与现实的路径[J]. 南京社会科学，2015(5): 1-9.

[37] O'Leary R，Gerard C，Bingham L B. Introduction to the symposium on collaborative public management [J]. Public Administration Review，2006: 66.

[38] 吕志奎，孟庆国. 公共管理转型:协作性公共管理的兴起[J]. 学术研究，2010(12): 31-37，58.

[39] Ostrom E. Beyond markets and states: Polycentric governance of complex economic systems[J]. American Economic Review，2010，100(3): 641-672.

[40] 6P. Joined-Up government in the western world in comparative perspective: A preliminary literature review and exploration[J]. Journal of Public Administration Research and Theory，2004，14(1): 103-138.

[41] 周志忍，蒋敏娟. 整体政府下的政策协同：理论与发达国家的当代实践[J]. 国家行政学院学报，2010(6): 28-33.

[42] 朱立言，刘兰华. 网络化治理及其政府治理工具创新[J]. 江西社会科学，2010(5): 7-13.

[43] Brudney J L. The evaluation of coproduction programs[J]. Policy Studies Journal，1983，12(2): 376-385.

[44] 朱春奎，易雯. 公共服务合作生产研究进展与展望[J]. 公共行政评论，2017，10(5): 188-201，220.

[45] Bingham L B. The next generation of administrative law: Building the legal infrastructure for collaborative governance[J]. Wisconsin Law Review，2010，2010(2): 297-356.

[46] 单学鹏. 中国语境下的"协同治理"概念有什么不同？——基于概念史的考察[J]. 公共管理评论，2021，3(1): 5-24.

[47] 刘亚平. 协作性公共管理:现状与前景[J]. 武汉大学学报(哲学社会科学版)，2010，63(4): 574-582.

[48] 周志忍. 整体政府与跨部门协同——《公共管理经典与前沿译丛》首发序列序[J]. 中国行政管理，2008(9): 127-128.

[49] 吕志奎. 通向包容性公共管理：西方合作治理研究述评[J]. 公共行政评论，2017，10(2): 156-177，197.

[50] 石亚军，程广鑫. 优化部门协同：理顺部门非对称协调配合关系的应对——以防控新冠疫情为例[J]. 政法论坛，2021，39(1): 81-88.

[51] 赵娟，孟天广. 数字政府的纵向治理逻辑：分层体系与协同治理[J]. 学海，2021(2): 90-99.

[52] 周志忍，蒋敏娟. 中国政府跨部门协同机制探析——一个叙事与诊断框架[J]. 公共行政评论，2013，6(1): 91-117，170.

[53] 常荔. 政府跨部门知识共享的协同机制研究[J]. 情报，2018，37(11): 164-172.

[54] 刘锦. 地方政府跨部门协同治理机制建构——以 A 市发改、国土和规划部门 "三规合一" 工作为例[J]. 中国行政管理，2017(10): 16-21.

[55] 黄璜，谢思娴，姚清晨，等. 数字化赋能治理协同：数字政府建设的 "下一步行动" [J]. 电子政务，2022(4): 2-27.

[56] 陈潭. 数字时代城乡融合发展的着力点与新路径[J]. 人民论坛·学术前沿，2021(2): 19-27.

[57] 张建锋，肖利华，许诗军. 数智化：数字政府、数字经济与数字社会大融合[J]. 国企管理，2022(5): 18.

[58] 韩兆柱，马文娟. 数字治理理论研究综述[J]. 甘肃行政学院学报，2016(1): 23-35.

[59] 竺乾威. 新公共治理：新的治理模式？[J]. 中国行政管理，2016(7): 132-139.

[60] 何俊，刘燕，邓飞. 数据要素概论及案例分析[M]. 北京：科学出版社，2022.

[61] 中华人民共和国中央人民政府. "十四五" 国家信息规划[R/OL]. https://www.gov.cn/xinwen/2021-12/28/content_5664873.htm.

[62] 唐要家. 数字经济监管体制创新的导向与路径[J]. 长白学刊，2021(1): 106-113.

[63] 中国行政体制改革委员会. 数字政府建设[M]. 北京：人民出版社，2021: 213-217.

[64] 刘刚. 浅论市场监管数字治理[J]. 中国质量监管，2021(12): 72-75.

[65] 周文彰. 数字政府和国家治理现代化[J]. 行政管理改革，2020(2): 4-10.

[66] 戴长征，鲍静. 数字政府治理——基于社会形态演变进程的考察[J]. 中国行政管理，2017(9): 21-27.

[67] 聂勇浩，李霞. 迂回策略：监管部门如何破解数字化治理中的协同困境[J]. 电子政务，2018(1): 22-30.

[68] 黄璜，孙学智. 中国地方政府数据治理机构的初步研究：现状与模式[J]. 中国行政管理，2018(12): 31-36.

[69] 北京大学课题组，黄璜，曾渝，等. 平台驱动的数字政府：能力、转型与现代化[J]. 电子政务，2020(7): 2-30.

[70] 薛金刚，庞明礼. "互联网+" 时代的大数据治理与官僚制治理：取代、竞争还是融合？——基于嵌入性的分析框架[J]. 电子政务，2020(4): 81-90.

[71] 廖福崇. "互联网+政务服务" 优化了营商环境吗？——基于 31 省的模糊集定性比较分析[J]. 电子政务，2020(12): 99-109.

[72] 谈婕，高翔. 数字限权：信息技术在纵向政府间治理中的作用机制研究——基于浙江省企业投资项目审批改革的研究[J]. 治理研究，2020，36(6): 31-40.

[73] 张伟东，高智杰，王超贤. 应急管理体系数字化转型的技术框架和政策路径[J]. 中国工程科学，2021，23(4): 107-116.

[74] 孙冰. 全国政协委员、360 创始人周鸿祎：国家级黑客正在入场，数字安全需要顶层设计[J]. 中国经济周刊，2022(5): 80-81.

[75] 刘国柱. 深度伪造与国家安全：基于总体国家安全观的视角[J]. 国际安全研究，2022，40(3): 3-31，157.

[76] 燕继荣. 国家治理体系现代化的变革逻辑与中国经验[J]. 国家治理，2019(31): 3-8.

[77] 尹振涛，徐秀军. 数字时代的国家治理现代化：理论逻辑、现实向度与中国方案[J]. 政治学研究，2021(4): 143-154，160.

[78] 薛晓源，刘兴华. 数字全球化、数字风险与全球数字治理[J]. 东北亚论坛，2022，31(3): 3-18，127.

[79] 中国信通院. 企业数字化治理应用发展报告（2021 年）[R]. 北京：中国信息通信研究云计算与大数据研究所，2017.

[80] Valeria Stourm，Scott A. Neslin，Eric T. Bradlow，et al. Refocusing loyalty programs in the era of big data: a societal lens paradigm[J]. Marketing Letters，2020，31(3): 1-14.

[81]　A J S，B G P，C E C，et al. Exploring the impact of digital transformation on technology entrepreneurship and technological market expansion: The role of technology readiness，exploration and exploitation[J]. Journal of Business Research，2021，124: 100-111.

[82]　Claudia Loebbecke，Arnold Picot. Reflections on societal and business model transformation arising from digitization and big data analytics: A research agenda[J]. Journal of Strategic Information Systems，2015，24(3): 149-157.

[83]　Youngjin Yoo，Ola Henfridsson，Kalle Lyytinen. The new organizing logic of digital innovation: An agenda for information systems research[J]. Information Systems Research，2010，21(4): 724-735.

[84]　Verhoef P C，Broekhuizen T，Bart Y，et al. Digital transformation: A multidisciplinary reflection and research agenda[J]. Journal of Business Research，2021，122: 889-901.

[85]　Margherita A，Nasiri M，Papadopoulos T. The application of digital technologies in company responses to COVID-19: An integrative framework[J]. Technology Analysis & Strategic Management，2023，35(8): 979-992.

[86]　Marco Savastano，Nicola Cucari，Francesco Dentale，et al. The interplay between digital manufacturing and dynamic capabilities: an empirical examination of direct and indirect effects on firm performance[J]. Journal of Manufacturing Technology Management，2021，33(2): 213-238.

[87]　肖静华，吴小龙，谢康，等. 信息技术驱动中国制造转型升级——美的智能制造跨越式战略变革纵向案例研究[J]. 管理世界，2021，37(3): 161-179，225，11.

[88]　单宇，许晖，周连喜，等. 数智赋能：危机情境下组织韧性如何形成？——基于林清轩转危为机的探索性案例研究[J]. 管理世界，2021，37(3): 84-104，7.

[89]　Vomberg A，Homburg C，Bornemann T. Talented people and strong brands: The contribution of human capital and brand equity to firm value[J]. Strategic Management Journal，2014，36(13): 2122-2131.

[90]　McIntyre D P，Srinivasan A，Chintakananda A. The persistence of platforms: The role of network，platform，and complementor attributes[J]. Long Range Planning，2021，54(5): 101987.

[91]　Muninger M I，Hammedi W，Mahr D. The value of social media for innovation: A capability perspective[J]. Journal of Business Research，2019，95(2): 116-127.

教师服务

感谢您选用清华大学出版社的教材！为了更好地服务教学，我们为授课教师提供本书的教学辅助资源，以及本学科重点教材信息。请您扫码获取。

❯❯ 教辅获取

本书教辅资源，授课教师扫码获取

❯❯ 样书赠送

企业管理类重点教材，教师扫码获取样书

清华大学出版社

E-mail: tupfuwu@163.com
电话：010-83470332 / 83470142
地址：北京市海淀区双清路学研大厦 B 座 509

网址：https://www.tup.com.cn/
传真：8610-83470107
邮编：100084

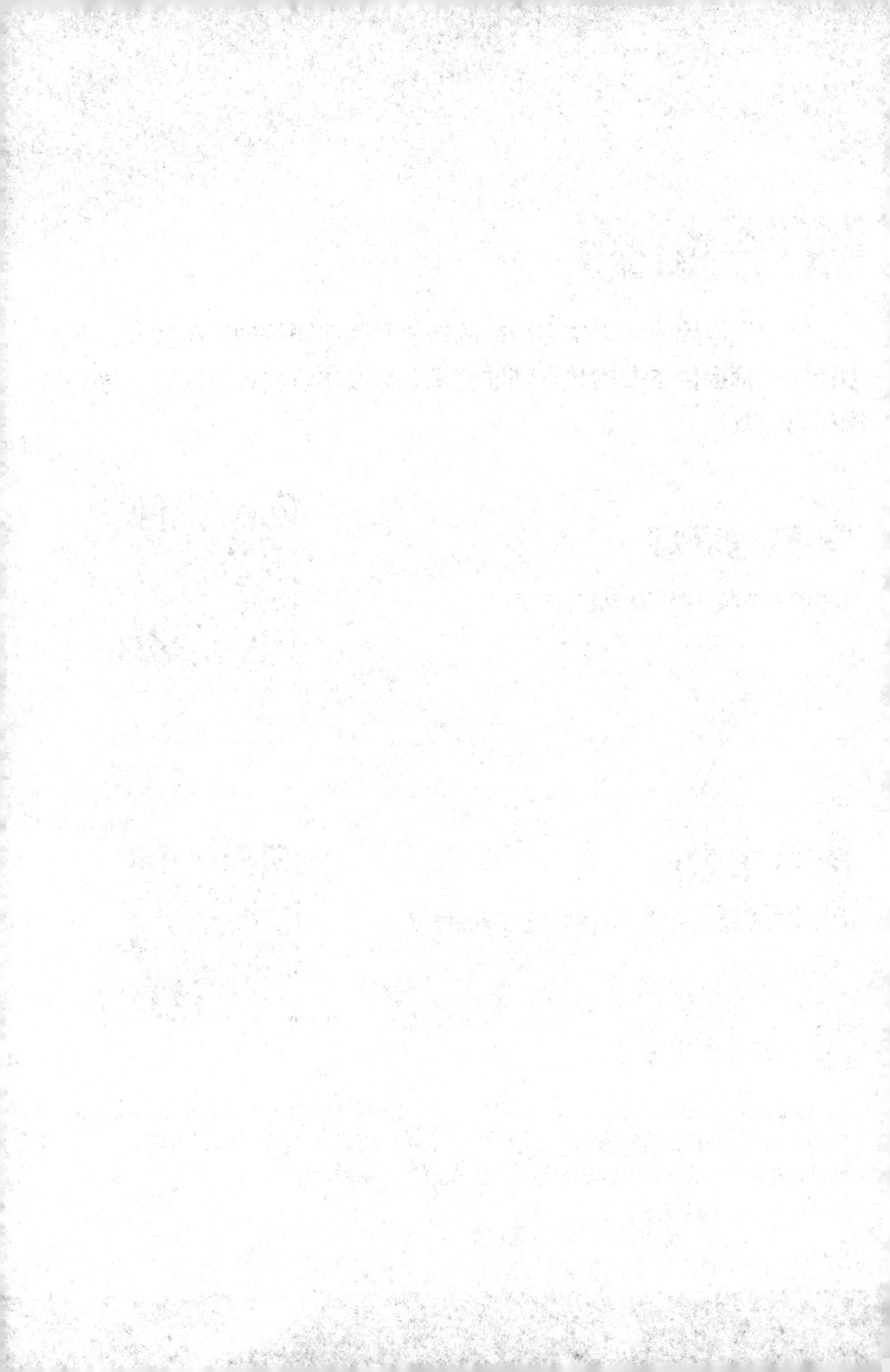